2024年版 イチから身につく

賃貸 不動産経営 管理士

合格の

トリセツ

過去問題集

時代が求める不動産ビジネス必携資格
# 賃貸不動産経営管理士 トリセツ的オリエンテーション

## 1 賃貸不動産経営管理士とは？

　賃貸住宅は、以前はオーナーが自ら管理していました。しかし、オーナーの高齢化や管理業務の複雑化などにより、管理業者に委託をするオーナーが多くなってきました。そして、賃貸経営を管理業者に一任するサブリースの形式も増えてきました。

　賃貸住宅管理業者やサブリース業者が適正な業務を行うことができるよう、2011年に「賃貸住宅管理業者登録規程」（以下、「旧法」）が成立しました。何度か改正をしてきたものの、オーナーと賃貸住宅管理業者やサブリース業者との間のトラブルが続出していました。

　そこで、より適正に業務を行えるよう、2020年6月に「賃貸住宅の管理業務等の適正化に関する法律」（以下、「新法」）が成立しました。新法では、一定以上の賃貸住宅管理業を営もうとする場合には、賃貸住宅管理業の登録を受けることが義務化されました。また、旧法時代では「民間資格」であった賃貸不動産経営管理士も、新法の下で「国家資格化」されました。

　国家資格化に伴い、試験の難易度も上昇し、年々合格は難しくなってきています。ぜひ一刻も早く試験に合格し、賃貸不動産経営管理士になりましょう。

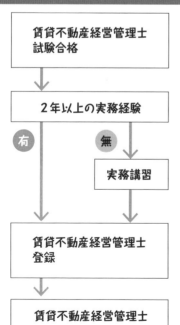

**賃貸不動産経営管理士になるまで**

賃貸不動産経営管理士
試験合格
↓
2年以上の実務経験
（有）　（無）
　　　↓
　　実務講習
↓
賃貸不動産経営管理士
登録
↓
賃貸不動産経営管理士

## 2 業務管理者とは？

　前述の通り、一定以上の賃貸住宅管理業を営もうとする場合には、賃貸住宅管理業の登録を受けることが義務化され、その営業所または事務所ごとに、業務管理者を１名以上配置しなければならないとされました。賃貸不動産経営管理士は、この業務管理者になることができる者と規定されています。

**1名以上配置 !!**

業務管理者

管理業者

　現在は宅地建物取引士も業務管理者となることができますが、これが一時的な措置か否かはわかりません。まだ賃貸不動産経営管理士の数が少ないため、暫定的に「業務管理者」を設定し、賃貸不動産経営管理士の数が多くなった段階で「業務管理者」制度を廃止し、「賃貸不動産経営管理士」に一本化するということも十分考えられます。したがって、現在宅建士試験に合格しているという人も、今年賃貸不動産経営管理士試験に合格することが最も安全です。

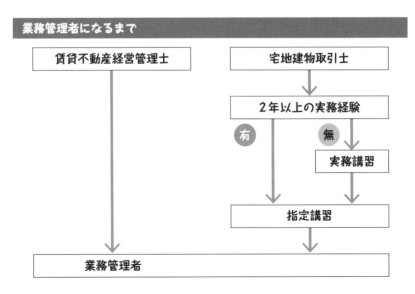

**業務管理者になるまで**

| 賃貸不動産経営管理士 | 宅地建物取引士 |
| --- | --- |
| | ↓ |
| | **2年以上の実務経験** |
| 有 | 無 |
| | **実務講習** |
| | **指定講習** |
| **業務管理者** | |

## 3 他資格試験との重複は？

賃貸不動産経営管理士試験は、広い範囲からの出題となります。しかし、他資格で学習しているという方は、重複する範囲がありますので、勉強は有利となります。そこで、賃貸不動産経営管理士試験と、宅建士試験・管理業務主任者試験との試験範囲の重複を確認しましょう。

| 合格のトリセツ テキスト&一問一答 | | 宅建士試験 | 管理業務主任者試験 |
|---|---|---|---|
| 1編 | 民法・借地借家法 | ○ | ○ |
| 2・3編 | 賃貸住宅管理業法 | × | ○ |
| 4編 | 消費者契約法 | × | △ |
| 4編 | 個人情報保護法 | × | ○ |
| 4編 | 宅地建物取引業法 | ○ | ○ |
| 4編 | 不動産登記法 | ○ | ○ |
| 4編 | 会計（簿記） | × | ○ |
| 4編 | 未収賃料の回収手段 | × | ○ |
| 4編 | 税金 | ○ | ○ |
| 5編 | 建築基準法 | ○ | ○ |
| 5編 | 建物の構造 | △（免除科目） | ○ |
| 5編 | 設備 | × | ○ |
| 5編 | 維持点検 | × | ○ |

※　　　　　　範囲の重複があっても、出題されるポイントが若干違っている場合もありますので、重複範囲を全く勉強せずに試験に行くことは避けましょう。

上の表が重複の一覧となります。宅建士試験で民法・借地借家法・宅建業法等を学習済みの方は、その範囲の学習は重複しているので、そのぶん有利に、短期間で試験学習をすることができます。また、どちらも管理業であるという共通性からも、管理業務主任者試験とは重複範囲も多いことがわかると思います。

**2**で、宅地建物取引士も現在では業務管理者になれると述べました。しかし、いつ賃貸不動産経営管理士に一本化されるかわかりません。それならば、学習内容の重複があるので、今宅建士試験を学習している方は、今年同時に取得するのが最も効率的です。

宅建士試験とのダブル受験を考えている方は、宅建士試験までは宅建の範囲に

集中し、宅建士試験後の1カ月で賃貸不動産経営管理士試験の対策をとることをオススメします。また、管理業務主任者試験とのダブル受験を考えている方は、両方の学習を並行して行うことをオススメします。

1年間に2つの資格を狙うことは、難しいと思う方もいらっしゃるでしょう。しかし、範囲の重複があるので、十分に狙うことが可能です。特に、賃貸不動産経営管理士試験のメインである「民法・借地借家法」が重複していることは大きいです。また、「賃貸住宅管理業法」は、宅建業法と似ている部分もあるため、比較しながら学習するとマスターしやすくなります。

## 4 免除講習と5問免除について

一定の要件を満たすと、試験問題のうち5問（問46～問50）が免除となります。この制度は、他の不動産系資格にもあるものです。

| 資格名 | 免除の要件 |
|---|---|
| 賃貸不動産経営管理士 | 講習を受講すること（講習の受講資格は特になし） |
| 宅地建物取引士 | 講習を受講して修了試験に合格すること<br>（講習の受講資格は宅建業の従業者のみ） |
| 管理業務主任者 | マンション管理士試験に合格していること |
| マンション管理士 | 管理業務主任者試験に合格していること |

宅地建物取引士試験では宅建業に従事する者のみが講習を受講できるのですが、賃貸不動産経営管理士試験では誰でも受講することができます。試験で5問解かなくてもよいというメリットはかなり大きいので、時間的余裕と金銭的余裕があれば、ぜひ免除講習を受講することをオススメします。

ただし、他の資格試験の免除制度と大きく異なる点があります。それは、免除対象の問題（問46～問50）に何が出題されるかわからないという点です。宅建士試験・管理業務主任者試験・マンション管理士試験では、問46～問50に何が出題されるかは毎年固定しているため、免除対象者はその部分の学習をしなくてよいというメリットがあります。それに対して、賃貸不動産経営管理士試験では、免除対象者であっても全範囲の学習をしなければならないという点が大きく異なる点となります。

# 5 2023年の出題にみる今後の学習指針

　賃貸不動産経営管理士試験は範囲が広く、さまざまな分野から出題されます。賃貸不動産の管理に関わる資格なので、賃貸借や借地借家法は当然出題されます。賃貸不動産の管理をする際には「賃貸住宅管理業法」が適用されるので、当然その分野からの出題もあります。管理業務には金銭の取扱いも頻繁に行われることから、会計分野の出題もあります。さらに、建物の管理をする仕事なので、建物に関する出題も多くみられます。つまり、資格取得後に賃貸不動産の管理業を行えるような実務的な知識が問われている試験ということができます。

　過去には統計のデータの出題もあり、さらに2022年は簿記の分野からも出題がありました。本書で勉強しながら、2024年新たに出題が予想される分野においても、下記専用サイトで情報を確認しておきましょう。

---

**最新情報で学習をサポート**

　発刊後も、統計や新たに試験範囲になるであろう分野の情報を、専用サイトに掲載します。

**「2024年度賃貸不動産経営管理士 合格のトリセツ 情報提供サービス」**
PDFを下記のURLからダウンロードできます。

`URL`

https://www.lec-jp.com/chintai/book/member/torisetsu/kakomon_2024.html

---

# はじめに

『2024年版　賃貸不動産経営管理士　合格のトリセツ　過去問題集』を手に取っていただき、ありがとうございます。

賃貸不動産経営管理士は、賃貸住宅の管理を行う専門家として期待され、2020年（令和2年）6月12日に可決成立した「賃貸住宅の管理業務等の適正化に関する法律」（以下、「賃貸住宅管理業法」といいます）に基づき、営業所または事務所ごとに1人以上の配置が義務付けられる業務管理者になれる者とされ、国家資格となりました。

本書は、現在、試験問題が公開されている9年分、合計400問の過去問の中から今後の試験対策において重要な問題を厳選し、初めて受験する方でもしっかりと合格へ向けた準備ができるよう工夫しました。特に、難化傾向にある試験問題に対応するため、解説は丁寧に、詳しく、周辺知識も合わせてインプットできるように記載しています。

昨年度の本試験合格率は28.2%と低く、今後も同程度の合格率か、やや下がる可能性があります。毎年、過去問で出題されていない分野からの出題もあるため、皆さまは「膨大な範囲の学習をしなければいけない」と思うかもしれません。

しかし、合格点をとるには、過去問で出題された部分をしっかりと学習していれば十分可能なのです。

本書シリーズの『賃貸不動産経営管理士 合格のトリセツ テキスト&一問一答』を併用していただき、さらにインプット効果を高め、合格を勝ち取りましょう！

本書を活用された方が、本年の賃貸不動産経営管理士試験に無事合格され、不動産業界における賃貸不動産管理の専門家として一翼を担われることを心より祈念しております。

※本書は、2024年4月1日現在施行されている法令に基づいて記載されています。

2024年4月吉日

株式会社　東京リーガルマインド
LEC総合研究所　賃貸不動産経営管理士試験部

# 本書の使い方

本書は、賃貸不動産経営管理士本試験の過去9年分の問題の中から試験対策上、重要な問題を厳選し、学習効率の良い分野別に収録しています。

## 出題年・問題番号

出題された「年度」と「問題番号」です。なお、法改正等による改題を行った問題には、問題文中に「(改題)」と入れています。

## 重要度

出題実績や今後の出題可能性などを考察し、重要度が高いものから順に、「A→B→C」の3段階で表示しています。

## テーマ

各問題の「テーマ」です。テーマを意識して解答することによって、得意不得意を見極め、学習を効率的に進めましょう。

## チェックボックス

「学習日」や「手応え」(◎○△×)を書き入れて、学習の記録に役立てましょう。

---

第1編 賃貸借関係

重要度 **A** 委任

2023年度
問5出題

**問題 75** 賃貸住宅管理業者であるAと賃貸人Bとの間の管理受託契約における、家賃等の金銭管理を行う業務についての次の記述のうち、最も適切なものはどれか。

❶ AはBの指揮命令に従い金銭管理を行う必要がある。

❷ Aは金銭管理を行う際、自らの財産を管理するのと同程度の注意をもって行う必要がある。

❸ Aが自己の財産と区別して管理しているBの金銭に利息が生じた際、この利息を除いた額をBに引き渡すことができる。

❹ Aは、Bの承諾があれば、金銭管理を行う業務を第三者に再委託することができる。

全問◎を
目指そう!

| | 1回目 | 2回目 | 3回目 | |
|---|---|---|---|---|
| 学習日 | / | / | / | ◎:完全に分かってきた |
| 手応え | | | | ○:だいたい分かってきた |
| | | | | △:少し分かってきた |
| | | | | ×:全く分からなかった |

## 正解番号

正解肢の番号です。

## 正解率

すべての解答者(採点不能者等を含む)の中で正解者が占める割合です。

## ここがポイント

問題を解く上でのポイントです。解答につまずいた方は、まずはここを見ながら答えを出してみてください。

完全にマスターした問題の角を、「キリトリ線」に沿って切り取れば、まだマスターしていない問題を簡単に見つけることができます。

 管理受託契約は委任（準委任）関係ですので、委任の規定が適用されます。

賃貸住宅管理業者は、賃貸人から資産を預かりその資産の管理を代行する立場にあるが、その基本的法律関係は委任ないし準委任契約関係である。法律行為でない事務の委託（準委任）には、委任の規定が準用される（民法656条）。したがって、管理受託契約には、委任の規定が適用ないし準用される。

❶ **不適切** 委任では、雇用とは異なり、受任者は独立した立場で委任事務を処理する。したがって、AはBの指揮命令に従い金銭管理を行う必要はない。

❷ **不適切** 受任者は、委任の本旨に従い、善良な管理者の注意をもって、委任事務を処理する義務を負う（民法644条）。したがって、Aは、自らの財産を管理するのと同程度の注意をもって行うだけでは足りない。

❸ **不適切** 受任者は、委任事務を処理するに当たって受け取った金銭その他を委任者に引き渡さなければならず、果実を収受した場合も同様である（民法646条1項）。賃貸住宅管理では、集金した賃料を賃貸人に引き渡す行為がこれに該当する。Aは、金銭管理を行うに当たってBの金銭を受け取ったときは、これをBに引き渡さなければならない。また、集金した賃料から利息が発生した場合、利息は果実にあたるため、利息の引渡しも必要である。したがって、金銭に生じた利息も、Bに引き渡さなければならない。

❹ **適切** 受任者は、委任者の許諾を得たとき、又はやむを得ない事由があるときでなければ、復受任者を選任することができない（民法644条の2）。したがって、Aは、Bの承諾があれば、金銭管理を行う業務を第三者に再委託することができる。

### 大事な部分を強調

解説文で大事な部分は色字で強調しています。

「解答かくしシート」で解答・解説を隠して学習しましょう！

解答かくしシート

 正解 ❹
正解率 78%

 肢別解答率
受験生はこう答えた！
| | |
|---|---|
| ❶ | 9% |
| ❷ | 5% |
| ❸ | 9% |
| ❹ | 78% |

 難易度 易

### 難易度

難・普・易の3段階であらわしています。

**難** 【正解率50%未満】
4～5問に1問の割合で正解できればよい問題です。

**普** 【正解率50%以上70%未満】
合否の分かれ目となる正解したい問題です。

**易** 【正解率70%以上】
必ず正解しなければならない問題です。

### 肢別解答率

受験者が間違えやすい肢が一目でわかります。本試験後に解答オンラインリサーチで集計したLEC独自のデータで、受験者の解答状況をリアルに反映しています。

※肢1～4の解答率を足しても100%にならないことがあります。これは、マークミス等による採点不能者が含まれていることによるものです。
※改題した問題の正解率・肢別解答率の数値は、参考として改題前の数値のまま掲載しています。

# アプリの利用方法

　本書は、デジタルコンテンツ（アプリ）と併せて学習ができます。
パソコン、スマートフォン、タブレット等でも問題演習が可能です。

## ◆ 利用期間

利用開始日　2024 年 6 月 1 日
登録期限　　2024 年 11 月 17 日
利用期限　　登録から 6 ヶ月間

## ◆ 動作環境（2024年3月現在）

【スマートフォン・タブレット】
● Android 8 以降
● iOS 10 以降
※ご利用の端末の状況により、動作しない場合があります。OS のバージョンアッ
　プをされることで正常にご利用いただけるものもあります。
【パソコン】
● Microsoft Windows 10、11
　　ブラウザ：Google Chrome、Mozilla Firefox、Microsoft Edge
● MacOS X
　　ブラウザ：Safari

## ◆ 利用方法

**1**　　タブレットまたはスマートフォンをご利用の場合は、GooglePlay また
　　　は AppStore で、「ノウン」と検索し、ノウンアプリをダウンロードし
てください。

**2** パソコン、タブレット、スマートフォンの Web ブラウザで下記 URL にアクセスして「アクティベーションコード入力」ページを開きます。次ページ**8**に記載のアクティベーションコードを入力して「次へ」ボタンをクリックしてください。

[アクティベーションコード入力ページ]
https://knoun.jp/activate

**3** 「次へ」ボタンをクリックすると「ログイン」ページが表示されます。ユーザーIDとパスワードを入力し、「ログイン」ボタンをクリックしてください。
ユーザー登録が済んでいない場合は、「ユーザー登録」ボタンをクリックします。

**4** 「ユーザー登録」ページでユーザー登録を行ってください。

**5** ログインまたはユーザー登録を行うと、コンテンツが表示されます。

**6** 「学習開始」ボタンをクリックすると、タブレット及びスマートフォンの場合はノウンアプリが起動し、コンテンツがダウンロードされます。パソコンの場合は Web ブラウザで学習が開始されます。

**7** 　2回目以降は、パソコンをご利用の場合は下記の「ログイン」ページからログインしてご利用ください。タブレット及びスマートフォンをご利用の場合はノウンアプリから直接ご利用ください。

[ログインページ]
https://knoun.jp/login

**8** 　アクティベーションコード

LECv-2024-Tori-mYQe

---

[ ノウンアプリ　お問い合わせ窓口 ]

ログインやアプリの操作方法のお問い合わせについては、以下の方法にて承ります。
なお、回答は、メールにてお返事させていただきます。
○ノウンアプリのメニュー＜お問い合わせ＞から
○ノウン公式サイト　お問い合わせフォームから
　URL：https://knoun.jp/knounclient/ui/inquiry/regist
○メールから
　お問い合わせ先アドレス：support@knoun.jp
お電話でのお問い合わせはお受けしておりませんので、予めご了承ください。

※「ノウン」はNTTアドバンステクノロジ株式会社の登録商標です。
※記載された会社名及び製品名は、各社の商標または登録商標です。

# 目次

## 第1編 ● 賃貸借関係 ……………………………………………… 1

## 第2編 ● 管理受託 ……………………………………177

# 第5編　維持保全 ………………………………………………… 539

# 収録問題　年度別索引

## 2020年度

## 2022年度

## 2023年度

# 賃貸不動産経営管理士試験の概要

賃貸不動産経営管理士試験は、毎年1回、11月（2024（令和6）年は11月17日（日））に全国で実施されます。試験形式はマークシート50問、試験時間は120分です。

## ● 過去8年間のデータ

| 年度 | 申込者数 | 受験者数 | 合格者数 | 合格率 | 合格点 |
|---|---|---|---|---|---|
| 2016（H28） | 13,862人 | 13,149人 | 7,350人 | 55.9% | 28点/40点 |
| 2017（H29） | 17,532人 | 16,624人 | 8,033人 | 48.3% | 27点/40点 |
| 2018（H30） | 19,654人 | 18,488人 | 9,379人 | 50.7% | 29点/40点 |
| 2019（R1） | 25,032人 | 23,605人 | 8,698人 | 36.8% | 29点/40点 |
| 2020（R2） | 29,591人 | 27,338人 | 8,146人 | 29.8% | 34点/50点 |
| 2021（R3） | 35,553人 | 32,459人 | 10,240人 | 31.5% | 40点/50点 |
| 2022（R4） | 35,026人 | 31,687人 | 8,774人 | 27.7% | 34点/50点 |
| 2023（R5） | 31,547人 | 28,299人 | 7,972人 | 28.2% | 36点/50点 |

※2020年より50点満点に変更されています。

## ● 賃貸不動産経営管理士試験の概要

| | |
|---|---|
| 試験日時 | 令和6年11月17日（日）13:00～15:00（120分間） |
| 試験会場 | 北海道、青森、岩手、宮城、福島、群馬、栃木、茨城、埼玉、千葉、東京、神奈川、新潟、石川、長野、静岡、岐阜、愛知、三重、滋賀、奈良、京都、大阪、兵庫、島根、岡山、広島、山口、香川、愛媛、高知、福岡、熊本、長崎、大分、宮崎、鹿児島、沖縄（全国38地域） |
| 出題形式 | 四肢択一、50問<br>ただし、令和5年度及び令和6年度の賃貸不動産経営管理士講習（試験の一部免除）修了者は45問です。 |
| 受験資格 | 年齢、性別、学歴等に制約はありません。どなたでも受験できます。 |
| 受験料 | 12,000円 |
| 受験申込期間 | 令和6年8月1日（木）～令和6年9月26日（木）<br>※願書請求期間は令和6年9月19日（木）PM12:00まで |
| 合格発表 | 令和6年12月26日（木）（予定） |

## ● 免除講習　※2023年度の免除講習に基づくものです。本年度については、各自でご確認ください。

| 学習内容 | ①事前学習（おおむね2週間、令和6（2024）年度版『賃貸不動産管理の知識と実務』を使用した自宅学習）<br>②スクーリングによる講習（1日、令和6（2024）年度版『賃貸不動産管理の知識と実務』使用、確認テスト含む） |
|---|---|
| 日　程 | 例年7月下旬～9月中旬 |
| 時　間 | 9：00～17：30（8：50受付開始） |
| 会　場 | 全国47都道府県138会場 |
| 受講料 | 18,150円〔税込〕 |
| 受講要件 | どなたでも受講できます。ただし、受講申込方法については、実施団体の定めがあります。 |
| テキスト | 令和5（2023）年度版『賃貸不動産管理の知識と実務』 |
| 修了の証し | 本講習の修了者は、賃貸不動産経営管理士試験を受験した場合、知識を習得した者の証しとして、出題50問のうち5問が免除（問46～問50）されます（修了年度より2年間有効）。 |

5問免除の出題範囲は、年によって異なります。したがって、5問免除をもっている人であっても、全範囲の学習が必要となります。

## ● 賃貸不動産経営管理士とは

　賃貸不動産経営管理士とは、主に賃貸アパートやマンションなど賃貸住宅の管理に関する知識・技能・倫理観を持った専門家です。賃貸住宅は、人々にとって重要な居住形態であり、その建物を適正に維持・管理することは人々の安心できる生活環境に直結します。そのため、賃貸不動産の管理業務にかかわる幅広い知識を有する賃貸不動産経営管理士の活躍が期待されています。

## 「業務管理者」として賃貸不動産経営管理士が行う業務

①法第13条の規定による説明及び書面の交付に関する事項（重要事項説明及び書面の交付）

②法第14条の規定による書面の交付に関する事項（管理受託契約書の交付）

③賃貸住宅の維持保全の実施に関する事項及び賃貸住宅に係る家賃、敷金、共益費その他の金銭の管理に関する事項

④法第18条の規定による帳簿の備付け等に関する事項

⑤法第20条の規定による定期報告に関する事項（オーナーへの定期報告）

⑥法第21条の規定による秘密の保持に関する事項

⑦賃貸住宅の入居者からの苦情の処理に関する事項

これらの業務等について、当該営業所または事務所の業務を管理し、他の従業者を監督することです。

## 特定転貸事業者が行うべき業務の管理・監督または実施

①広告に関する事項（誇大広告等の禁止の遵守）

②勧誘に関する事項（不当な勧誘等の禁止の遵守）

③特定賃貸借契約の締結前の書面の交付（重要事項説明）

④特定賃貸借契約成立時の書面の交付

⑤書類の閲覧に関する事項

## 賃貸不動産経営管理士になるには

賃貸不動産経営管理士試験に合格し、以下の登録のための要件を満たすことによって賃貸不動産経営管理士になることができます。

| 賃貸不動産経営管理士の登録の要件 | 賃貸不動産経営管理士試験の合格者で以下の①または②を満たす者<br>①管理業務に関し2年以上の実務の経験を有する者<br>②その実務の経験を有する者と同等以上の能力を有する者<br>※②は実務経験2年とみなす講習の修了をもって代える者等を指す。 |
|---|---|
| 登録費用 | 6,600円〔税込〕 |
| 有効期間 | 5年間 |

## ● 賃貸不動産経営管理士の業務領域

　賃貸不動産管理業の業務は、家主との賃貸不動産の管理業務を受託する契約から入居者の募集、契約業務により希望者を入居させ、建物の維持管理や不具合の対応、原状回復工事などさまざまな業務があります（一部媒介業務などを含みます）。

| 管理業務受託契約 | ● 市場調査<br>● 賃貸用建物の企画提案 | ● 管理業務受託契約の締結 |
|---|---|---|

↓

| 入居者募集〜契約 | ● 入居審査<br>● 重要事項説明※<br>※宅建業に該当するもの | ● 賃貸借契約締結※<br>● 鍵の引渡し |
|---|---|---|

↓

| 管理業務<br>（契約期間中） | ● 建物維持管理・修繕<br>● 法定点検<br>● 建物清掃<br>● 賃料等収納業務 | ● クレーム対応<br>● 契約更新<br>● 賃料改定 |
|---|---|---|

↓

| 管理業務<br>（契約終了） | ● 退去立合い<br>● 原状回復工事<br>● 敷金の精算 | ● 入居促進<br>● 空室維持管理 |
|---|---|---|

> 今年絶対に合格して、賃貸不動産経営管理士になりましょう！

# 学習戦略

　どのように学習すればよいのでしょうか。今年度の本試験の範囲と本書の対応する箇所は以下の通りです。

## ● 試験出題範囲と本書について

| 出題範囲 | 本書の該当の編 |
|---|---|
| 管理受託契約に関する事項 | 2編 |
| 管理業務として行う賃貸住宅の維持保全に関する事項 | 2編、3編、5編 |
| 家賃、敷金、共益費その他の金銭の管理に関する事項 | 1編、2編、3編 |
| 賃貸住宅の賃貸借に関する事項 | 1編 |
| 法に関する事項 | 2編、3編 |
| 上記に掲げるもののほか、管理業務その他の賃貸住宅の管理の実務に関する事項 | 1編、2編、3編、4編 |

※年度により若干の差があります。標準的な出題範囲であると考えてください。

　まずは1編の賃貸借関係をしっかり理解する必要があります。これは試験範囲全体を理解するのに必要となる知識となるからです。2編・3編は「賃貸住宅管理業法」に関する記述です。2023年では2編・3編から合わせて19題出題されています。つまり、全体の約4割がここから出題されています。4編は実務で必要となる知識を中心に学びます。5編は建物に関することを学びます。建物管理をする上で建物に関する知識は必須です。

　それでは、次に各編のおおまかな内容を『分野別スタートアップ講座』でみていきましょう。

# 分野別スタートアップ講座

## 第1編●賃貸借関係　　　　　　　　　　　出題数の目安：8〜10問／50問

　不動産の貸し借りという賃貸借契約を中心に、民法や借地借家法等について学びます。

　賃貸借といっても、Aの持ち物である不動産をBが借りたうえで、さらにBがCにまた貸しすることもあります。これを転貸あるいは転貸借といいます。

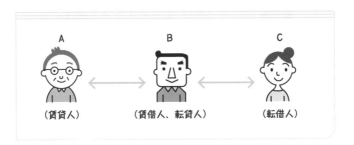

　賃貸不動産経営管理士試験において最も重要な分野です。以降の単元の前提となる部分でもあります。まず、賃貸借契約がどのようなものかについて押さえていきましょう。

 堅苦しい法律の世界ですが、本書ではなるべく平易にわかりやすく説明しています。不安かもしれませんが、まずはここから学習を開始してください！

## 第2編 ● **管理受託**

出題数の目安：１０～１２問／５０問

　賃貸管理の中の「管理受託方式」について学びます。さきの図のＡさん（賃貸人）の立場になって考えてみましょう。Ａさんが、アパートとして貸し出すことができる建物を１棟持っているとします。しかし、Ａさんは、アパート経営をすることに不安を感じていました。空き室があるけど新たな借り手が見つからない、廊下の蛍光灯を交換するのも面倒、賃料をどう管理すればいいかわからない中、賃料の不払いは困る等々。だったら、不動産の専門家にアパートの管理を任せてみたくなります。そこで、管理を任せることになるのです。

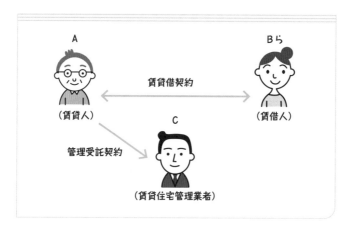

　ここで登場する不動産の専門家こそが賃貸住宅管理業者です。賃貸住宅管理業者であるＣはＡさんから管理の委託を受けるので、「管理受託方式」といいます。2021年６月施行のため、過去問がまだ少ない分野ですが、出題されそうな論点について詳述しています。

　Ａさんは、Ｃに賃料の受け取りや、建物のメンテナンス等を委託します。Ｃは、Ａさんから報酬をもらうことになります。

　賃貸管理の中の「サブリース方式」について学びます。2020年12月施行のため、過去問がまだ少ない分野ですが、出題されそうな論点について詳述しています。

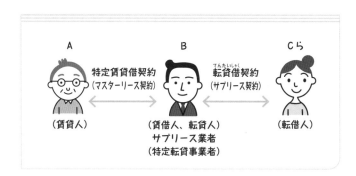

　この図を見ると、第1編で学習した転貸借のようです。しかし、ここではサブリース特有のことばが出てきます。例えば、Bは、Aからアパートを丸ごと一棟借り上げて、複数ある居室をCら転借人に転貸します。そして、BはCらから賃料を得て、さらにAに賃料を支払います。このようなBを特定転貸事業者とかサブリース業者といいます。ＡＢ間の契約を特定賃貸借契約、あるいはマスターリース契約といいます。ＢＣ間の契約は転貸借契約ですが、サブリース方式においてはサブリース契約ともいわれます。

　　　　貸主にとって空室はリスクです。そこで、管理業者がその物件を借りて、転貸をすることで、管理業者は収入を得ようとします。その形式が「サブリース方式」です。

### 第4編 ● **管理実務・金銭管理等** ━━━━ 出題数の目安：9〜12問／50問

　実際に管理業者で行う業務の内容について学びます。具体的には、入居者の募集や建物の管理といった賃貸住宅管理業者の行う仕事内容や、業務を行う上で重要となる法令、さらには賃貸不動産経営にかかわる税金・保険等の実務的な分野について学びます。範囲が広いですが、出題されそうな論点に絞って詳述しています。

　管理業者に勤務する場合も、貸主として賃貸不動産経営をする場合も、最も実務上使っていく知識を学んでいくこととなります。

### 第5編 ● **維持保全** ━━━━ 出題数の目安：10〜12問／50問

　建物の構造や設備の知識は、業務をする上でも重要なものとなります。管理をする物件がどのような設備を備えているかを学ぶことは、設備のトラブルや修繕など、実務でも深くかかわっていくところであり、重要なことです。また、借主が退去する際の原状回復もここで学習します。過去問が少ないので、過去に出題された論点のみならず、出題されそうな論点についても学習できるように詳述しています。

　設備は過去問だけでは網羅できないわりには、正解率が高い分野です。合否をわける問題となりがちですので、しっかり学習しましょう！

　賃貸不動産経営管理士試験は、大きく分けると以上の5分野となっています。本書でしっかりと理解し、章末の一問一答で基本的知識の確認をしましょう！あわせて姉妹書『賃貸不動産経営管理士 合格のトリセツ 過去問題集』で過去問を学習すれば、2024年本試験に合格する実力をつけることができるはずです！

# 引用法令等略称一覧

| 正式名称 | 略　称 |
|---|---|
| 賃貸住宅の管理業務等の適正化に関する法律<br>（令和2年6月19日法律第60号） | 賃貸住宅管理業法 |
| 賃貸住宅の管理業務等の適正化に関する法律<br>施行令（令和2年10月16日政令第313号） | 賃貸住宅管理業法施行令 |
| 賃貸住宅の管理業務等の適正化に関する法律<br>施行規則（令和2年10月16日国土交通省令第83号） | 賃貸住宅管理業法施行規則 |
| 賃貸住宅の管理業務等の適正化に関する法律<br>の解釈・運用の考え方 | 賃貸住宅管理業法の解釈・運用<br>の考え方 |
| サブリース事業に係る適正な業務のためのガ<br>イドライン | サブリース事業ガイドライン |
| 賃貸住宅管理業法FAQ集 | 賃貸住宅管理業法FAQ |
| 賃貸住宅標準契約書 | 標準契約書 |
| 賃貸住宅標準管理受託契約書 | 受託契約書 |
| サブリース住宅標準契約書 | サブリース標準契約書 |
| 特定賃貸借標準契約書 | 特定賃貸借標準契約書 |
| 原状回復をめぐるトラブルとガイドライン | 原状回復ガイドライン |
| 高齢者の居住の安定確保に関する法律 | 高齢者居住法 |
| 住宅確保要配慮者に対する賃貸住宅の供給の<br>促進に関する法律 | 住宅セーフティネット法 |
| 国土交通省所管事業における障害を理由とす<br>る差別の解消の推進に関する対応指針 | 障害者差別解消法ガイドライン |
| 個人情報の保護に関する法律 | 個人情報保護法 |

解説文中において引用する法令等は、文章の読みやすさを考慮して、上記の通り省略して表記しています。これらの略称は本書独自のものであり、一般的に使用されているものと異なる場合があります。

# 特典動画のご案内

## ● 無料解説動画で『合格のトリセツ』がもっとわかる！

LEC専任講師 友次正浩が、本書に掲載している過去問題の中から重要問題や間違えやすい問題をピックアップして解説しています。

URL https://www.lec-jp.com/chintai/book/member/torisetsu/kakomon_2024.html

※動画の視聴開始日・終了日については、専用サイトにてご案内いたします。

※視聴の際の通信料はお客様負担となります。

## ●『合格のトリセツ』シリーズでイン ⟷ アウトの学習効果UP！

『合格のトリセツ』は、学習しやすいよう「テキスト&一問一答」と「過去問題集」の項目立てを揃えています。インプットとアウトプットをシリーズで合わせてご利用いただくと学習効果が高まります。

※デザイン・内容等は変更となる場合がございます。

# 第 **1** 編

# 賃貸借関係

- 賃貸借契約の成立と有効性
- 賃貸借の内容
- 譲渡・転貸
- 賃貸人の地位の移転
- 敷金
- 賃貸借の終了と更新
- 賃料の改定
- 定期建物賃貸借
- 賃貸住宅標準契約書
- 抵当権付建物の賃貸借
- 破産との関係
- 賃貸借と使用貸借
- 保証
- 請負
- 委任
- 工作物責任
- 相続
- 総合

賃貸借契約に関する部分を中心に、周辺の知識もおさえていきましょう。試験でも頻出の重要項目が多い分野です。焦らず丁寧に学習しましょう。

重要度 A 　**賃貸借契約の成立と有効性**　2015年度 問13出題

問題 1 　賃貸借契約の成立に関する次の記述のうち、最も適切なものはどれか。

❶　賃貸借契約は、賃貸借の目的物である物件の引渡しにより成立する。

❷　賃貸借契約が成立するためには、貸主、借主が署名押印する賃貸借契約書の作成が必要である。

❸　建物所有者と借受希望者による賃貸借契約の締結に向けた交渉が進み、交渉の相手方に契約が成立するであろうという強い信頼が生まれる段階に達した場合には、その信頼は法的保護に値することから、賃貸借契約が成立する。

❹　宅地建物取引業者は、宅地又は建物の貸借に関し、その媒介により契約が成立したときは、当該契約の各当事者に、契約内容に係る書面を交付しなければならない。

全問◎を目指そう！

| | 1回目 | 2回目 | 3回目 |
|---|---|---|---|
| 学習日 | ／ | ／ | ／ |
| 手応え | | | |

◎：完全に分かってきた
○：だいたい分かってきた
△：少し分かってきた
×：全く分からなかった

契約は当事者の合意によって成立する、
という原則を意識しましょう。

**❶ 不適切** 賃貸借は、当事者の一方がある物の使用及び収益を相手方にさせること
を約し、相手方がこれに対してその賃料を支払うこと及び引渡しを受けた物を
契約が終了したときに返還することを約することによって、その効力を生ずる
（民法 601 条）。

**❷ 不適切** 賃貸借は、当事者の一方がある物の使用及び収益を相手方にさせること
を約し、相手方がこれに対してその賃料を支払うこと及び引渡しを受けた物を
契約が終了したときに返還することを約することによって、その効力を生ずる
（民法 601 条）。ただ、トラブルを防止するためには、各種取決めを書面に記載
しておくことが望ましい。

**❸ 不適切** 賃貸借は、当事者の一方がある物の使用及び収益を相手方にさせること
を約し、相手方がこれに対してその賃料を支払うこと及び引渡しを受けた物を
契約が終了したときに返還することを約することによって、その効力を生ずる
（民法 601 条）。建物所有者と借受希望者による賃貸借契約の締結に向けた交渉
が進み、交渉の相手方に契約が成立するであろうという強い信頼が生まれる段階
に達した場合であっても、賃貸借契約は成立しない。なお、買受希望者は契約
準備段階における信義則上の注意義務違反を理由として損害賠償責任を負う
（最判昭 59.9.18）。

**❹ 適 切** 宅地建物取引業者は、宅地又は建物の貸借に関し、その媒介により契約
が成立したときは、当該契約の各当事者に、契約内容に係る書面を交付しなけ
ればならない（宅地建物取引業法 37 条 2 項）。

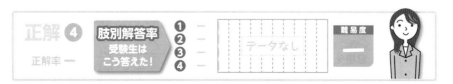

正解 ❹
正解率 ―

**肢別解答率**
受験生は
こう答えた！

❶ ―
❷ ―
❸ ―
❹ ―

データなし

難易度
―

# 賃貸借契約の成立と有効性

**問題 2**　3人が共有している賃貸住宅について、全員の合意は必要ないが、共有者の持分の価格に従い、その過半数で決することを要するものの組合せとして、正しいものはどれか。

**ア**　賃貸住宅の窓ガラスが台風により破損した場合の、窓ガラスの交換

**イ**　賃貸住宅につき、契約期間を3年とする定期建物賃貸借契約の締結

**ウ**　賃貸住宅につき、契約期間を5年とする定期建物賃貸借契約の締結

**エ**　賃貸住宅の賃貸借契約に関し、賃借人の債務不履行を理由とする契約の解除

**❶**　ア、イ
**❷**　ア、ウ
**❸**　イ、エ
**❹**　ウ、エ

全問◎を
目指そう！

| | 1回目 | 2回目 | 3回目 |
|---|---|---|---|
| 学習日 | ／ | ／ | ／ |
| 手応え | | | |

◎：完全に分かってきた
○：だいたい分かってきた
△：少し分かってきた
×：全く分からなかった

**ここがポイント**

## 契約期間3年の定期建物賃貸借は、各共有者の持分の価格に従い、その過半数で締結できます。

**ア** `過半数で決することを要しない` 各共有者は、保存行為をすることができる（民法252条5項）。台風により破損した窓ガラスの交換は、保存行為にあたる。したがって、各共有者の持分の価格に従い、その過半数で決することを要しない。

**イ** `過半数で決することを要する` 契約期間を3年を超えない期間とする建物賃貸借の締結は、各共有者の持分の価格に従い、その過半数で決する（民法252条4項3号）。本肢の定期建物賃貸借は、契約期間を3年とするものであるから、全員の合意は必要ないが、共有者の持分の価格に従い、その過半数で決することを要する。

**ウ** `全員の同意が必要である` 契約期間を3年を超えない期間とする建物賃貸借の締結は、各共有者の持分の価格に従い、その過半数で決する（民法252条4項3号）。本肢の定期建物賃貸借は、契約期間を5年とするものであるから、共有者の持分の価格に従い、その過半数で決することはできず、全員の同意が必要である。

**エ** `過半数で決することを要する` 共有物の管理に関する事項は、各共有者の持分の価格に従い、その過半数で決する（民法252条1項前段）。共有者が共有物を目的とする貸借契約を解除することは、共有物の管理に関する事項に該当し（最判昭39.2.25）、各共有者の持分の価格に従い、その過半数で決する。

　以上より、全員の合意は必要ないが、共有者の持分の価格に従い、その過半数で決することを要するものの組合せはイ、エであり、本問の正解肢は❸となる。

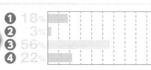

正解 ❸　正解率 56%

肢別解答率　受験生はこう答えた！

❶ 18%
❷ 3%
❸ 56%
❹ 22%

難易度 普

# 重要度 A 賃貸借の内容

2015年度
問16出題

問題 3
AがBに対してマンションの一室を賃貸している場合に関する次の記述のうち、最も適切なものはどれか。

❶　AはBに対して賃料の値上げを求めており、Bがこれに応じない場合に、Bが賃貸借契約で定められた賃料を支払ったところ、Aが受領を拒絶した場合、Bの賃料支払義務は消滅する。

❷　AはBに対して賃料の値上げを求めており、Bがこれに応じない場合に、BはAの親戚から、Aは値上げ後の賃料でなければ以後受領しないかもしれないと考えているようであることを聞いた。この場合、Bは賃料の支払をせずとも、債務不履行責任を免れることができる。

❸　AB間で賃料に関する紛争が生じており、Bが賃料を供託した場合において、Aは、Bの承諾を得たときに限り、供託された賃料相当額を受領することができる。

❹　Aが死亡し、CがAの相続人と称してBに対して賃料を請求した場合、Bは、Cが相続人であるかどうか明らかでないことを理由に賃料を供託することができる。

| | 1回目 | 2回目 | 3回目 |
|---|---|---|---|
| 学習日 | ／ | ／ | ／ |
| 手応え | | | |

全問◎を
目指そう！

◎：完全に分かってきた
○：だいたい分かってきた
△：少し分かってきた
×：全く分からなかった

## 供託は弁済と同じく債務消滅の効果を生じます。

❶ 不適切　債務者が債権者に対して債務の弁済をしたときは、その債権は、消滅する（民法473条）。賃料支払債務については、賃借人が賃料を支払い、賃貸人が受領したときに消滅する。しかし、賃借人が賃料を支払いのため提供したが、受領を拒絶された場合でも、賃借人が賃料を受領していない以上、賃借人の賃料支払義務は消滅しない。

❷ 不適切　債務者は、弁済の提供の時から、債務を履行しないことによって生ずべき責任を免れる（民法492条）。したがって、たとえ賃貸人が値上げ後の賃料でなければ以後受領しないかもしれないからといって、賃借人が賃料の支払いを提供していない以上、債務不履行責任を免れることはできない。なお、賃料の支払いの提供（弁済の提供）につき、債権者（賃貸人）があらかじめ弁済の受領を拒み、または債務の履行について債権者の行為を要するときは、弁済の準備をしたことを通知してその受領の催告をすれば足りる（民法493条）。

❸ 不適切　弁済供託がされた場合、債権者は、いつでも供託金を受領することができる。この場合、債権者が供託金を受領するためには、供託所に備え付けられている払渡請求書（還付請求書）に供託通知書等を添えて供託所に提出すればよい。したがって、供託された賃料相当額を受領するのに、賃借人の承諾を得る必要はない。

❹ 適切　弁済者は、過失なく債権者を確知することができない場合には、債権者のために弁済の目的物を供託することができる（民法494条2項）。賃借人が、賃貸人の相続人であるかどうか明らかでない者から賃料の支払請求を受けた場合には、賃料を供託することができる。

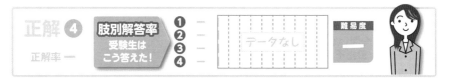

正解 ❹

正解率 ―

肢別解答率
受験生は
こう答えた！

❶ ―
❷ ―
❸ ―
❹ ―

データなし

難易度
―

# 賃貸借の内容

重要度 A

問題
4

借地借家法の適用のある建物賃貸借契約の特約の有効性に関する次の記述のうち、最も不適切なものはどれか。

❶　賃貸借契約の締結と同時に設定される「期間満了時に賃貸借が解約される」旨の特約は無効である。

❷　法令により一定の期間を経過した後に建物を取り壊すべきことが明らかな場合で、この建物を目的物とする賃貸借契約を書面により締結するときに、建物取壊時に賃貸借契約が終了する旨の特約を定めても、定期建物賃貸借契約の要件を満たしていない限り、その特約は無効である。

❸　借主が貸主の同意を得て賃貸不動産に設置した造作について、借地借家法第33条1項に基づく造作買取請求権を排除する旨の特約は有効である。

❹　更新について合意が成立しない場合には、賃貸借契約が期間満了と同時に当然終了する旨の特約は無効である。

全問◎を
目指そう！

| | 1回目 | 2回目 | 3回目 |
|---|---|---|---|
| 学習日 | / | / | / |
| 手応え | | | |

◎：完全に分かってきた
○：だいたい分かってきた
△：少し分かってきた
×：全く分からなかった

**ここがポイント**

## 建物賃貸借契約では、賃借人にとって不利な特約は無効になります。

**❶ 適切** 契約締結と同時に設定される「期間満了時に賃貸借が解約される」旨の特約は、建物の賃借人にとって不利なものであり、無効である（借地借家法30条）。

**❷ 不適切** 法令又は契約により一定の期間を経過した後に建物を取り壊すべきことが明らかな場合において、建物の賃貸借をするときは、建物を取り壊すこととなる時に賃貸借が終了する旨を定めることができる（借地借家法39条1項）。また、この特約は、建物を取り壊すべき事由を記載した書面によってしなければならない（同条2項）。

**❸ 適切** 造作買取請求権を排除する旨の特約は有効である（借地借家法33条、37条）。

**❹ 適切** 更新の合意が成立しない場合には賃貸借は期間満了によって終了するなどの特約を定めても、賃借人に不利な特約となり無効である（借地借家法30条）。

**正解 ❷** 正解率 —

**肢別解答率** 受験生はこう答えた！

❶ —
❷ —
❸ —
❹ —

データなし

**難易度 —**

重要度 **B** 賃貸借の内容

2016年度
問19出題

**問題 5** 借主の義務と責任に関する次の記述のうち、最も不適切なものはどれか。

❶ 賃貸不動産につき修繕を要するときは、借主は、遅滞なくその旨を貸主に通知しなければならない。

❷ 賃貸不動産が転借人の過失により損傷した場合、借主は、転貸について貸主の承諾を得ていたとしても、貸主に対し、債務不履行に基づく損害賠償責任を負う。

❸ 借主は、失火により賃貸不動産を損傷したとしても、失火につき重過失がない限り、貸主に対し、債務不履行に基づく損害賠償責任を負わない。

❹ ペット飼育の禁止が賃貸借契約で定められていない場合でも、通常許容される範囲を超えたペットの飼育があった場合には、賃貸借契約の解除が認められる。

全問◎を
目指そう！

| | 1回目 | 2回目 | 3回目 |
|---|---|---|---|
| 学習日 | / | / | / |
| 手応え | | | |

◎：完全に分かってきた
○：だいたい分かってきた
△：少し分かってきた
×：全く分からなかった

ここがポイント

### 転借人による賃貸不動産の損傷でも、賃借人は責任を負うことがあります。

❶　適切　賃貸不動産が修繕を要するときには、賃借人は、賃貸人が既にこれを知っている場合を除き、遅滞なくこれを賃貸人に通知しなければならない（民法615条）。

❷　適切　賃借人の履行補助者による保管義務違反も賃借人の債務不履行となる。転借人は、履行補助者と解されているため、賃借人は、転借人の故意・過失による賃貸不動産の損傷について賃貸人に対して債務不履行責任を負う。

❸　不適切　失火責任法によれば、失火者に重過失がないときは民法の不法行為責任（民法709条）を負わない。しかし、賃借人は善良な管理者の注意をもって貸室を保管する義務を負っており、これに違反した場合、債務不履行に基づく損害賠償責任を負う。この責任に失火責任法は適用されない（最判昭30.3.25）ため、重過失がなくても失火により賃貸不動産を損傷させた場合、保管義務違反による債務不履行となり、損害賠償責任を負う。

❹　適切　ペットの飼育が居住に付随して通常許容される範囲を明らかに逸脱して、契約当事者間の信頼関係を破壊する程度に至ったと認められる限り、賃貸借契約における用法違反になり、賃貸借契約の解除が認められる（東京地判昭62.3.2）。

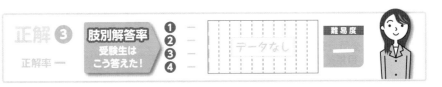

正解 ❸
正解率 ー

肢別解答率
受験生は
こう答えた！

❶ ー
❷ ー
❸ ー
❹ ー

データなし

難易度
ー

# 賃貸借の内容

重要度 A

問題 6

賃貸不動産の修繕に関する次の記述のうち、最も不適切なものはどれか。

❶ 借主は、賃貸不動産について貸主の負担に属する必要費を支出したときは、貸主に対し、直ちにその償還を請求することができる。

❷ 借主が貸主による賃貸不動産の修繕に伴う保守点検のための立ち入りに応じず、これにより賃貸借契約の目的を達することができない場合には、貸主は賃貸借契約を解除することができる。

❸ 貸主の修繕義務は、賃貸借契約締結後に生じた破損に限られるから、借主が入居する以前から賃貸不動産に雨漏りが発生していた場合には、貸主は借主に対して修繕義務を負わない。

❹ 区分所有建物における貸主の修繕義務は、賃借した専有部分の使用に必要な共用部分があるときは、共用部分についても対象となる。

全問◎を
目指そう！

| | 1回目 | 2回目 | 3回目 |
|---|---|---|---|
| 学習日 | ／ | ／ | ／ |
| 手応え | | | |

◎：完全に分かってきた
○：だいたい分かってきた
△：少し分かってきた
×：全く分からなかった

**賃貸人には修繕義務、賃借人には修繕受忍義務があります。**

❶ **適 切** 賃借人は、賃貸物について賃貸人の負担に属する必要費を支出したときは、賃貸人に対し、直ちにその償還を請求することができる（民法608条1項）。

❷ **適 切** 賃貸人が賃貸不動産の保存に必要な行為をしようとするときは、賃借人はこれを拒むことができない（民法606条2項）。修繕は、賃貸人にとって義務であると同時に権利でもあることから、賃借人には修繕を受忍する義務がある。受忍義務違反は、契約解除の理由となり得る。

❸ **不適切** 賃貸人は、賃貸物の使用及び収益に必要な修繕をする義務を負う（民法606条1項本文）。破損の原因発生の時期は、賃貸借契約締結の前後を問わない。

❹ **適 切** 賃貸人は、賃貸不動産のみならず、賃貸不動産の使用に必要な共用部分があるときは、共用部分についても修繕義務が生じる（東京地判平22.3.5）。

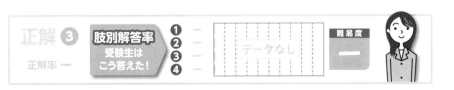

# 賃貸借の内容

**問題7**　賃貸借契約の特約の有効性に関する次の記述のうち、適切なものの組合せはどれか。

**ア**　賃貸借の期間内に建物が競売により売却され、その所有権が他の者に帰属した場合に賃貸借契約が終了する旨の特約は、無効である。

**イ**　賃貸借の更新について合意が成立しない場合は賃貸借契約が期間満了と同時に当然に終了する旨の特約は、有効である。

**ウ**　借主が貸主の同意を得て賃貸建物に設置した造作について、建物明渡し時に買取請求権を行使することができない旨の特約は、有効である。

**エ**　振込みにより賃料を支払う場合の振込み手数料を貸主負担とする旨の特約は、無効である。

**❶**　ア、イ
**❷**　ア、ウ
**❸**　イ、エ
**❹**　ウ、エ

全問◎を
目指そう！

| | 1回目 | 2回目 | 3回目 |
|---|---|---|---|
| 学習日 | ／ | ／ | ／ |
| 手応え | | | |

◎：完全に分かってきた
○：だいたい分かってきた
△：少し分かってきた
×：全く分からなかった

**ここがポイント**

## 賃料の振込み手数料を賃貸人負担とする特約は有効です。

**ア　適切**　賃貸借の期間内に建物が競落され、その所有権が他に帰属したときは賃貸借契約が終了する旨の特約は、無効である（最判昭 41.4.5）。

**イ　不適切**　期間の更新又は延長について合意が成立しない場合は賃貸借契約が期間満了と同時に当然終了する旨の特約は、無効である。

**ウ　適切**　造作買取請求の規定は任意規定とされている（借地借家法 37 条参照）。したがって、賃貸人は、賃借人の造作の設置について承諾するが、明渡し時に買い取りは行わないという取決めを特約として行うことができる。

**エ　不適切**　弁済の費用について別段の意思表示がないときは、その費用は、債務者（賃借人）の負担となる（民法 485 条 1 項本文）。この規定は任意規定であり、これと異なる特約をすることができ、賃料の振込み手数料を賃貸人の負担とする旨の特約は、有効である。

　以上より、適切なものはアウであり、本問の正解肢は❷となる。

**正解❷**　正解率 94%

**肢別解答率**　受験生はこう答えた！

- ❶ 2%
- ❷ 94%
- ❸ 2%
- ❹ 2%

**難易度　易**

## 重要度 A　賃貸借の内容

**問題 8**　賃貸建物の全部又は一部が滅失した場合の法律関係に関する次の記述のうち、誤っているものはどれか。（改題）

**❶**　地震により賃貸建物が一部滅失した場合、修繕が物理的経済的に可能であったとしても、貸主は修繕義務を負わない。

**❷**　賃貸建物が全部滅失した場合、当該滅失についての借主の帰責事由の有無にかかわらず、貸主は修繕義務を負わない。

**❸**　賃貸建物が一部滅失した場合、当該滅失について借主に帰責事由がない限り、その使用及び収益をすることができなくなった部分の割合に応じて、賃料は、減額される。

**❹**　賃貸建物が全部滅失した場合、当該滅失について借主に帰責事由があっても、賃貸借契約は履行不能により終了する。

全問◎を
目指そう！

| | 1回目 | 2回目 | 3回目 |
|---|---|---|---|
| 学習日 | ／ | ／ | ／ |
| 手応え | | | |

◎：完全に分かってきた
○：だいたい分かってきた
△：少し分かってきた
×：全く分からなかった

建物がなくなれば契約は終了。素直に考えましょう。

❶ 誤　賃貸人は、賃貸物の使用及び収益に必要な修繕義務を負う（民法606条1項）。したがって、賃貸不動産の破損等が天変地異等、不可抗力により生じた場合も賃貸人は修繕義務を負う。

❷ 正　賃借物の全部が滅失その他の事由により使用及び収益をすることができなくなった場合には、賃貸借は、これによって終了する（民法616条の2）。修繕義務は、賃貸借に基づくものであるから、賃貸借が終了した場合、賃貸人は修繕義務を負わない。

❸ 正　賃借物の一部が滅失その他の事由により使用及び収益をすることができなくなった場合において、それが賃借人の責めに帰することができない事由によるものであるときは、賃料は、その使用及び収益をすることができなくなった部分の割合に応じて、減額される（民法611条1項）。

❹ 正　賃借物の全部が滅失その他の事由により使用及び収益をすることができなくなった場合には、賃貸借は、これによって終了する（民法616条の2）。賃貸不動産の滅失につき、賃貸人または賃借人に帰責性があるとしても、それは損害賠償の問題にすぎず、建物賃貸借契約が終了する点には影響しない。

正解 ❶
正解率 94%

肢別解答率
受験生は
こう答えた！

❶ 94%
❷ 3%
❸ 2%
❹ 2%

難易度
易

# 重要度 A　賃貸借の内容

**問題 9**　建物賃貸借契約書の記載に関する次の記述のうち、誤っているものは
どれか。（改題）

❶　賃貸借契約書に借主からの期間内解約を認める規定があるものの、予告期
間の定めがない場合、解約申入れから3か月を経過することで契約は終了する。

❷　賃貸借契約書に賃料の支払日について記載がない場合、平成30年11月分
の賃料の支払日は平成30年10月31日である。

❸　賃貸借契約書に必要費償還請求権の規定がない場合であっても、借主が雨
漏りを修繕するための費用を支出したとき、借主は貸主に対して必要費の償還
を請求することができる。

❹　賃貸借契約書に遅延損害金の規定がない場合であっても、借主が賃料の支
払を遅延したとき、貸主は借主に対して遅延損害金を請求することができる。

全問◎を
目指そう！

| | 1回目 | 2回目 | 3回目 |
|---|---|---|---|
| 学習日 | ／ | ／ | ／ |
| 手応え | | | |

◎：完全に分かってきた
○：だいたい分かってきた
△：少し分かってきた
×：全く分からなかった

ここがポイント

遅延損害金の額は、遅滞の責任を負った
最初の時点の法定利率（年3%）により算定します。

**❶ 正** 賃借人に期間内解約権を留保する特約が定められている場合において、賃借人が期間内解約の申入れをしたときは、予告期間に関する取決めがなければ、申入時から3カ月を経過することで建物賃貸借契約は終了する（民法618条、617条1項2号）。

**❷ 誤** 建物の賃料は、原則として毎月末に支払わなければならない（民法614条）。したがって、平成30年11月分の賃料の支払日は、平成30年11月30日である。

**❸ 正** 賃借人は、賃借物について賃貸人の負担に属する必要費を支出したときは、賃貸人に対して費用の償還請求をすることができる（必要費償還請求権　民法608条1項）。したがって、賃借人は雨漏りを修繕するために費用を支出したときは、賃貸人に対して必要費の償還を請求することができる。

**❹ 正** 金銭の給付を目的とする債務の不履行については、その損害賠償の額は、債務者が遅滞の責任を負った最初の時点における法定利率によって定める（民法419条1項本文）。賃料の支払いが遅延した場合には、民法上の履行遅滞となり、損害賠償請求権が発生し、賃貸人は賃借人に対して遅延損害金を請求することができる。

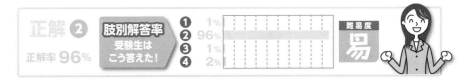

正解 ❷
正解率 96%

肢別解答率
受験生は
こう答えた！

| | |
|---|---|
| ❶ | 1% |
| ❷ | 96% |
| ❸ | 1% |
| ❹ | 2% |

難易度 易

重要度 **A**

# 賃貸借の内容

問題 **10**　賃貸物件に関する必要費償還請求権、有益費償還請求権及び造作買取請求権に関する次の記述のうち、適切なものはどれか。

❶　貸主が行うべき雨漏りの修繕を借主の費用負担で行った場合、借主は賃貸借契約の終了時に限り、支出額相当の費用の償還を請求できる。

❷　借主の依頼により、ガラス修理業者が割れた窓ガラスを交換した場合、当該業者は貸主に対して必要費償還請求権を行使できる。

❸　賃貸物件の改良のために借主が支出した費用は、契約終了時に賃貸物件の価格の増加が現存する場合に限り、支出した費用又は増加額の償還を借主が貸主に対して請求できる。

❹　造作買取請求権を排除する特約は、借主に不利な特約のため、無効である。

全問◎を
目指そう！

|  | 1回目 | 2回目 | 3回目 |
|---|---|---|---|
| 学習日 | ／ | ／ | ／ |
| 手応え |  |  |  |

◎：完全に分かってきた
○：だいたい分かってきた
△：少し分かってきた
×：全く分からなかった

## 造作買取請求権を排除する特約も有効です。

❶ **不適切** 賃借人は、賃借物について賃貸人の負担に属する必要費を支出したときは、賃貸人に対し、直ちにその償還を請求することができる（民法608条1項）。賃貸人が行うべき雨漏りの修繕の費用は必要費にあたり、これを賃借人が支出したときは、賃借人は賃貸人に対し、直ちにその償還を請求することができる。

❷ **不適切** 賃借人は、賃借物について賃貸人の負担に属する必要費を支出したときは、賃貸人に対し、直ちにその償還を請求することができる（民法608条1項）。したがって、賃貸人に対して必要費償還請求権を行使することができるのは、賃借人である。

❸ **適切** 賃借人が賃借物について有益費（賃借人が物件の改良のために支出した費用等）を支出したときは、賃貸人は、賃貸借の終了の時に、物件の価格の増加が現存する場合に、支出した費用または増価額の償還をしなければならない（民法608条2項、196条2項）。

❹ **不適切** 賃借人が賃貸人の同意を得て賃貸不動産に付加した畳、建具その他の造作がある場合には、建物の賃借人は、建物の賃貸借が期間の満了又は解約の申入れによって終了するときに、建物の賃貸人に対し、その造作を時価で買い取るべきことを請求することができる（借地借家法33条1項）。もっとも、造作買取請求権の規定は任意規定であり、造作買取請求権を放棄する特約も有効である。

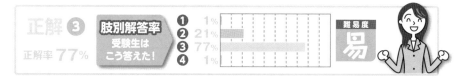

正解 ❸
正解率 77%

**肢別解答率**
受験生は
こう答えた！

❶ 1%
❷ 21%
❸ 77%
❹ 1%

難易度 **易**

重要度 **B** ## 賃貸借の内容

問題 **11**　賃貸物件の借主の義務に関する次の記述のうち、適切なものはどれか。

❶　貸主が借主の用法遵守義務違反を理由に損害賠償請求をする場合、賃貸物件の返還を受けた時から1年以内に行使しなければならない。

❷　親族が貸主である賃貸借契約の場合、借主は、賃貸借契約終了後、賃貸物件返還までの間、同物件を自己の財産のためにするのと同一の注意義務をもって保管すれば良い。

❸　賃貸物件に対して権利を主張する第三者が存在する場合、借主は貸主がその事実を知っていたときでも、貸主に対して通知する義務を負う。

❹　貸主が賃貸物件の保存を超える行為をしようとする場合でも、借主はこれを拒むことができない。

全問◎を
目指そう！

|  | 1回目 | 2回目 | 3回目 |
|---|---|---|---|
| 学習日 | ／ | ／ | ／ |
| 手応え |  |  |  |

◎：完全に分かってきた
○：だいたい分かってきた
△：少し分かってきた
×：全く分からなかった

## 賃借人が修繕受忍義務を負うのは、賃貸不動産の保存に必要な行為をするときです。

**❶ 適切**　用法遵守義務に違反した場合は、債務不履行責任を負う。用法遵守義務違反による損害賠償請求は、賃貸人が賃貸不動産の返還を受けた時から1年以内に行わなければならない（民法622条、600条）。

**❷ 不適切**　債権の目的が特定物の引渡しであるときは、債務者は、その引渡しをするまで、契約その他の債権の発生原因及び取引上の社会通念に照らして定まる善良な管理者の注意をもって、その物を保存しなければならない（民法400条）。賃貸借契約における賃借人も、賃貸借契約終了後、賃貸不動産を返還しなければならない義務を負っており（同法601条）、この返還債務も特定物の引渡債務にあたるため、賃借人は賃貸物件を善良な管理者の注意をもって、保存しなければならない。

**❸ 不適切**　賃貸不動産について権利を主張する者がある場合には、賃借人は、賃貸人が既にこれを知っているときを除き、遅滞なくこれを賃貸人に通知しなければならない（民法615条）。

**❹ 不適切**　賃貸人が賃貸不動産の保存に必要な行為をしようとするときは、賃借人はこれを拒むことができない（民法606条2項）。修繕は、賃貸人にとって義務であると同時に権利でもあるため、賃借人には修繕を受忍する義務がある。しかし、賃貸不動産の保存を超える行為については、当該規定は適用されない。

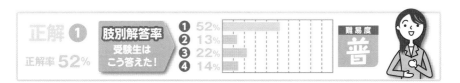

## 重要度 A　賃貸借の内容

**問題 12** 賃料に関する次の記述のうち、誤っているものはどれか。（改題）

**❶** 賃料債権は、貸主が権利を行使することができることを知った時から5年間行使しないときは、時効によって消滅する。

**❷** 借主が滞納賃料の一部を支払った場合で、弁済充当の合意がないときは、支払われた賃料は費用、利息、元本の順番で充当される。

**❸** 貸主が賃料の受領を拒絶している場合、借主は賃料を供託することにより、債務不履行責任のみならず賃料支払義務を免れることができる。

**❹** 借主の地位を複数人が共に有する場合、各借主は賃料支払債務を分割債務として負担する。

全問◎を
目指そう！

| | 1回目 | 2回目 | 3回目 |
|---|---|---|---|
| 学習日 | ／ | ／ | ／ |
| 手応え | | | |

◎：完全に分かってきた
○：だいたい分かってきた
△：少し分かってきた
×：全く分からなかった

**ここがポイント**

## 賃料債権の消滅時効期間に注意しましょう。

❶ 正　債権は、債権者が権利を行使することができることを知った時から 5 年間行使しないとき又は権利を行使することができる時から 10 年間行使しないときは時効によって消滅する（民法 166 条 1 項）。

❷ 正　債務者が 1 個又は数個の債務について元本のほか利息及び費用を支払うべき場合において、弁済をする者がその債務の全部を消滅させるのに足りない給付をしたときは、これを順次に費用、利息及び元本に充当しなければならない（民法 489 条）。

❸ 正　弁済者は、弁済の提供をした場合において、債権者がその受領を拒んだときには、債権者のために弁済の目的物を供託することができる（民法 494 条 1 項前段）。供託により、債務は消滅する（同条項後段）。したがって、賃借人が賃料を供託することにより、賃料支払債務は消滅し、賃借人はこれを免れる。賃料支払債務が消滅した以上、賃借人は、債務不履行責任を負わない。

❹ 誤　賃貸不動産の賃借人が複数の場合、賃借人の債務は、賃貸不動産を使用収益するという不可分な給付の対価としての賃料支払債務であるため、共同賃借人の賃料債務は分割債務になるのではなく、不可分債務となる（大判大 11.11.24）。したがって、本肢の場合、各賃借人は賃料支払債務を不可分債務として負担する。

正解 ❹

正解率 65%

**肢別解答率**
受験生は
こう答えた！

❶ 6%
❷ 10%
❸ 19%
❹ 65%

難易度

普

# 賃貸借の内容

重要度 B

2020年度
問21出題

問題
13

賃料の供託に関する次の記述のうち、正しいものはどれか。

**❶** 貸主に賃料を受領してもらうことが期待できない場合、借主は直ちに供託することができる。

**❷** 自身が貸主であると主張する者が複数名おり、借主が過失なく貸主を特定できない場合、借主はそのうちの一人に賃料を支払えば賃料支払義務を免れるため、賃料を供託することができない。

**❸** 貸主は、いつでも供託金を受領することができる。

**❹** 供託所は、借主により供託がなされた場合、遅滞なく、貸主に供託の事実を通知しなければならない。

全問◎を
目指そう！

| | 1回目 | 2回目 | 3回目 |
|---|---|---|---|
| 学習日 | / | / | / |
| 手応え | | | |

◎：完全に分かってきた
○：だいたい分かってきた
△：少し分かってきた
×：全く分からなかった

**ここがポイント**

賃料を供託することができる場合を整理しておきましょう。

❶ 誤　弁済者は、①弁済の提供をした場合に、債権者がその受領を拒んだとき、②債権者が弁済を受領することができないとき、③弁済者が過失なくして債権者を確知することができないときには、債権者のために弁済の目的物を供託することができる。（民法494条1項、2項）。本肢のように、単に賃貸人に「受領してもらうことが期待できない」だけでは、上記のいずれにも当たらない。したがって、賃借人は供託することができない。

❷ 誤　肢1の解説の③で述べた通り、弁済者が過失なくして債権者を確知することができないときは、弁済者は供託することができる。したがって、本肢のように、賃借人が過失なく賃貸人を特定できない場合、賃借人は賃料を供託することができる。

❸ 正　弁済供託がなされた場合、債権者は、いつでも供託金を受領することができる。なお、債権者が供託金を受領するためには、供託所に備え付けられている払渡請求書（還付請求書）に供託通知書等を添えて供託所に提出することになる。

❹ 誤　供託した者は、遅滞なく、債権者に供託の通知をしなければならない（民法495条3項、494条）。したがって、供託の事実を通知しなければならないのは賃借人であり、供託所ではない。

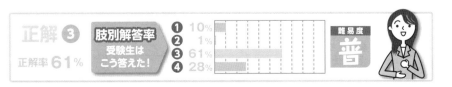

正解 ❸　正解率 61%　肢別解答率 受験生はこう答えた！　❶ 10%　❷ 1%　❸ 61%　❹ 28%　難易度 普

賃貸借の内容

問題
14

賃貸物件の修繕に関する次の記述のうち、誤っているものはどれか。

❶　賃貸物件が借主の責めにより修繕を要することになった場合、貸主は修繕義務を免れる。

❷　賃貸物件につき雨漏りが生じ、貸主が修繕する場合、借主はこれを拒めない。

❸　借主が修繕の必要性を貸主に通知し、貸主がその旨を知ったにもかかわらず相当期間内に修繕をしない場合、借主は賃貸物件の使用収益ができない範囲で賃料の支払を拒絶することはできるが、自ら修繕することはできない。

❹　貸主は、大地震により賃貸物件の一部が破損した場合でも、当該部分の修繕義務を負う。

全問◎を
目指そう！

| | 1回目 | 2回目 | 3回目 |
|---|---|---|---|
| 学習日 | / | / | / |
| 手応え | | | |

◎：完全に分かってきた
○：だいたい分かってきた
△：少し分かってきた
×：全く分からなかった

**ここがポイント**

**賃借人が賃借建物を修繕できる場合を確認しておきましょう。**

**❶ 正** 賃貸人は、賃貸物の使用及び収益に必要な修繕をする義務を負う。ただし、賃借人の責めに帰すべき事由によってその修繕が必要となったときは、その義務を負わない（民法606条1項）。したがって、本肢の場合、賃貸人は修繕義務を免れる。

**❷ 正** 賃貸人が賃貸物の保存に必要な行為をしようとするときは、賃借人は、これを拒むことができない（民法606条2項）。したがって、賃貸人が、賃貸物件につき雨漏りを修繕する場合、賃借人はこれを拒めない。

**❸ 誤** 賃借物の修繕が必要である場合、次のときは、賃借人は、その修繕をすることができる。①賃借人が賃貸人に修繕が必要である旨を通知し、又は賃貸人がその旨を知ったにもかかわらず、賃貸人が相当の期間内に必要な修繕をしないとき、②急迫の事情があるとき（民法607条の2各号）。本肢は上記①に当たる。したがって、本肢の場合、賃借人は自ら修繕することができる。なお、賃貸人が修繕義務の履行を怠り、賃借人が目的物を全く使用することができなかった場合には、賃借人は、その期間の賃料金額の支払いを免れる（大判大4.12.11）。

**❹ 正** 肢1の解説で述べた通り、賃貸人は、賃貸物の使用及び収益に必要な修繕をする義務を負う。この修繕義務は、賃貸不動産の破損等が天変地異等、不可抗力により生じた場合も負う。したがって、大地震により賃貸物件の一部が破損した場合でも、賃貸人は当該部分の修繕義務を負う。

第1編 賃貸借関係

賃貸借の内容

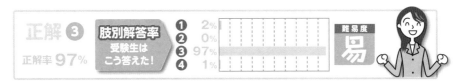

**正解 ❸**

正解率 97%

**肢別解答率**
受験生は
こう答えた！

❶ 2%
❷ 0%
❸ 97%
❹ 1%

**難易度** 易

# 賃貸借の内容

重要度 A

**問題 15**　建物賃貸借契約における必要費償還請求権、有益費償還請求権及び造作買取請求権に関する次の記述のうち、適切なものの組合せはどれか。

**ア**　賃貸物件に係る必要費償還請求権を排除する旨の特約は有効である。

**イ**　借主が賃貸物件の雨漏りを修繕する費用を負担し、貸主に請求したにもかかわらず、貸主が支払わない場合、借主は賃貸借契約終了後も貸主が支払をするまで建物の明渡しを拒むことができ、明渡しまでの賃料相当損害金を負担する必要もない。

**ウ**　借主が賃貸物件の汲取式トイレを水洗化し、その後賃貸借契約が終了した場合、借主は有益費償還請求権として、水洗化に要した費用と水洗化による賃貸物件の価値増加額のいずれか一方を選択して、貸主に請求することができる。

**エ**　借主が賃貸物件に空調設備を設置し、賃貸借契約終了時に造作買取請求権を行使した場合、貸主が造作の代金を支払わないときであっても、借主は賃貸物件の明渡しを拒むことができない。

**❶**　ア、イ
**❷**　イ、ウ
**❸**　ウ、エ
**❹**　ア、エ

全問◎を
目指そう！

|  | 1回目 | 2回目 | 3回目 |
|---|---|---|---|
| 学習日 | ／ | ／ | ／ |
| 手応え |  |  |  |

◎：完全に分かってきた
○：だいたい分かってきた
△：少し分かってきた
×：全く分からなかった

**必要費償還請求権に基づいて明渡しを拒むことはできますが、造作買取請求権ではできません。**

**ア　適切**　賃借人は、賃借物について賃貸人の負担に属する必要費を支出したときは、賃貸人に対し、直ちにその償還を請求することができる（必要費償還請求権　民法608条1項）。もっとも、当該規定を賃貸人と賃借人との特約により排除することができる。したがって、当該請求権を排除する旨の特約は、有効である。

**イ　不適切**　肢アの解説で述べた通り、賃借人が賃貸人の負担に属する必要費を支出した場合、賃借人はその費用の償還を請求することができる。賃借人が必要費の償還を請求したにもかかわらず賃貸人が支払わない場合、賃借人は必要費償還請求権を被担保債権とする留置権（民法295条）を行使することにより、目的物の明渡しを拒むことができる。もっとも、その結果、賃借人の得た賃料相当額の利益（賃料相当損害金）については、賃貸人が賃借人に対して請求することができる。したがって、賃借人は建物の明渡しを拒むことができるが、明渡しまでの賃料相当損害金を負担する必要はある。

**ウ　不適切**　賃借人が賃借物について有益費を支出したときは、賃貸人は、賃貸借の終了の時に、当該賃借物の価格の増加が現存する場合に限り、賃貸人の選択に従い、その支出した金額又は増価額を償還しなければならない（有益費償還請求権　民法608条2項、196条2項本文）。汲取式トイレの水洗化に要した費用は、有益費に当たる。そして、償還すべき金額として支出額にするか増価額にするかの選択は、賃貸人がする。したがって、賃借人はその選択をしない。

**エ　適切**　建物の賃貸人の同意を得て建物に付加した畳、建具その他の造作がある場合には、建物の賃借人は、建物の賃貸借が期間の満了又は解約の申入れによって終了するときに、建物の賃貸人に対し、その造作を時価で買い取るべきことを請求することができる（借地借家法33条1項前段）。もっとも、造作買取代金債権は、造作に関して生じた債権であって、建物に関して生じた債権ではないため（最判昭29.1.14）、賃貸物件につき同時履行の抗弁権（民法533条）を主張することができず、留置権（民法295条）を行使することもできない。したがって、賃貸人が造作の代金を支払わないときであっても、賃借人は賃貸物件の明渡しを拒むことができない。

以上より、適切なものはアエであり、本問の正解肢は❹となる。

| | 肢別解答率 |
|---|---|
| ❶ | 17% |
| ❷ | 20% |
| ❸ | 28% |
| ❹ | 35% |

正解 ❹
正解率 35%

肢別解答率
受験生はこう答えた！

難易度 難

# 賃貸借の内容

重要度 **A**

**問題 16** 令和3年10月1日に締結された、賃貸住宅を目的とする賃貸借契約の借主の義務に関する次の記述のうち、最も適切なものはどれか。

❶ 大地震により賃貸住宅の一部が倒壊し、契約の目的を達することができなくなった場合、賃貸借契約は終了し、借主の賃料支払義務は消滅する。

❷ 大地震により賃貸住宅の一部が滅失した場合（ただし、契約の目的を達することは未だできるものとする。）、借主が賃料の減額請求をすることで賃料は減額される。

❸ 賃料債権が差し押さえられた場合、借主は賃料を貸主に支払ったとしてもそのことを差押債権者に通知すれば、差押債権者から取立てを受けず、以後賃料の支払を免れることができる。

❹ 賃料債権は、時効期間が経過しても消滅時効を援用する旨の意思表示がなければ消滅しない。

全問◎を
目指そう！

| | 1回目 | 2回目 | 3回目 |
|---|---|---|---|
| 学習日 | / | / | / |
| 手応え | | | |

◎：完全に分かってきた
○：だいたい分かってきた
△：少し分かってきた
×：全く分からなかった

賃借人の帰責事由によらず賃借物が一部滅失した場合、減額請求しなくても賃料は減額されます。

**❶ 不適切** 賃借物の一部が滅失その他の事由により使用及び収益をすることができなくなった場合において、残存する部分のみでは賃借人が賃借をした目的を達することができないときは、賃借人は、契約の解除をすることができる（民法611条2項）。したがって、賃貸借契約は当然に終了するわけではない。

**❷ 不適切** 賃借物の一部が滅失その他の事由により使用及び収益をすることができなくなった場合において、それが賃借人の責めに帰することができない事由によるものであるときは、賃料は、その使用及び収益をすることができなくなった部分の割合に応じて、減額される（民法611条1項）。したがって、賃借人が賃料の減額請求をしなくても賃料は減額される。

**❸ 不適切** 差押えを受けた債権の第三債務者が自己の債権者に弁済をしたときは、差押債権者は、その受けた損害の限度において更に弁済をすべき旨を第三債務者に請求することができる（民法481条1項）。したがって、賃借人は賃料を賃貸人に支払ったときには、そのことを差押債権者に通知しても、差押債権者から取立てを受けることがあり、また、以後の賃料の支払を免れるわけではない。

**❹ 適切** 時効による債権消滅の効果は、時効期間の経過とともに確定的に生ずるものではなく、時効が援用されたときにはじめて確定的に生ずる（最判昭和61.3.17）。したがって、賃料債権は、時効期間が経過しても消滅時効を援用する旨の意思表示がなければ消滅しない。

正解 ❹ 正解率 45%

肢別解答率 受験生はこう答えた！
❶ 29%
❷ 24%
❸ 2%
❹ 45%

難易度 難

重要度 B # 賃貸借の内容

**問題 17** 賃借人が賃料債務を免れる場合に関する次の記述のうち、正しいものはどれか。

❶ 賃貸借契約で定められた賃料の支払時期から10年が経過すれば、特段の手続きを要することなく、賃借人は賃料債務を免れる。

❷ 賃貸借契約で賃料の支払方法が持参払いと定められている場合で、賃貸人が賃料の増額を主張して賃料の受領を拒否しているときは、賃借人が従前の賃料額を賃貸人宅に持参し、賃貸人が受け取れる状況にすれば、賃貸人に受領を拒否された場合でも、賃借人は賃料債務を免れる。

❸ 賃貸借契約で賃料の支払方法が口座振込と定められている場合で、賃借人が賃貸人宅に賃料を持参したにもかかわらず、賃貸人が受領を拒否したときは、賃料を供託することが可能であり、供託により、賃借人は賃料債務を免れる。

❹ 賃貸借契約期間中であっても、賃貸人が、敷金の一部を賃借人の賃料債務に充当したときは、賃借人の承諾の有無にかかわらず、賃借人は、その分の賃料債務を免れる。

全間◎を
目指そう！

|  | 1回目 | 2回目 | 3回目 |
|---|---|---|---|
| 学習日 | / | / | / |
| 手応え |  |  |  |

◎：完全に分かってきた
○：だいたい分かってきた
△：少し分かってきた
×：全く分からなかった

弁済の提供は債務の本旨に従って現実にしなければなりません。

❶ 誤　債権は、①債権者が権利を行使することができることを知った時から5年間行使しないとき、②権利を行使することができる時から10年間行使しないときには、時効によって消滅する（民法166条1項）。時効による債権消滅の効果は、時効期間の経過とともに確定的に生ずるものではなく、時効が援用されたときにはじめて確定的に生じる（民法145条、最判昭61.3.17）。

❷ 誤　債務は、弁済により消滅する。本肢の場合、賃借人は、賃料を支払うことができていないので、別途賃料を供託するなどしなければ、賃料債務を免れない。なお、債務者は、弁済の提供の時から、債務を履行しないことによって生ずべき責任を免れる（民法492条）。この弁済の提供は、債権者があらかじめその受領を拒み、又は債務の履行について債権者の行為を要するときは、弁済の準備をしたことを通知してその受領の催告をすれば足りる（同法493条）。

❸ 誤　弁済者は、弁済の提供をした場合において、債権者がその受領を拒んだときは、債権者のために弁済の目的物を供託することができ（民法494条1項1号）、供託により債務は消滅する（同条項後段）。この弁済の提供は、債務の本旨に従って現実にしなければならない（同法493条本文）。本肢のように、賃料の支払方法が口座振込と定められている場合で、賃借人が賃貸人宅に賃料を持参したにもかかわらず、賃貸人が受領を拒絶しても、弁済の受領を拒んだことになるものとはいえない（東京高判平23.8.24）。したがって、本肢の場合には、供託することはできず、供託しても、賃借人は賃料債務を免れることはできない。

❹ 正　賃貸人は、賃借人が賃貸借に基づいて生じた金銭の給付を目的とする債務を履行しないときは、敷金をその債務の弁済に充てることができる（民法622条の2第2項前段）。したがって、賃貸人は、賃借人の承諾の有無にかかわらず、敷金の一部を賃料債務に充当することができ、これにより、賃料債権は目的を達し、賃料債務は消滅する。

正解 ❹
正解率 55%

肢別解答率
受験生は
こう答えた！

❶ 9%
❷ 14%
❸ 23%
❹ 55%

難易度
普

## 重要度 A　賃貸借の内容

**問題18** 建物賃貸借契約における修繕及び費用償還請求権に関する次の記述のうち、適切なものはどれか。

❶　建物共用部内の下水管が破損し賃貸住宅の寝室に漏水が発生したときに、賃貸人が長期海外旅行中で連絡が取れない場合、賃借人は賃貸人の帰国を待たなければ、賃貸住宅の修繕を行うことができない。

❷　経年劣化により故障したトイレの修繕のための費用（必要費）を賃借人が支出しているにもかかわらず、賃貸人がその支払を拒む場合、賃借人は、賃貸借契約が終了しても、賃貸住宅全体の明渡しを拒むことができる。

❸　賃貸借契約が終了し、賃貸住宅を明け渡してから1年半が経過した時点で、賃借人が必要費を支出していたことを思い出し、賃貸人に対して必要費償還請求権を行使した場合、賃貸人は支払を拒むことができない。

❹　造作買取請求権排除の特約が付されていない建物賃貸借契約において、賃借人が賃貸人の承諾を得て付加した造作に関し、賃借人が賃貸借契約終了時に造作買取請求権を行使した場合、賃貸人は賃借人と造作にかかる売買契約を締結しなければならない。

全問◎を
目指そう！

| | 1回目 | 2回目 | 3回目 |
|---|---|---|---|
| 学習日 | / | / | / |
| 手応え | | | |

◎：完全に分かってきた
○：だいたい分かってきた
△：少し分かってきた
×：全く分からなかった

**ここがポイント**

## 賃貸人が必要費を支払わないときは、賃借人は留置権を行使して明渡しを拒むことができます。

❶ **不適切**　賃借物の修繕が必要である場合において、①賃借人が賃貸人に修繕が必要である旨を通知し、又は賃貸人がその旨を知ったにもかかわらず、賃貸人が相当の期間内に必要な修繕をしないとき、②急迫の事情があるときは、賃借人は、その修繕をすることができる（民法607条の2）。本肢の場合は、上記②にあたるので、賃借人は賃貸人の帰国を待つことなく、賃貸住宅の修繕を行うことができる。

❷ **適切**　他人の物の占有者は、その物に関して生じた債権を有するときは、その債権の弁済を受けるまで、その物を留置することができる（留置権　民法295条1項本文）。ここで、賃借人は、賃借物について賃貸人の負担に属する必要費を支出したときは、賃貸人に対し、直ちにその償還を請求することができる（民法608条1項）。つまり、賃貸人の賃貸住宅を占有する賃借人は、当該賃貸住宅に関して生じた必要費償還請求権を有しているといえる。したがって、賃借人は、留置権を行使して、当該賃貸住宅全体の明渡しを拒むことができる（最判昭33.1.17）。

❸ **不適切**　賃借人が支出した費用の償還は、賃貸人が返還を受けた時から1年以内に請求しなければならない（民法622条、600条1項）。したがって、賃借人が賃貸住宅を明け渡してから1年半が経過した時点で、賃貸人に対して必要費償還請求権を行使した場合、賃貸人はその支払を拒むことができる。

❹ **不適切**　建物の賃貸人の同意を得て建物に付加した畳、建具その他の造作がある場合には、建物の賃借人は、建物の賃貸借が期間の満了又は解約の申入れによって終了するときに、建物の賃貸人に対し、その造作を時価で買い取るべきことを請求することができる（造作買取請求権　借地借家法33条1項前段）。造作買取請求権は、形成権であり、賃借人の意思表示が賃貸人に到達すると、売買契約の法律効果が生じるため、別途、売買契約を締結する必要はない。

正解 ❷
正解率 76%

**肢別解答率**
受験生はこう答えた！

| | |
|---|---|
| ❶ | 1% |
| ❷ | 76% |
| ❸ | 8% |
| ❹ | 16% |

難易度　**易**

# 譲渡・転貸

重要度 A

問題 19

A所有のマンションの一室を、管理業者（賃借人）であるBがAから賃借し、Cに転貸している場合に関する次の記述のうち、正しいものはどれか。（改題）

❶　AB間の月額賃料が20万円、BC間の月額賃料が18万円の場合、CはAに対して20万円の支払義務を負う。

❷　AB間の賃貸借契約が終了し、それがCに対抗できる場合には、CはAに対して賃貸物件の返還義務を負う。

❸　AがAB間の賃貸借契約の更新を拒絶する場合には、更新拒絶の正当事由の判断に当たっては、契約当事者ではないCの事情は考慮されない。

❹　AB間の賃貸借契約とBC間の転貸借契約は別個の契約であるため、Bの債務不履行によりAがAB間の賃貸借契約を解除し、Cに対して賃貸物件の返還を請求しても、BC間の転貸借契約は終了しない。

全問◎を
目指そう！

| | 1回目 | 2回目 | 3回目 |
|---|---|---|---|
| 学習日 | / | / | / |
| 手応え | | | |

◎：完全に分かってきた
○：だいたい分かってきた
△：少し分かってきた
×：全く分からなかった

**サブリース方式は、転貸借契約と同じように考えましょう。**

❶ 誤　賃借人が適法に賃借物を転貸したときは、転借人は、賃貸人と賃借人との間の賃貸借に基づく賃借人の債務の範囲を限度として、賃貸人に対して転貸借に基づく債務を直接履行する義務を負う（民法613条1項前段）。したがって、CはAに対して直接賃料を支払う義務を負う。そして、CがAに対して支払義務を負う金額は、原賃貸借における賃料20万円と転貸借における賃料18万円を比べたときに低額である18万円ということになる。

❷ 正　転貸借契約は原賃貸借契約の上に成立しているものであるため、原賃貸借が終了すれば存立の基礎を失う。原賃貸人が転借人に対して返還を求めた場合には、原則として、返還請求に応じなければならない。本肢の場合、AB間の賃貸借契約の終了が、Cに対抗できるので、BC間の転貸借契約は、そのよって立つ基礎を失うことになり、転貸借契約は履行不能により終了する。したがって、CはAに対して賃貸物件の返還義務を負う。

❸ 誤　賃貸人による更新拒絶には正当事由が必要である。転借人がある場合の原賃貸借契約における正当事由の判断にあたっては、転借人の事情が考慮される（借地借家法28条）。

❹ 誤　賃貸借契約が賃借人の賃料不払いにより解除された場合に、原賃貸人が転借人に対して賃貸物件の返還を請求したとき、転貸借契約は転貸人の転借人に対する債務の履行不能により終了する（最判平9.2.25）。

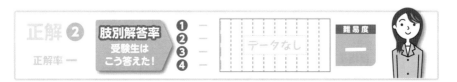

正解 ❷

肢別解答率
受験生は
こう答えた！

正解率 ―

❶ ―
❷ ―
❸ ―
❹ ―

データなし

難易度
―

重要度 A

# 譲渡・転貸

問題 20

サブリース方式による賃貸管理に関する次の記述のうち、適切なものはいくつあるか。

**ア** サブリース方式による賃貸管理は、転借人（入居者）に賃貸不動産を引き渡すことが契約成立の要件である。

**イ** 転借人（入居者）は、所有者（原賃貸人）との関係で転貸人（管理業者）の履行補助者には該当しないため、転借人（入居者）が過失に基づき賃貸不動産を毀損しても、転貸人（管理業者）は所有者（原賃貸人）に対して責任を負わない。

**ウ** 転借人（入居者）は、所有者（原賃貸人）に対して原賃貸借契約で定めた賃料の額の賃料支払義務を負う。

**エ** 原賃貸借契約が終了した場合に、所有者（原賃貸人）が転貸借契約を承継する旨の特約は有効である。

❶ 1つ
❷ 2つ
❸ 3つ
❹ 4つ

全問◎を
目指そう！

| | 1回目 | 2回目 | 3回目 |
|---|---|---|---|
| 学習日 | / | / | / |
| 手応え | | | |

◎：完全に分かってきた
○：だいたい分かってきた
△：少し分かってきた
×：全く分からなかった

ここがポイント

## サブリース方式は、転貸借契約と同じように考えましょう。

**ア** 不適切 　賃貸借は、当事者の一方がある物の使用及び収益を相手方にさせることを約し、相手方がこれに対してその賃料を支払うこと及び引渡しを受けた物を契約が終了したときに返還することを約することによって、その効力を生ずる（民法601条）。したがって、引渡しは賃貸借契約成立の要件とはなっていない。

**イ** 不適切 　管理業者が原賃貸人との関係で賃借人の立場に立つことから、転借人は管理業者の履行補助者となる（大判昭4.6.19）。そのため、転借人の故意・過失は管理業者の故意・過失と同視され、転借人が過失に基づき賃貸物件を毀損した場合、原賃貸人との関係では管理業者が責任を負う。

**ウ** 不適切 　賃借人が適法に賃借物を転貸したときは、転借人は、賃貸人と賃借人との間の賃貸借に基づく賃借人の債務の範囲を限度として、賃貸人に対して賃貸借に基づく債務を直接履行する義務を負う（民法613条1項前段）。転借人が原賃貸人に対して支払義務を負う賃料の額は、管理業者の原賃貸人に対する賃料の額と、転借人の管理業者に対する賃料の額を比較して、低額なほうである。したがって、転借人（入居者）は、原賃貸借契約で定めた賃料の額の賃料支払義務を負うとは限らない。

**エ** 適切 　賃貸人と賃借人の間の特定賃貸借契約が終了すると、賃借人は転借人に転貸する権利を失い、結果として賃借人と転借人の間の転貸借契約も終了することがある。この場合、転借人は自らのあずかり知らないところで発生した事柄の影響で物件を明渡さなければならない事態に陥ってしまい、サブリース事業に対する信頼を失うことにもなりかねない。そこで原賃貸借契約が終了した場合、賃貸人が賃借人の転貸人の地位を承継する旨の特約を結び、転借人の居住の安定を図ることがあり、このような特約は有効である。

　以上より、適切なものはエの1つであり、本問の正解肢は❶となる。

正解 ❶　正解率 47%

| 肢別解答率 受験生はこう答えた！ | | |
|---|---|---|
| ❶ | 47% | |
| ❷ | 45% | |
| ❸ | 7% | |
| ❹ | 0% | |

難易度 難

# 譲渡・転貸

重要度 **A**

2018年度
問9出題

問題
**21**
管理業者がサブリース方式により賃貸管理を行う場合に関する次の記述のうち、正しいものはどれか。（改題）

❶　サブリース方式による管理の場合、管理業者（賃借人）は原賃貸人の代理人の立場で賃貸物件を借り受けている。

❷　転借人が転貸借契約の終了により賃貸物件を明け渡した場合、原賃貸人と管理業者（賃借人）は、転借人に対して、連帯して敷金返還債務を負う。

❸　原賃貸借契約が管理業者（賃借人）の債務不履行により解除された場合、原賃貸人が転借人に対して明渡しを請求したとき、転貸借契約も終了する。

❹　原賃貸借契約が合意解約された場合、原賃貸人が転借人に対して明渡しを請求したとき、転貸借契約も終了する。

| | 1回目 | 2回目 | 3回目 |
|---|---|---|---|
| 学習日 | / | / | / |
| 手応え | | | |

全問◎を
目指そう！

◎：完全に分かってきた
○：だいたい分かってきた
△：少し分かってきた
×：全く分からなかった

**ここがポイント**

## 賃料不払いによる解除の場合、
## 転借人に対抗することができます。

❶ 誤　サブリース方式による管理は、管理業者が賃貸人（所有者）から賃貸不動産を借り受け、賃貸人（所有者）の承諾を得て、管理業者自らが転貸人となって不動産を第三者に転貸する。したがって、管理業者が原賃貸人の代理人の立場に立たない。

❷ 誤　賃貸人は、敷金を受け取っている場合において、賃貸借が終了し、かつ、賃貸物の返還を受けたときは、賃借人に対し、その受け取った敷金の額から賃貸借に基づいて生じた賃借人の賃貸人に対する金銭の給付を目的とする債務の額を控除した残額を返還しなければならない（民法622条の2第1項1号）。したがって、転貸借の場合、転貸人が転借人に対して敷金返還債務を負う。原賃貸人は、転貸借の転貸人ではないので、敷金返還債務を負わない。

❸ 正　原賃貸借契約が賃借人の賃料不払いにより解除されて終了した場合には、転貸借契約は、原賃貸人が転借人に対して賃貸物件の返還を請求したとき、転貸借契約は転貸人の転借人に対する債務の履行不能により終了する（最判平9.2.25）。

❹ 誤　原賃貸人と転貸人とが原賃貸借契約を合意解除しても、原賃貸人は原賃貸借契約の終了を転借人に対抗することはできない（民法613条3項本文）。

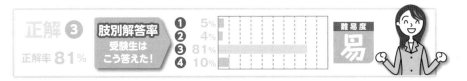

正解 ❸　正解率 81%

肢別解答率　受験生はこう答えた！
❶ 5%
❷ 4%
❸ 81%
❹ 10%

難易度 易

重要度 A　**譲渡・転貸**

問題
22
サブリース方式による賃貸管理業務に関する次の記述のうち、正しいものはどれか。

❶　所有者が転貸借を承諾している場合、所有者と転借人（入居者）の間に契約関係が生じる。

❷　所有者が転貸借を承諾しており、賃貸借契約の月額賃料が 10 万円、転貸借契約における月額賃料が 12 万円の場合、所有者が転借人（入居者）に対して 12 万円の支払を請求したときは、転借人（入居者）は 12 万円の支払義務を負う。

❸　所有者が転貸借を承諾していない場合、転貸借契約は無効である。

❹　所有者が転貸借を承諾しており、その転貸借契約が終了した場合、所有者は転借人（入居者）に対して敷金返還義務を負わない。

全問◎を
目指そう！

| | 1回目 | 2回目 | 3回目 |
|---|---|---|---|
| 学習日 | / | / | / |
| 手応え | | | |

◎：完全に分かってきた
○：だいたい分かってきた
△：少し分かってきた
×：全く分からなかった

**ここがポイント**

## サブリース方式は、転貸借契約と同じように考えましょう。

❶ **誤** サブリース方式による管理は、管理業者が賃貸人（所有者）から賃貸不動産を借り受け、賃貸人（所有者）の承諾を得て、管理業者自らが転貸人となって不動産を第三者に転貸する事業形態である。転借人と賃貸人（所有者）との間には契約関係は生じない。

❷ **誤** 賃借人が適法に賃借物を転貸したときは、転借人は、賃貸人と賃借人との間の賃貸借に基づく賃借人の債務の範囲を限度として、賃貸人に対して転貸借に基づく債務を直接履行する義務を負う（民法613条1項前段）。したがって、賃貸借契約の月額賃料が10万円であり、その範囲を限度とするため、転借人（入居者）は10万円の支払義務を負う。

❸ **誤** 賃貸人の承諾がない限り、賃借人は賃借権を譲渡または賃借物を転貸することができない（民法612条1項）。そして、賃貸人の承諾なく賃借権を譲渡または賃借物を転貸し第三者に賃借物の使用または収益をさせた場合、賃貸人は賃貸借契約を解除することができる（同条2項）。もっとも、所有者が転貸借を承諾していない場合でも、転貸借契約自体は有効である。

❹ **正** 賃貸人は、敷金を受け取っている場合において、賃貸借が終了し、かつ、賃貸物の返還を受けたときは、賃借人に対し、その受け取った敷金の額から賃貸借に基づいて生じた賃借人の賃貸人に対する金銭の給付を目的とする債務の額を控除した残額を返還しなければならない（民法622条の2第1項1号）。したがって、敷金返還義務を負うのは、賃貸人（転貸人）である管理業者であり、所有者はその義務を負わない。

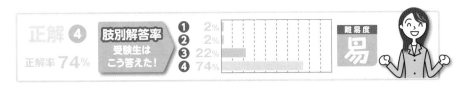

正解 ❹

正解率 74%

**肢別解答率**
受験生はこう答えた！

❶ 2%
❷ 2%
❸ 22%
❹ 74%

難易度 **易**

重要度 A **譲渡・転貸**

問題 23 サブリース方式による賃貸管理に関する次の記述のうち、適切なものの組合せはどれか。(改題)

**ア** 所有者は、管理業者（賃借人）との間の原賃貸借契約を管理業者の賃料不払いを理由に解除する場合、あらかじめ転借人（入居者）に対して催告をしなければならない。

**イ** 所有者は、管理業者（賃借人）との間の原賃貸借契約を合意解除したときは、転借人（入居者）に対して明渡しを請求することができる。

**ウ** 所有者は、管理業者（賃借人）との間の原賃貸借契約を管理業者の賃料不払いを理由に解除したときは、転借人（入居者）に対して明渡しを請求することができる。

**エ** 所有者は、原賃貸借契約が期間満了により終了する場合、転借人（入居者）に通知しなければならない。

**❶** ア、イ
**❷** ア、エ
**❸** イ、ウ
**❹** ウ、エ

全問◎を
目指そう！

|  | 1回目 | 2回目 | 3回目 |
|---|---|---|---|
| 学習日 | / | / | / |
| 手応え |  |  |  |

◎：完全に分かってきた
○：だいたい分かってきた
△：少し分かってきた
×：全く分からなかった

ここがポイント

**サブリース方式は転貸借契約と同じように考えましょう。**

**ア** 不適切 当事者の一方がその債務を履行しない場合において、相手方が相当の期間を定めてその履行の催告をし、その期間内に履行がないときは、相手方は、契約の解除をすることができる（民法541条本文）。転借人の原賃貸人に対する直接の義務は、原賃貸人保護が目的であり、原賃貸人の転借人に対する請求は権利であっても義務ではないことから、原賃貸人は転借人に催告することなく、原賃貸借契約を解除することができる（最判昭49.5.30、最判平6.7.18）。

**イ** 不適切 賃借人が適法に賃借物を転貸した場合には、賃貸人は、賃借人との間の賃貸借を合意により解除したことをもって転借人に対抗することができない（民法613条3項本文）。したがって、所有者は、転借人（入居者）に対して明渡しを請求することができない。

**ウ** 適切 原賃貸借契約が賃借人の賃料不払いにより解除された場合に、原賃貸人が転借人に対して賃貸物件の返還を請求したとき、転貸借契約は転貸人の転借人に対する債務の履行不能により終了する（最判平9.2.25）。

**エ** 適切 原賃貸借契約が期間満了または解約申入れにより終了する場合、原賃貸人は、原賃貸借の終了を転借人に通知しなければ、原賃貸借の終了を転借人に対抗することができない（借地借家法34条1項、東京高判平11.6.29）。

　以上より、適切なものはウエであり、本問の正解肢は❹となる。

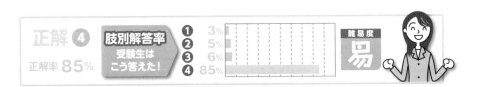

正解 ❹
正解率 85%

肢別解答率
受験生は
こう答えた！

❶ 3%
❷ 5%
❸ 6%
❹ 85%

難易度 易

## 重要度 A　譲渡・転貸

**問題 24**　賃貸人AがBに賃貸し、BがAの承諾を得てCに転貸する建物についてのAB間の原賃貸借契約の終了に関する次の記述のうち、正しいものはどれか。

**❶**　AB間の原賃貸借契約に、同契約の終了によりAが転貸借契約を承継する旨の特約がある場合、AB間の原賃貸借契約が終了すれば、AはBの転貸人の地位を承継するが、BのCに対する敷金返還義務は承継しない。

**❷**　AがBの賃料滞納を理由として有効に原賃貸借契約を解除したとしても、AがCに対して催告をしていなかった場合は、AはCに対して建物の明渡しを請求することはできない。

**❸**　AB間の原賃貸借契約が定期建物賃貸借契約で期間満了により終了する場合、AがCに対して原賃貸借契約が終了する旨を通知した時から6か月を経過したときは、AはCに対して建物の明渡しを請求することができる。

**❹**　AがBとの間で原賃貸借契約を合意解除した場合、その当時、AがBの賃料滞納を理由とする原賃貸借契約の解除権を有していたとしても、AはCに対して建物の明渡しを請求することはできない。

全問◎を
目指そう！

| | 1回目 | 2回目 | 3回目 |
|---|---|---|---|
| 学習日 | / | / | / |
| 手応え | | | |

◎：完全に分かってきた
○：だいたい分かってきた
△：少し分かってきた
×：全く分からなかった

ここがポイント

**転貸借契約の法律関係は図を書いて考えてみましょう。**

❶ 誤　原賃貸借契約が終了した場合に、原賃貸人が転貸借契約を承継する旨の特約は有効である。この特約がある場合、原賃貸借契約が終了すれば、原賃貸人は転貸人の地位を承継し、転借人が差し入れた敷金の返還義務も負う。したがって、Aは、BのCに対する敷金返還義務を承継する。

❷ 誤　賃貸借契約が転貸人の債務不履行を理由とする解除により終了した場合、賃貸人の承諾のある転貸借は、原則として、賃貸人が転借人に対して目的物の返還を請求した時に、転貸人の転借人に対する債務の履行不能により終了する（最判平9.2.25）。このとき、賃貸人は転借人に終了した旨の催告をする必要はない。したがって、AはCに対して催告をする必要はなく、その建物の明渡しを請求することができる。

❸ 正　建物の転貸借がされている場合において、建物の賃貸借が期間の満了又は解約の申入れによって終了するときは、建物の賃貸人は、建物の転借人にその旨の通知をしなければ、その終了を建物の転借人に対抗することができない（借地借家法34条1項）。そして、建物の賃貸人が当該通知をしたときは、建物の転貸借は、その通知がされた日から6カ月を経過することによって終了する（同条2項）。したがって、AがCに対して当該通知をした時から6カ月を経過したときは、AはCに対して建物の明渡しを請求することができる。

❹ 誤　賃借人が適法に賃借物を転貸した場合には、賃貸人は、賃借人との間の賃貸借を合意により解除したことをもって転借人に対抗することができない。ただし、その解除の当時、賃貸人が賃借人の債務不履行による解除権を有していたときは、この限りでない（民法613条3項）。したがって、Aが、Bの賃料滞納を理由とする債務不履行による解除権を有していたときには、AはCに対して建物の明渡しを請求することができる。

正解 ❸　正解率 69%

肢別解答率　受験生はこう答えた！

❶ 7%
❷ 4%
❸ 69%
❹ 20%

難易度 普

# 賃貸人の地位の移転

重要度 **A**

2021年度
問28 出題

問題
**25**

Aを貸主、Bを借主とする賃貸住宅（以下、「甲建物」という。）の所有権がCに移転した場合に関する次の記述のうち、誤っているものはどれか。ただし、それぞれの選択肢に記載のない事実はないものとする。

❶ Aが甲建物を譲渡する前にBがAから引渡しを受けていれば、賃貸人たる地位はCに移転する。

❷ Aが甲建物を譲渡する前にBがAから引渡しを受けている場合に、AC間で賃貸人の地位をAに留保し、かつCがAに甲建物を賃貸する旨の合意をすれば、Bの承諾がなくても、賃貸人の地位はAに留保される。

❸ Aが甲建物を譲渡する前にBがAから引渡しを受けている場合に、所有権移転登記を経由していないCから甲建物の賃料の支払を求められても、Bは支払を拒むことができる。

❹ Aが甲建物を譲渡する前にBがAから引渡しを受けておらず、かつ賃貸借の登記も経由していない場合に、AC間で賃貸人の地位を移転することにつき合意しても、Bの承諾がなければ、賃貸人の地位はCに移転しない。

全問◎を
目指そう！

| | 1回目 | 2回目 | 3回目 |
|---|---|---|---|
| 学習日 | / | / | / |
| 手応え | | | |

◎：完全に分かってきた
○：だいたい分かってきた
△：少し分かってきた
×：全く分からなかった

**ここがポイント**

## 建物の引渡しを受けていれば賃借権を譲受人に対抗できます。

第1編 賃貸借関係

❶ 正　不動産の賃借人が賃貸借の対抗要件を備えた場合において、その不動産が譲渡されたときは、その不動産の賃貸人たる地位は、原則として、その譲受人に移転する（民法605条の2第1項）。ここで、建物の賃貸借は、その登記がなくても、建物の引渡しがあったときは、その後その建物について物権を取得した者に対し、その効力を生ずる（借地借家法31条）。したがって、甲建物の譲渡前にBがAから甲建物の引渡しを受けていれば、賃貸借の対抗要件を備えているので、賃貸人たる地位はCに移転する。

❷ 正　肢1の解説で述べた通り、不動産の賃借人が賃貸借の対抗要件を備えた場合において、その不動産が譲渡されたときは、その不動産の賃貸人たる地位は、原則として、その譲受人に移転する。もっとも、不動産の譲渡人及び譲受人が、賃貸人たる地位を譲渡人に留保する旨及びその不動産を譲受人が譲渡人に賃貸する旨の合意をしたときは、賃貸人たる地位は、譲受人に移転しない（民法605条の2第2項前段）。上記の通り、賃借人の承諾は、要件となっていないので、本肢の場合、Bの承諾がなくても、賃貸人の地位はAに留保される。

❸ 正　肢1の解説で述べた賃貸人たる地位の移転は、賃貸物である不動産について所有権の移転の登記をしなければ、賃借人に対抗することができない（民法605条の2第3項）。したがって、所有権移転登記を経由していないCから甲建物の賃料の支払を求められても、Bはこれを拒むことができる。

❹ 誤　不動産の賃借人が賃貸借の対抗要件を備えていない場合、その不動産が譲渡されたときでも、その不動産の賃貸人たる地位は、原則として、その譲受人に移転しない（民法605条の2第1項参照）。しかし、不動産の譲渡人が賃貸人である場合、その賃貸人たる地位は、賃借人の承諾を要しないで、譲渡人と譲受人との合意により、譲受人に移転させることができる（同法605条の3）。したがって、甲建物の譲渡前にBがAから甲建物の引渡しを受けておらず、かつ賃貸借の登記も経由していない場合に、ＡＣ間で賃貸人の地位を移転することにつき合意すれば、Bの承諾がなくても、賃貸人の地位はCに移転する。

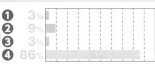

正解 ❹　正解率 86%

**肢別解答率**　受験生はこう答えた！
- ❶ 3%
- ❷ 9%
- ❸ 3%
- ❹ 86%

難易度　易

賃貸人の地位の移転

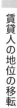

重要度 A　**敷金**

問題
26

敷金に関する次の記述のうち、最も適切なものはどれか。

❶　敷金契約は、賃貸借契約に付随する契約であるから、敷金契約のみを合意解除することはできない。

❷　敷金は、賃貸借契約上の債務を担保するための金銭であるから、賃貸借契約の締結後に預け入れることはできない。

❸　敷金返還請求権は、賃貸借契約が終了し、借主が建物を明け渡したときに発生するから、貸主は、借主が建物を明け渡すまでの間に、未払賃料に敷金を充当することはできない。

❹　借主の債権者が、賃貸借契約の継続中に敷金返還請求権を差し押さえた場合、借主が建物を明け渡したときに賃料の未払がある場合には、貸主は敷金から未払賃料額を控除した後の残額の敷金を差押債権者に支払えば足りる。

全問◎を
目指そう！

| | 1回目 | 2回目 | 3回目 |
|---|---|---|---|
| 学習日 | / | / | / |
| 手応え | | | |

◎：完全に分かってきた
○：だいたい分かってきた
△：少し分かってきた
×：全く分からなかった

## ここがポイント

## 敷金の趣旨を確実におさえましょう。

**❶ 不適切** 敷金契約は、賃貸借契約とは別個の契約であるため、賃貸人・賃借人が合意すれば、敷金契約のみを合意解約することも可能である。

**❷ 不適切** 敷金は、賃貸借契約締結と同時または締結前に預け入れられることが一般的であるが、賃貸借契約締結後に敷金を預け入れる合意をすることも可能である。

**❸ 不適切** 賃貸人は、賃借人が賃貸借に基づいて生じた金銭の給付を目的とする債務を履行しないときは、敷金をその債務の弁済に充てることができる（民法622条の2第2項前段）。

**❹ 適切** 賃借人の賃貸不動産の明渡完了時に、未払賃料債務がある場合、敷金は当然充当され、充当された残額についてのみ敷金債務が発生する（民法622条の2第1項）。このことは、敷金が差し押さえられた場合にも変わらない。したがって、賃貸人は、債務控除後の残額を差押債権者に支払えば足りる。

正解 ❹

正解率 ―

**肢別解答率** 受験生はこう答えた!

❶ ―
❷ ―
❸ ―
❹ ―

データなし

難易度 ―

問題
27

敷金に関する次の記述のうち、正しいものはどれか。

❶　賃貸借契約書に借主からの敷金の相殺について禁止する条項がない場合、借主は契約期間中、敷金返還請求権と賃料債務を相殺することができる。

❷　賃貸借契約書に敷金の返還時期について何らの定めもない場合、借主は敷金の返還を受けるまでの間、建物の明渡しを拒むことができる。

❸　借主の地位の承継があったとしても、特段の事情のない限り、敷金は新借主に承継されない。

❹　賃貸借契約書に敷金によって担保される債務の範囲について何らの定めもない場合、敷金によって担保される借主の債務は賃料債務に限定され、貸主は原状回復費用に敷金を充当することはできない。

全問◎を
目指そう！

|  | 1回目 | 2回目 | 3回目 |
|---|---|---|---|
| 学習日 | ／ | ／ | ／ |
| 手応え |  |  |  |

◎：完全に分かってきた
○：だいたい分かってきた
△：少し分かってきた
×：全く分からなかった

ここがポイント

## 賃借人の明渡しと賃貸人の敷金返還は
## 同時履行関係に立ちません。

❶ 誤　賃借人は、賃貸人に対し、敷金を賃貸借に基づいて生じた金銭の給付を目的とする債務の弁済に充てることを請求することができない（民法 622 条の 2 第 2 項後段）。

❷ 誤　賃貸人は、敷金を受け取っている場合において、賃貸借が終了し、かつ、賃貸物の返還を受けたときは、賃借人に対し、その受け取った敷金の額から賃貸借に基づいて生じた賃借人の賃貸人に対する金銭の給付を目的とする債務の額を控除した残額を返還しなければならない（民法 622 条の 2 第 1 項 1 号）。したがって、賃借人の明渡債務が先履行の関係にあり、敷金返還請求権をもって明渡しにつき同時履行の抗弁とすることはできない。

❸ 正　賃貸人は、敷金を受け取っている場合において、賃借人が適法に賃借権を譲り渡したときは、賃借人に対し、その受け取った敷金の額から賃貸借に基づいて生じた賃借人の賃貸人に対する金銭の給付を目的とする債務の額を控除した残額を返還しなければならない（民法 622 条の 2 第 1 項 2 号）。したがって、賃借人の地位の承継があったとしても、特段の事情のない限り、敷金は新賃借人に承継されない。

❹ 誤　賃料の不払いや、原状回復とされている賃借人の毀損・汚損に対する損害賠償、賃借人が無権限で行った工事の復旧費、賃貸借終了後明渡しまでの賃料相当額の損害賠償債務などが、敷金によって担保されることになる（民法 622 条の 2 第 1 項柱書、最判昭 48.2.2）。

敷金

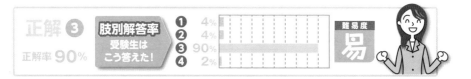

正解 ❸　肢別解答率　受験生はこう答えた！

正解率 90%

| | |
|---|---|
| ❶ | 4% |
| ❷ | 4% |
| ❸ | 90% |
| ❹ | 2% |

難易度 易

## 重要度 A　敷金

**問題 28**　敷金に関する次の記述のうち、正しいものの組合せはどれか。

**ア**　賃貸借契約が終了した場合、敷金の返還と明渡しは、敷金の返還が先履行となる。

**イ**　敷金は、滞納賃料のほか、原状回復義務の対象となる借主の毀損・汚損に対する損害賠償、借主が無権限で施工した工事の復旧費も担保の対象となる。

**ウ**　賃貸借契約の継続中に借主の債権者が敷金返還請求権を差し押え、賃貸物件の明渡し前に差押債権者が敷金の支払を貸主に請求した場合、貸主に敷金の支払義務が発生する。

**エ**　いわゆる敷引特約（賃貸借契約終了時に、貸主が敷金の一部を取得する特約。）に関し、判例は、敷引金の額が賃料の額等に照らし高額に過ぎるなどの事情があれば格別、そうでない限り、これが信義則に反して消費者である借主の利益を一方的に害するものということはできない旨を判示している。

❶　イ、エ
❷　ア、ウ
❸　ア、エ
❹　イ、ウ

| | 1回目 | 2回目 | 3回目 |
|---|---|---|---|
| 学習日 | ／ | ／ | ／ |
| 手応え | | | |

全問◎を
目指そう！

◎：完全に分かってきた
○：だいたい分かってきた
△：少し分かってきた
×：全く分からなかった

**敷引特約は賃料に比べて高額でなければ有効です。**

**ア** 誤　賃貸人は、敷金を受け取っている場合において、賃貸借が終了し、かつ、賃貸物の返還を受けたときは、賃借人に対し、その受け取った敷金の額から賃貸借に基づいて生じた賃借人の賃貸人に対する金銭の給付を目的とする債務の額を控除した残額を返還しなければならない（民法622条の2第1項1号）。すなわち、敷金の返還時期は、賃貸借が終了し、かつ、賃貸物の返還を受けたときであり、明渡しが先履行となる。

**イ** 正　敷金とは、いかなる名目によるかを問わず、賃料債務その他の賃貸借に基づいて生ずる賃借人の賃貸人に対する金銭の給付を目的とする債務を担保する目的で、賃借人が賃貸人に交付する金銭をいう（民法622条の2第1項）。この敷金によって、賃料の不払いや、原状回復義務の対象とされている賃借人の毀損・汚損に対する損害賠償、賃借人が無権限で行った工事の復旧費、賃貸借終了後明渡しまでの賃料相当額の損害賠償債務などが、担保される。

**ウ** 誤　敷金返還債務は、賃貸借契約が終了し、賃貸人が賃貸物件の返還を受けたときに発生するものであるため（民法622条の2第1項1号）、賃借人からの債権の回収を行うため、賃借人の債権者が、賃借人の敷金返還請求権を差し押さえたとしても、賃貸人は、賃貸借契約の継続中など、敷金返還義務が賃貸人に発生していない場合には、差押債権者に対して敷金の支払義務はない。

**エ** 正　敷引金の額が賃料の額等に照らし高額に過ぎるなどの事情があれば格別、そうでない限り、敷引特約が信義則に反して消費者である賃借人の利益を一方的に害するものとして消費者契約法10条により無効となるとはいえない（最判平23.7.12）。

以上より、正しいものはイエであり、本問の正解肢は❶となる。

敷金

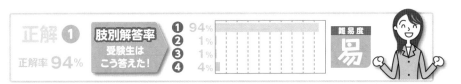

正解 ❶
正解率 94%

肢別解答率
受験生は
こう答えた!

| ❶ | 94% |
| ❷ | 1% |
| ❸ | 1% |
| ❹ | 4% |

難易度
易

# 敷金

**問題 29** 敷金に関する次の記述のうち、誤っているものの組合せはどれか。

**ア** 借主は、不払賃料額の弁済に敷金を充てるよう貸主に請求することはできない。

**イ** 賃貸借契約継続中に敷金返還請求権が差し押えられた場合、貸主は、速やかに敷金相当額を差押債権者に支払わなければならない。

**ウ** 敷金は、原状回復とされている借主の毀損・汚損に対する損害賠償も担保する。

**エ** 貸主Aが賃貸物件を第三者Bに譲渡する際、賃貸人たる地位をAに留保する旨、AB間で合意すれば、貸主の地位はAに留保され、Aは敷金返還義務を負う。

**❶** ア、イ
**❷** ア、ウ
**❸** ウ、エ
**❹** イ、エ

全問◎を
目指そう！

| | 1回目 | 2回目 | 3回目 |
|---|---|---|---|
| 学習日 | / | / | / |
| 手応え | | | |

◎：完全に分かってきた
○：だいたい分かってきた
△：少し分かってきた
×：全く分からなかった

**賃借建物の所有権移転と敷金の返還に関しては、
今後も出題が予想されます。**

**ア** 正　賃貸人は、賃借人が賃貸借に基づいて生じた金銭の給付を目的とする債務を履行しないときは、敷金をその債務の弁済に充てることができる（民法 622条の 2 第 2 項前段）。しかし、賃借人は、賃貸人に対し、敷金をその債務の弁済に充てることを請求することができない（同条項後段）。

**イ** 誤　金銭債権を差し押さえた債権者は、債務者に対して差押命令が送達された日から 1 週間を経過したときは、その債権を取り立てることができる（民事執行法 155 条 1 項本文）。したがって、敷金返還請求権につき差押債権者から取立てがなされた場合、賃貸人に敷金返還義務が発生していれば、差押債権者に対して敷金の支払義務が発生する。もっとも、賃貸借契約の継続中など、敷金返還義務が賃貸人に発生していない場合には、賃貸人は、差押債権者に対して敷金を支払う必要はない。

**ウ** 正　敷金とは、いかなる名目によるかを問わず、賃料債務その他の賃貸借に基づいて生ずる賃借人の賃貸人に対する金銭の給付を目的とする債務を担保する目的で、賃借人が賃貸人に交付する金銭をいう（民法 622 条の 2 第 1 項）。この敷金は、賃料の不払いや、原状回復とされている賃借人の毀損・汚損に対する損害賠償、賃借人が無権限で行った工事の復旧費、賃貸借終了後明渡しまでの賃料相当額の損害賠償債務などを担保することになる。

**エ** 誤　賃借人が賃貸借の対抗要件を備えた場合において、その不動産が譲渡されたときは、その不動産の賃貸人たる地位は、原則として、その譲受人に移転する（民法 605 条の 2 第 1 項）。もっとも、不動産の譲渡人及び譲受人が、賃貸人たる地位を譲渡人に留保する旨及びその不動産を譲受人が譲渡人に賃貸する旨の合意をしたときは、賃貸人たる地位は、譲受人に移転しない（同条 2 項前段）。本肢のように、賃貸人たる地位を譲渡人に留保する旨を合意しただけの場合、原則どおり、賃貸人たる地位は譲受人に移転する。そして、賃貸人たる地位が譲受人に移転した場合、敷金の返還に係る債務は、譲受人が承継する（同条 4 項、622 条の 2 第 1 項）。したがって、当該債務は B が承継するため、B が敷金返還債務を負う。

以上より、誤っているものはイエであり、本問の正解肢は❹となる。

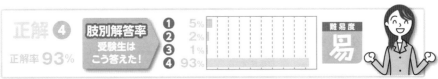

正解 ❹　正解率 93%

肢別解答率　受験生はこう答えた！

❶ 5%
❷ 2%
❸ 1%
❹ 93%

難易度 易

## 重要度 A　敷金

問題
30

敷金に関する次の記述のうち、最も適切なものはどれか。

❶　貸主は、建物明渡し後でなければ、敷金を未払賃料に充当することができない。

❷　敷金は、賃貸借契約上の債務を担保するための金銭であるから、貸主との合意があっても賃貸借契約の締結後に預け入れることができない。

❸　貸主が建物を借主に引き渡した後、第三者に当該建物を売却し、所有権移転登記を完了した場合、特段の事情がない限り、敷金に関する権利義務は当然に当該第三者に承継される。

❹　賃貸借契約が終了し、建物が明け渡された後、借主が行方不明となったことにより、借主に対し敷金の充当の通知ができない場合、貸主は敷金を未払賃料や原状回復費用に充当することができない。

全問◎を
目指そう！

|  | 1回目 | 2回目 | 3回目 |
|---|---|---|---|
| 学習日 | / | / | / |
| 手応え |  |  |  |

◎：完全に分かってきた
○：だいたい分かってきた
△：少し分かってきた
×：全く分からなかった

ここがポイント

**賃貸人たる地位が譲受人に移転したときは、**
**費用と敷金に関する債務は、譲受人に承継されます。**

❶ 不適切　賃貸人は、賃借人が賃貸借に基づいて生じた金銭の給付を目的とする債務を履行しないときは、敷金をその債務の弁済に充てることができる（民法622条の2第2項前段）。この規定は、建物明渡しの後に限らず、敷金を上記債務の弁済に充当できるとしている。したがって、貸主は、借主が賃料債務を履行しない場合には、建物明渡し前であっても、敷金を未払賃料に充当することができる。

❷ 不適切　敷金を交付する合意は、賃貸借契約とは別個の契約である。敷金は、賃貸借契約締結と同時又は締結前に交付されることが一般的であるが、賃貸借契約締結後に支払う旨の合意も有効である。

❸ 適切　不動産の賃貸借の対抗要件を備えた場合において、その不動産が譲渡されたときは、その不動産の賃貸人たる地位は、原則として、その譲受人に移転する（民法605条の2第1項）。そして、賃貸人たる地位が譲受人又はその承継人に移転したときは、費用の償還に係る債務及び敷金の返還に係る債務は、譲受人又はその承継人が承継する（同法605条の2第4項、1項）。したがって、貸主が建物を借主に引き渡した後、第三者に当該建物を売却し、所有権移転登記を完了した場合、特段の事情がない限り、敷金に関する権利義務は当然に当該第三者に承継される。

❹ 不適切　賃貸人は、敷金を受け取っている場合において、賃貸借が終了し、かつ、賃貸物の返還を受けたときは、賃借人に対し、その受け取った敷金の額から賃貸借に基づいて生じた賃借人の賃貸人に対する金銭の給付を目的とする債務の額を控除した残額を返還しなければならない（民法622条の2第1項1号）。これを賃料債権等の面からみれば、目的物の返還時に残存する賃料債権等は敷金が存在する限度において敷金の充当により当然に消滅することになる。このような敷金の充当による賃料債権等の消滅は、敷金契約から発生する効果であって、当事者の意思表示を必要とするものではない。したがって、借主が行方不明となったことにより、借主に対し敷金の充当の通知ができない場合でも、貸主は敷金を未払賃料や原状回復費用に充当することができる。

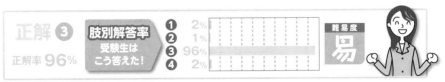

正解 ❸　　肢別解答率　受験生はこう答えた！
正解率96%

| | |
|---|---|
| ❶ | 2% |
| ❷ | 1% |
| ❸ | 96% |
| ❹ | 2% |

難易度 易

# 重要度 A 敷金

問題 31 敷金の取扱いに関する次の記述のうち、適切なものはどれか。

❶ 敷金は、賃貸借契約上賃借人が負うべき債務の担保として交付されるものであるが、賃貸借契約は継続しつつ、敷金契約を合意解約して敷金の返還をすることができる。

❷ 敷金は、賃貸借契約上賃借人が負うべき債務の担保として交付されるものであるから、賃貸借契約締結と同時に、または締結前に交付しなければならない。

❸ 賃貸借契約が終了したにもかかわらず賃借人の明渡しが遅延したことにより発生する賃料相当使用損害金は、賃貸借契約が終了した後に発生する債務であるため、敷金から差し引くことはできない。

❹ 敷金は、賃借人の債務を具体的に特定し、その債務に敷金を充当する旨の意思表示をしない限り、賃貸人はその全額を返還しなければならない。

全問◎を
目指そう！

| | 1回目 | 2回目 | 3回目 |
|---|---|---|---|
| 学習日 | / | / | / |
| 手応え | | | |

◎：完全に分かってきた
○：だいたい分かってきた
△：少し分かってきた
×：全く分からなかった

## 敷金契約は賃貸借契約とは別個の契約です。

❶ **適切** 敷金とは、いかなる名目によるかを問わず、賃料債務その他の賃貸借に基づいて生ずる賃借人の賃貸人に対する金銭の給付を目的とする債務を担保する目的で、賃借人が賃貸人に交付する金銭をいう（民法 622 条の 2 第 1 項かっこ書）。敷金を交付する合意は、賃貸借契約とは別個のものである。賃貸借契約の締結により当然に敷金交付の合意がなされるわけではなく、敷金契約のみを合意解約することも可能である（東京地判平 20.5.21）。したがって、賃貸借契約は継続しつつ、敷金契約を合意解除して敷金の返還をすることができる。

❷ **不適切** 敷金は、賃貸借契約締結と同時又は締結前に交付されることが一般的であるが、敷金を交付する合意は、賃貸借契約とは別個のものであるから、賃貸借契約締結後にする敷金を交付する旨の合意も有効である。

❸ **不適切** 敷金とは、いかなる名目によるかを問わず、賃料債務その他の賃貸借に基づいて生ずる賃借人の賃貸人に対する金銭の給付を目的とする債務を担保する目的で、賃借人が賃貸人に交付する金銭をいう（民法 622 条の 2 第 1 項かっこ書）。賃借人の明渡しが遅延したことにより発生する賃料相当使用損害金の支払債務は、「賃料債務その他の賃貸借に基づいて生ずる賃借人の賃貸人に対する金銭の給付を目的とする債務」にあたるから、敷金から差し引くことができる。

❹ **不適切** 賃貸人は、敷金を受け取っている場合において、賃貸借が終了し、かつ、賃貸物の返還を受けたときは、賃借人に対し、その受け取った敷金の額から賃貸借に基づいて生じた賃借人の賃貸人に対する金銭の給付を目的とする債務の額を控除した残額を返還しなければならない（民法 622 条の 2 第 1 項 1 号）。これを賃料債権等の面からみれば、目的物の返還時に残存する賃料債権等は敷金が存在する限度において敷金の充当により当然に消滅することになる。このような敷金の充当による賃料債権等の消滅は、敷金契約から発生する効果であって、当事者の意思表示を必要とするものではない。

正解 ❶
正解率 86%

肢別解答率 受験生はこう答えた！
❶ 86%
❷ 2%
❸ 1%
❹ 11%

難易度 易

## 賃貸借の終了と更新

重要度 A

2015年度
問19出題

問題 32 賃貸借契約の更新に関する次の記述のうち、最も不適切なものはどれか。(改題)

❶ 賃貸借契約を合意更新する場合、当事者間に特別の約束がない限り、契約終了前6ヵ月時点での通知等の特別の手続は不要であり、契約期間満了までの間に当事者間で協議し、契約条件を定めて合意すればよい。

❷ 賃貸借契約書に更新料条項がなくても、借主(消費者)が口頭で更新料の支払を了解した場合には、更新料の額が高額に過ぎる等の特段の事情のない限り、当該合意は消費者契約法第10条に違反するものではないから、貸主は更新料を請求することができる。

❸ 建物賃貸借契約が法定更新されると、期間の定めのない賃貸借契約となるため、法定更新以降、当事者間で別途、契約期間の定めをしない限り、契約の更新は生じなくなる。

❹ 賃貸住宅の管理業務等の適正化に関する法律(令和2年法律第60号)では、賃貸住宅管理業者が、管理受託契約を当初契約と異なる内容で更新する場合、変更のあった事項について、管理受託契約締結時書面の交付をする必要がある。

全問◎を
目指そう！

| | 1回目 | 2回目 | 3回目 |
|---|---|---|---|
| 学習日 | / | / | / |
| 手応え | | | |

◎：完全に分かってきた
○：だいたい分かってきた
△：少し分かってきた
×：全く分からなかった

ここがポイント

**更新料については、記載が必要です。**

**❶ 適切** 賃貸借契約を合意更新する場合、契約に特別の定めがない限り、契約終了前6カ月時点での通知等の特別の手続は不要であり、契約期間満了までの間に当事者間で協議し、契約条件を定めて合意をすればよい。

**❷ 不適切** 賃貸借契約書に一義的かつ具体的に記載された更新料条項は、更新料の額が賃料の額、賃貸借契約が更新される期間等に照らし高額に過ぎるなどの特段の事情がない限り、消費者契約法10条にいう民法1条2項に規定する基本原則に反して消費者の利益を一方的に害するものにはあたらない（最判平23.7.15）。すなわち、賃貸人が更新料を請求するためには、賃貸借契約書に一義的かつ具体的に記載された更新料条項がなければならない。

**❸ 適切** 更新とは、期間の定めのある契約の期間が満了したときに、その契約をさらに継続させることをいい、期間の定めのある契約を前提としている。建物賃貸借契約が法定更新されると、期間の定めのない賃貸借契約となる（借地借家法26条1項ただし書）ため、法定更新以降は、当事者間で別途、契約期間の定めをして、期間の定めのある賃貸借契約としない限り、契約の更新は生じなくなる。

**❹ 適切** 賃貸住宅管理業法では、賃貸住宅管理業者が、管理受託契約変更契約を締結する場合には、変更のあった事項について、賃貸人に対して、管理受託契約締結時書面を交付しなければならない（賃貸住宅管理業法の解釈・運用の考え方14条1項関係2）。

賃貸借の終了と更新

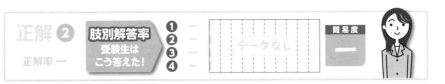

正解 ❷

正解率 ―

**肢別解答率**
受験生はこう答えた！

❶ ―
❷ ―
❸ ―
❹ ―

データなし

難易度 ―

重要度 **A** # 賃貸借の終了と更新

2015年度
問21出題

問題 **33**　賃貸借契約の更新拒絶に関する次の記述のうち、最も適切なものはどれか。

❶　貸主は、自ら建物の使用を必要とする事情が一切なくとも、立退料さえ支払えば、正当事由があるものとして、更新拒絶することができる。

❷　更新拒絶の通知時点では正当事由が存在しなくとも、通知後に事情が変わり正当事由が具備され、正当事由が具備された状態が事情変更時点から6ヵ月間持続した場合、解約の効果が生じる。

❸　建物の老朽化が著しく、隣家に損傷を及ぼしている場合、貸主は当面自己使用の必要性がなくても、立退料を提供することなく更新拒絶することができる。

❹　建物にはあたらない駐車場施設の利用契約について貸主が更新拒絶するためには、貸主に施設の使用を必要とする事情のほか、立退料の支払により正当事由が認められなければならない。

全問◎を
目指そう！

|  | 1回目 | 2回目 | 3回目 | ◎：完全に分かってきた |
|---|---|---|---|---|
| 学習日 | ／ | ／ | ／ | ○：だいたい分かってきた |
| | | | | △：少し分かってきた |
| 手応え | | | | ×：全く分からなかった |

賃貸人が賃貸借契約の更新拒絶をするには、
正当事由が必要です。

❶ **不適切**　建物の賃貸人による更新拒絶の通知は、正当の事由があると認められる場合でなければ、することができない（借地借家法28条）。正当事由の有無は、①賃貸人及び賃借人が建物の使用を必要とする事情のほか、②建物の賃貸借に関する従前の経過、③建物の利用状況、④建物の現況、⑤財産上の給付（立退料）の提供の申出等を総合的に考慮して判断される（借地借家法28条、最判昭46.6.17）。⑤の立退料の有無は、立退料の提供だけで正当事由を満たしていると判断されるわけではなく、他の事情が備わり、立退料の提供もあるときに、正当事由の1つとして補完され判断される。

❷ **適切**　通知時点で正当事由を具備しなくとも、通知後に事情が変わり正当事由が具備され、正当事由が具備された状態が事情変更時点から6カ月間持続した場合も、解約の効果が生じる（最判昭41.11.10）。

❸ **不適切**　正当事由の有無は、①賃貸人及び賃借人が建物の使用を必要とする事情のほか、②建物の賃貸借に関する従前の経過、③建物の利用状況、④建物の現況、⑤財産上の給付（立退料）の提供の申出等を総合的に考慮して判断される（借地借家法28条、最判昭46.6.17）。本肢の場合、隣家に損傷を及ぼすほど建物の老朽化が進んでおり、これに対処する必要があるため、建物の現況の観点からは、更新を拒絶する正当事由が認められるべきといえるものの、賃貸人は当面建物を自己使用する必要性がないことを考慮すると、賃借人に居住の必要性が認められる場合などは、立退料を提供しなければ、正当事由が認められない場合も考えられる。そのため、立退料を提供することなく更新拒絶をすることができるとは限らない。

❹ **不適切**　平面駐車場または建物にあたらない立体駐車場の場合、建物賃貸借または建物所有目的での土地賃貸借契約とはならないため、借地借家法の適用がない。借地借家法の適用がない場合、更新拒絶の際に正当事由の存在は必要とされない。

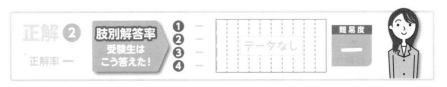

正解 ❷　正解率 ―

肢別解答率　受験生はこう答えた！
❶ ―
❷ ―
❸ ―
❹ ―

データなし

難易度　―

## 重要度 A 賃貸借の終了と更新

2016年度
問23出題

問題
34

賃貸借契約の解除に関する次の記述のうち、最も適切なものはどれか。

❶　賃貸借契約を解除する場合、借主に対して解除の意思表示を行えば、その意思表示が借主に到達していなくても効力が生じる。

❷　賃貸物件が共有の場合には、賃貸借契約を解除するためには、貸主たる共有者全員の同意が必要である。

❸　解除の意思表示は、撤回することができない。

❹　賃貸借契約に「賃料の支払を1ヵ月でも滞納すれば、貸主は催告をしないで賃貸借契約を解除することができる。」旨を定めておけば、貸主は、この規定を根拠に賃貸借契約を無催告で解除することができる。

全問◎を
目指そう！

| | 1回目 | 2回目 | 3回目 |
|---|---|---|---|
| 学習日 | ／ | ／ | ／ |
| 手応え | | | |

◎：完全に分かってきた
○：だいたい分かってきた
△：少し分かってきた
×：全く分からなかった

ここがポイント

**肢1と肢3は民法における一般的な原則です。**

❶ 不適切　契約又は法律の規定により当事者の一方が解除権を有するときは、その解除は、相手方に対する意思表示によってする（民法540条1項）。そして、意思表示は、その通知が相手方に到達した時からその効力を生ずる（同法97条1項）。

❷ 不適切　賃貸不動産が共有物で、賃貸人が共有者である場合、過半数の共有持分を有する共有者が解除権を行使することができる（最判昭39.2.25）。

❸ 適　切　解除権の意思表示は、撤回することができない（民法540条2項）。

❹ 不適切　家屋の賃貸借契約において、一般に、賃借人が賃料を1カ月分でも遅滞したときは催告を要せず契約を解除することができる旨を定めた特約条項は、賃貸借契約が当事者間の信頼関係を基礎とする継続的債権契約であることからすれば、賃料が約定の期日に支払われず、そのため契約を解除するにあたり催告をしなくても不合理ではないという事情が存する場合には、無催告で解除権を行使することが許される旨を定めた約定である（最判昭43.11.21）。したがって、無制限に、無催告解除の特約を許しているわけではない。

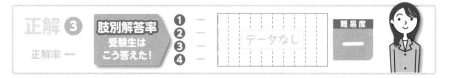

正解 ❸
正解率 —

肢別解答率
受験生は
こう答えた！

❶ —
❷ —
❸ —
❹ —

データなし

難易度
—

# 賃貸借の終了と更新

重要度 **B**

問題
35

賃貸借契約の解除に関する次の記述のうち、最も適切なものはどれか。

❶　賃貸借契約において、ペットの飼育について何らの定めがない場合でも、契約当事者間の信頼関係を破壊する程度に至ったと認められるようなペットの飼育があったときは、貸主からの賃貸借契約の解除が認められる。

❷　債務不履行を理由に賃貸借契約を解除する方法として、催告と同時に「期間内に支払がない場合には、この催告をもって賃貸借契約を解除することとします。」と記載して解除の意思表示を行うことは、解除に条件を付するものであるため、無効である。

❸　個人の借主が、同居している子に対して賃貸物件を貸主の承諾を得ることなく転貸した場合、貸主は無断転貸を理由として賃貸借契約を解除することができる。

❹　賃貸借契約において無催告解除について何らの定めもない場合、借主が長期にわたり賃料を滞納し、信頼関係を著しく破壊していると認められるときであっても、貸主は賃貸借契約を無催告で解除することができない。

全問◎を
目指そう！

| | 1回目 | 2回目 | 3回目 |
|---|---|---|---|
| 学習日 | / | / | / |
| 手応え | | | |

◎：完全に分かってきた
○：だいたい分かってきた
△：少し分かってきた
×：全く分からなかった

賃貸借契約は「信頼関係」がベースとなっています。

**❶** 適切　賃借人は、契約又は目的物の性質によって定まった用法に従い、目的物を使用しなければならない（民法616条、594条1項）。賃貸借契約上ペット飼育の禁止が規定されていない場合でも、通常許容される範囲を明らかに逸脱したペットの飼育があった場合には、賃貸借契約における用法違反として、契約の解除が認められる（東京地判昭62.3.2）。

**❷** 不適切　契約の解除の意思表示に条件を付することは、一般的には、相手方の地位を不当に不安定にすることから認められない。もっとも、本肢のような条件の場合、相手方を不当に不安定にするものではない（賃借人としては、期間内に賃料を支払うという自らの行為で賃貸借契約の解除を回避することができる。）ので、これを付することは禁止されず、本肢の解除の意思表示を行うことは有効である。

**❸** 不適切　賃借人が賃貸人に承諾を得ずに賃借権を第三者に譲渡または転貸し第三者に賃貸物の使用または収益をさせた場合、賃貸人は賃借権を解除することができる（民法612条2項）。もっとも、賃貸借契約は当事者間の信頼関係に基礎を置くものであり、無断譲渡または無断転貸があっても、その行為が賃貸人に対する背信的行為と認めるに足らない特段の事情がある場合には、契約の解除は認められない（最判昭28.9.25）。本肢の場合、上記特段の事情があるといえ、賃貸借契約を解除することはできない。

**❹** 不適切　当事者の一方がその債務を履行しない場合において、相手方が相当の期間を定めてその履行の催告をし、その期間内に履行がないときは、相手方は、契約の解除をすることができる（民法541条本文）。もっとも、長期にわたる賃料の不払いはそれ自体賃貸借契約の継続を困難にする背信行為にあたり、例外的に、催告をすることなく行った賃貸借契約解除の意思表示であっても有効とされる（最判昭42.3.30）。したがって、賃貸人は賃貸借契約を無催告で解除することができる。

正解 ❶
正解率 77%

肢別解答率
受験生は
こう答えた！

❶ 77%
❷ 7%
❸ 3%
❹ 14%

難易度
易

## 重要度 A　賃貸借の終了と更新

**問題 36**　賃貸借契約の更新に関する次の記述のうち、最も不適切なものはどれか。

❶　賃貸借契約書に一義的かつ具体的に記載された更新料条項は、更新料の額が賃料の額、賃貸借契約が更新される期間等に照らし高額に過ぎるなどの特段の事情がない限り、有効である。

❷　賃貸借契約の借主が、期間満了後に建物の使用を継続する場合において、貸主が遅滞なく異議を述べなかったとしても、貸主が期間満了の1年前から6ヵ月前までの間に借主に対して更新をしない旨の通知をしていた場合には、更新拒絶に正当事由が認められる限り、賃貸借契約は期間満了により終了する。

❸　賃貸借契約が法定更新された場合、当事者間で別途、契約期間の定めをしない限り、期間の定めのない賃貸借になる。

❹　建物が存しない駐車場として使用する目的の土地の賃貸借契約において貸主が更新を拒絶するためには、正当事由は不要である。

全問◎を
目指そう！

| | 1回目 | 2回目 | 3回目 |
|---|---|---|---|
| 学習日 | ／ | ／ | ／ |
| 手応え | | | |

◎：完全に分かってきた
○：だいたい分かってきた
△：少し分かってきた
×：全く分からなかった

駐車場契約には、借地借家法が適用されない場合があります。

❶ **適 切** 　賃貸借契約書に一義的かつ具体的に記載された更新料条項は、更新料の額が賃料の額、賃貸借契約が更新される期間等に照らし高額に過ぎるなどの特段の事情がない限り、有効である（最判平 23.7.15）。

❷ **不適切** 　期間を定めた建物賃貸借では、賃貸人が期間の満了の1年前から6月前までの間に賃借人に対して更新拒絶の通知等をしなかったときは、それまでの契約と同じ条件で更新され（借地借家法 26 条 1 項）、さらに更新拒絶の通知等をした場合でも、期間満了後に賃借人が賃貸物件をそのまま継続して使用し、それに対して賃貸人が遅滞なく異議を述べなかった場合にも、契約は更新される（同条 2 項）。

❸ **適 切** 　建物賃貸借契約が法定更新されると、契約期間を除き、契約の同一性が維持される。法定更新後の賃貸借契約は、期間の定めのない賃貸借契約となる（借地借家法 26 条 1 項ただし書）。

❹ **適 切** 　平面駐車場または建物にあたらない立体駐車場の場合、建物賃貸借または建物所有目的での土地賃貸借契約とはならないため、借地借家法の適用がない。借地借家法の適用がなければ、更新拒否の際には正当事由の存在は不要である。

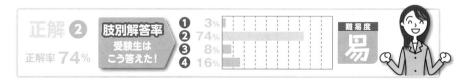

正解 ❷

正解率 74%

肢別解答率 受験生はこう答えた！

❶ 3%
❷ 74%
❸ 8%
❹ 16%

難易度 易

重要度 A 賃貸借の終了と更新

2018年度
問19出題

問題 37 普通建物賃貸借契約（定期建物賃貸借契約でない建物賃貸借契約をいう。以下、各問において同じ。）の解約及び更新拒絶に関する次の記述のうち、正しいものはどれか。

❶ 貸主からの期間内解約条項がある場合には、貸主からの解約申入れに正当事由は不要である。

❷ 賃貸建物の老朽化が著しいことを理由として更新を拒絶する場合、貸主は立退料を支払うことなく、当然に正当事由が認められる。

❸ 貸主による更新拒絶通知に正当事由がある場合であっても、期間満了後に借主が建物を継続して使用し、貸主がそれに対して遅滞なく異議を述べなかった場合には、契約は更新されたものとみなされる。

❹ 契約期間満了までに、更新について合意が成立しない場合、特約のない限り、従前と同一条件かつ同一期間で賃貸借契約が当然に更新されたものとみなされる。

全問◎を
目指そう！

| | 1回目 | 2回目 | 3回目 |
|---|---|---|---|
| 学習日 | / | / | / |
| 手応え | | | |

◎：完全に分かってきた
○：だいたい分かってきた
△：少し分かってきた
×：全く分からなかった

## 肢3の「異議」とは「出ていってくれ」と言うことです。

❶ 誤　建物の賃貸人が賃貸借の解約の申入れをした場合においては、建物の賃貸借は、解約の申入れの日から6月を経過することによって終了する（借地借家法27条1項）。この場合の解約の申入れには、正当事由が必要である(同法28条)。

❷ 誤　更新しない旨の通知をする場合には、賃貸人に更新を拒絶するのが正当と認められるだけの理由（正当事由）が必要である（借地借家法28条）。この正当事由があるかどうかは、①賃貸人と賃借人のお互いの物件を必要としている事情、②賃貸借に関する従前の経過、③建物の利用状況、④建物の現況、⑤①〜④の補充としての立退料の提供などを総合的に判断して決められる。建物の老朽化が著しい場合、建物の現況の観点からは、更新を拒絶する正当事由が認められるべきといえるものの、他の事情によっては、立退料を支払うことなく当然に正当事由が認められるとは限らない。

❸ 正　賃貸人が賃借人に対し、正当事由のある更新しない旨の通知をした場合でも、期間満了後に賃借人が物件をそのまま継続して使用し、それに対して賃貸人が遅滞なく異議を述べなかったときには、契約は更新されたものとみなされる（借地借家法26条2項）。

❹ 誤　建物の賃貸借について期間の定めがある場合において、当事者が期間の満了の1年前から6月前までの間に相手方に対して更新をしない旨の通知又は条件を変更しなければ更新をしない旨の通知をしなかったときは、従前の契約と同一の条件で、契約を更新したものとみなされる（借地借家法26条1項本文）。ただし、その期間は、定めがないものとする（同条項ただし書）。

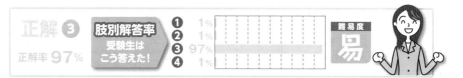

正解 ❸　正解率 97%

肢別解答率　受験生はこう答えた！

❶ 1%
❷ 1%
❸ 97%
❹ 1%

難易度 易

重要度 A **賃貸借の終了と更新**　2018年度 問23出題

問題 38　賃貸借契約の解除に関する次の記述のうち、最も適切なものはどれか。

❶　賃料の滞納が一度でもあれば、滞納自体が債務不履行に該当し、契約当事者の信頼関係を破壊するため、滞納理由について調査する必要はない。

❷　賃料滞納を理由として賃貸借契約を解除する場合、配達証明付き内容証明郵便を用いて催告を行うと、催告を行ったことについて裁判上の証拠となる。

❸　賃料滞納を理由として賃貸借契約を解除する場合、催告と解除の意思表示は別個の書面で行わなければ、解除の効果が生じない。

❹　借主が長期にわたり行方不明となっている場合、すでに賃貸建物を占有しているとは言えないため、賃貸借契約の解除の意思表示をしなくても、契約は終了する。

全問◎を目指そう！

| | 1回目 | 2回目 | 3回目 |
|---|---|---|---|
| 学習日 | / | / | / |
| 手応え | | | |

◎：完全に分かってきた
○：だいたい分かってきた
△：少し分かってきた
×：全く分からなかった

## 肢3の解除方法もおさえておきましょう。

❶ **不適切** 賃貸人は、賃借人による債務不履行により信頼関係が破壊された場合、賃貸借契約を解除することができる。賃借人は、賃料支払義務を負っているので、賃料の滞納は、債務不履行にあたる。しかし、やむを得ない事情により滞納をしてしまったなど、滞納理由によっては、信頼関係が破壊されるとまではいえないため、契約を解除することができるかどうか検討するには、滞納理由を調査する必要がある。

❷ **適切** 配達証明付き内容証明郵便とは、日本郵便株式会社が、郵便物を配達した事実、郵便物の内容である文書の記載内容を証明する郵便である。これにより催告を行うと、催告文書が相手方に配達された事実、配達された文書の内容が賃料の支払いの催告である事実を証明することができるので、催告を行ったことの証拠となる。すなわち、配達証明付きの内容証明郵便を用いて催告を行うと、後日裁判等になったときに意思表示の到達の証拠となる。

❸ **不適切** 契約の解除の意思表示に条件を付することは、一般的には、相手方の地位を不当に不安定にすることから認められない。もっとも、「期間内に支払いがない場合には、建物賃貸借契約を解除することとする」との条件の場合、相手方を不当に不安定にするものではない（賃借人としては、期間内に賃料を支払うという自らの行為で賃貸借契約の解除を回避することができる。）ので、これを付することは禁止されず、上記のような文言を記して、催告と解除の意思表示を1通の書面で行っても、解除の効果が生じる。

❹ **不適切** 借主が家賃を滞納したまま長期不在あるいは行方不明となった場合にも、賃貸借契約が継続している限り、借主に対する貸主の債務は残り、貸主が債務を免れるには、債務不履行を理由に行方不明者等に対する契約解除の手続をしなければならない。

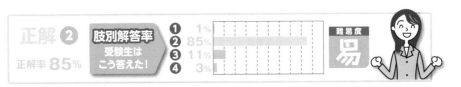

正解 ❷
正解率 85%

**肢別解答率**
受験生はこう答えた！

| ❶ | 1% |
| ❷ | 85% |
| ❸ | 11% |
| ❹ | 3% |

難易度 易

# 賃貸借の終了と更新

重要度 A

問題 39

賃貸借契約の更新に関する次の記述のうち、誤っているものはどれか。（改題）

❶ 期間の定めのある建物賃貸借契約において、期間満了4か月前に更新拒絶の通知をした場合、当該契約は法定更新される。

❷ 期間の定めのある建物賃貸借契約が法定更新された場合、更新前の契約と更新後の契約は、契約期間も含め別個独立の同一性のない契約である。

❸ 更新料特約以外に更新手数料特約を定めることは、有効である。

❹ 賃貸住宅の管理業務等の適正化に関する法律（令和2年法律第60号）では、賃貸住宅管理業者が、管理受託契約を当初契約と異なる内容で更新する場合、変更のあった事項について、改めて管理受託契約重要事項説明書の交付及び管理受託契約重要事項説明をする必要がある。

全問◎を
目指そう！

| | 1回目 | 2回目 | 3回目 |
|---|---|---|---|
| 学習日 | ／ | ／ | ／ |
| 手応え | | | |

◎：完全に分かってきた
○：だいたい分かってきた
△：少し分かってきた
×：全く分からなかった

ここがポイント

**特約をすれば、更新手数料の授受も認められます。**

❶ **正**　建物の賃貸借について期間の定めがある場合において、当事者が期間の満了の1年前から6月前までの間に相手方に対して更新をしない旨の通知又は条件を変更しなければ更新をしない旨の通知をしなかったときは、従前の契約と同一の条件で、契約を更新したものとみなされる（借地借家法26条1項本文）。したがって、期間満了4カ月前に更新拒絶の通知をした場合、当該契約は法定更新される。

❷ **誤**　賃貸借契約が更新された場合、当初の契約と更新後の契約との間には何ら異なるところがなく、同一性を失っていない（東京地判昭56.8.28）。

❸ **正**　更新事務手数料は、管理業者が契約の更新手続を行う場合の事務代行手数料と考えられる。その額が相当であれば、その授受の約束自体は有効である。

❹ **正**　賃貸住宅管理業法では、賃貸住宅管理業者が、管理受託契約変更契約を締結しようとする場合には、変更のあった事項について、賃貸人に対して、改めて管理受託契約重要事項説明書の交付及び管理受託契約重要事項説明をする（賃貸住宅管理業法の解釈・運用の考え方13条関係1）。

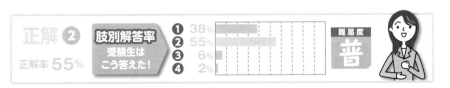

正解 ❷
正解率 55%

**肢別解答率**
受験生は
こう答えた！

❶ 38%
❷ 55%
❸ 6%
❹ 2%

難易度
普

# 賃貸借の終了と更新

**問題 40** 賃貸借契約に関する次の記述のうち、誤っているものはいくつあるか。

**ア** 賃貸借契約を解除するために行う催告は、内容証明郵便でしなければ効力を生じない。

**イ** 賃貸借契約の解約及び建物明渡しの合意は、公正証書でしなければ効力を生じない。

**ウ** 賃貸借契約の合意更新は、書面で行わなくとも効力が生じる。

**❶** なし

**❷** 1つ

**❸** 2つ

**❹** 3つ

全問◎を
目指そう！

| | 1回目 | 2回目 | 3回目 |
|---|---|---|---|
| 学習日 | / | / | / |
| 手応え | | | |

◎：完全に分かってきた
○：だいたい分かってきた
△：少し分かってきた
×：全く分からなかった

**ここがポイント**

## 契約の解除は書面によって行う必要はありません。

**ア 誤** 賃貸借契約を解除するために行う催告は、内容証明郵便など、書面で行う必要はない。

**イ 誤** 契約又は法律の規定により当事者の一方が解除権を有するときは、その解除は、相手方に対する意思表示によってする（民法540条1項）。したがって、解約の申入れは、特に方法を定めていないので口頭によることも可能である。また、建物明渡しの合意は、公正証書によることを必要としない。

**ウ 正** 賃貸借契約の合意による更新には、法律上は、書面は必要とされておらず、当事者がその意思を有していれば有効である。

　以上より、誤っているものはアイの2つであり、本問の正解肢は❸となる。

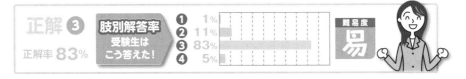

正解 ❸　正解率 83%　肢別解答率　受験生はこう答えた！　❶ 1%　❷ 11%　❸ 83%　❹ 5%　難易度 易

# 賃貸借の終了と更新

重要度 **B**

2020年度
問24出題

問題
**41**
貸主が、借主の賃料不払を理由として建物賃貸借契約を解除する場合に関する次の記述のうち、誤っているものの組合せはどれか。ただし、それぞれの選択肢に記載のない事実及び特約はないものとする。

**ア**　賃料の支払を1か月でも滞納すれば貸主が催告を経ずに賃貸借契約を解除できるという特約を定めた場合、11月分までの賃料に滞納はなかったが、11月末日が支払期限である12月分の賃料が支払われなかったときは、12月1日に貸主が行った解除通知は有効である。

**イ**　借主に対して解除を通知した上で建物明渡請求訴訟を提起した貸主は、賃料の不払につき借主に故意過失があったことについては立証する必要はない。

**ウ**　賃料不払のため契約を解除すると口頭で伝えられた借主が、通知を書面で受け取っていないので解除は無効であると反論したが、このような反論は解除の効力に関係がない。

**エ**　賃料が3か月間滞納されていることを理由に契約を解除するとの通知書を受け取った借主が、それまで一度も滞納賃料の催告を受けたことがないので解除は無効であると反論したが、このような反論は解除の効力に関係がない。

**❶**　ア、エ
**❷**　イ、ウ
**❸**　ウ、エ
**❹**　ア、イ

全問◎を
目指そう！

|  | 1回目 | 2回目 | 3回目 |
|---|---|---|---|
| 学習日 | ／ | ／ | ／ |
| 手応え |  |  |  |

◎：完全に分かってきた
○：だいたい分かってきた
△：少し分かってきた
×：全く分からなかった

**ここがポイント**

**契約の解除は、債務者に帰責事由がなくてもできます。**

第1編 賃貸借関係

**ア** 誤 当事者の一方がその債務を履行しない場合において、相手方が相当の期間を定めてその履行の催告をし、その期間内に履行がないときは、相手方は、契約の解除をすることができる（民法541条1項本文）。もっとも、家屋の賃貸借契約において、一般に、賃借人が賃料を1か月分でも遅滞したときは催告を要せず契約を解除することができる旨を定めた特約条項は、賃貸借契約が当事者間の信頼関係を基礎とする継続的債権関係であることにかんがみれば、賃料が約定の期日に支払われず、これがため契約を解除するに当たり催告をしなくてもあながち不合理とは認められないような事情が存する場合には、無催告で解除権を行使することが許される旨を定めた約定であると解するのが相当である（最判昭43.11.21）。したがって、12月分のみの賃料が支払われなかったというだけでは、賃貸借契約を解除することはできず、当該解除通知は有効とはいえない。

**イ** 正 当事者の一方がその債務を履行しない場合において、相手方が相当の期間を定めてその履行の催告をし、その期間内に履行がないときは、相手方は、契約の解除をすることができる（民法541条1項本文）。すなわち、契約の解除をするためには、債務者の帰責事由（故意過失）がなくても契約を解除することができる。したがって、賃貸人は、賃料の不払につき賃借人に故意過失があったことについては立証する必要はない。

**ウ** 正 契約又は法律の規定により当事者の一方が解除権を有するときは、その解除は、相手方に対する意思表示によってする（民法540条1項）。この意思表示は、口頭で行うことで足り、書面で行う必要はない。したがって、当該反論は解除の効力に関係がない。

**エ** 誤 当事者の一方がその債務を履行しない場合、原則として、相手方が相当の期間を定めてその履行の催告をし、その期間内に履行がないときは、相手方は、契約の解除をすることができる（民法541条本文）。本肢では、賃貸人から賃借人に対して、履行の催告がなされていない。したがって、当該反論は解除の効力に関係がないとはいえない。

以上より、誤っているものはアエであり、本問の正解肢は①となる。

賃貸借の終了と更新

**肢別解答率** 受験生はこう答えた！

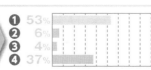

| | |
|---|---|
| ❶ | 53% |
| ❷ | 6% |
| ❸ | 4% |
| ❹ | 37% |

**正解 ①**
正解率 53%

**難易度 普**

# 重要度 A 賃貸借の終了と更新

**問題 42** 普通建物賃貸借契約の更新及び終了に関する以下の記述のうち、正しいものはどれか。

❶　期間の定めのある建物賃貸借契約において、借主は1カ月前に予告することで解約することができるとの特約を定めても無効であり、期間が満了するまでは契約は終了しない。

❷　期間の定めのある建物賃貸借契約において、貸主は3カ月前に予告することで解約することができるとの特約を定めた場合であっても、正当事由のない解約申入れは無効である。

❸　期間の定めのある建物賃貸借契約において、貸主と借主が賃貸借契約の終期から1年以上前の時点で、同契約を更新することにつき合意することはできない。

❹　期間の定めのない建物賃貸借契約において、貸主が解約を申し入れた場合、正当事由を具備することで、解約申入日から3カ月の経過により契約が終了する。

全問◎を
目指そう！

| | 1回目 | 2回目 | 3回目 |
|---|---|---|---|
| 学習日 | ／ | ／ | ／ |
| 手応え | | | |

◎：完全に分かってきた
○：だいたい分かってきた
△：少し分かってきた
×：全く分からなかった

ここがポイント

**建物の賃貸借は、賃貸人からの解約申入れの日から
6カ月を経過することによって終了します。**

**❶ 誤** 期間の定めのある建物賃貸借契約において、契約当事者が期間内解約の条項を設けた場合、この条項は有効である（民法618条）。したがって、賃借人は1カ月前に予告することで解約することができるとの特約は有効である。

**❷ 正** 建物の賃貸人が賃貸借の解約の申入れをした場合に、建物の賃貸借は、解約の申入れの日から6カ月を経過することによって終了する（借地借家法27条1項）。また、当該解約の申入れは、正当の事由があると認められる場合でなければ、することができない（同法28条）。したがって、賃貸人は3カ月前に予告することで解約することができるとの特約を定めた場合であっても、正当事由のない解約申入れは無効である。

**❸ 誤** 賃貸借契約を合意更新する場合、特別の定めがない限り、契約期間満了までの間に当事者間で協議し、契約条件を定めて合意をすればよい。したがって、賃貸人と賃借人が賃貸借契約の終期から1年以上前の時点で、同契約を更新することにつき合意することができる。

**❹ 誤** 肢2の解説で述べた通り、建物の賃貸人が賃貸借の解約の申入れをした場合に、建物の賃貸借は、解約の申入れの日から6カ月を経過することによって終了する（借地借家法27条1項）。正当事由を具備しているときでも、同様である。したがって、3カ月の経過により契約が終了するのではない。

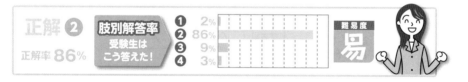

正解 ❷

正解率 86%

肢別解答率
受験生は
こう答えた！

| | |
|---|---|
| ❶ | 2% |
| ❷ | 86% |
| ❸ | 9% |
| ❹ | 3% |

難易度 易

# 賃貸借の終了と更新

重要度 **A**

2023年度
問25出題

**問題 43** 令和3年4月1日に締結された賃貸借契約の終了に関する次の記述のうち、適切なものの組合せはどれか。

**ア** 賃貸人と賃借人に紛争があり、賃借人があらかじめ賃料の支払を拒絶する意思を書面にて明らかにしており、実際に賃料の滞納が3か月に及ぶ場合、賃貸人は催告することなく賃貸借契約を解除することができる。

**イ** 賃料支払義務は賃借人の中核的義務である以上、1回でも賃料不払があれば、賃貸人との間の信頼関係が破壊されたとして、賃貸人は賃貸借契約を解除することができる。

**ウ** 賃貸借契約が解除されると、解除の遡及効により契約当初に遡り解除の効果が生ずる。

**エ** 家賃債務保証業者が連帯保証人となっている場合において、当該業者が賃借人による賃料不払に関して保証債務を履行していても、信頼関係が破壊されたとして、賃貸人による賃貸借契約の解除が認められる場合がある。

❶ ア、イ
❷ イ、ウ
❸ ウ、エ
❹ ア、エ

全問◎を
目指そう！

| | 1回目 | 2回目 | 3回目 |
|---|---|---|---|
| 学習日 | ／ | ／ | ／ |
| 手応え | | | |

◎：完全に分かってきた
○：だいたい分かってきた
△：少し分かってきた
×：全く分からなかった

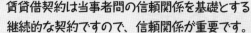

賃貸借契約は当事者間の信頼関係を基礎とする
継続的な契約ですので、信頼関係が重要です。

**ア** 適切　債務者がその債務の全部の履行を拒絶する意思を明確に表示している場合、債権者は、催告をすることなく、直ちに契約の解除をすることができる（民法542条1項2号）。したがって、賃借人があらかじめ賃料の支払を拒絶する意思を明らかにしている場合、賃貸人は催告することなく賃貸借契約を解除することができる。

**イ** 不適切　賃料の不払があっても、信頼関係を破壊しない特段の事情があるときは、賃貸借契約の解除をすることはできない（最判昭39.7.28）。1回の賃料不払があっただけでは、直ちに賃貸人との信頼関係が破壊されたと断定することはできないため、賃貸人は賃貸借契約を解除することができるとは限らない。

**ウ** 不適切　賃貸借の解除をした場合には、その解除は、将来に向かってのみその効力を生ずる（民法620条前段）。したがって、契約当初に遡っては解除の効果は生じない。

**エ** 適切　連帯保証人となっている家賃債務保証業者が、賃借人による賃料不払に関して保証債務を履行した場合でも、賃貸借保証委託契約に基づく保証会社の支払は代位弁済であって、賃借人による賃料の支払ではないから、賃貸借契約の債務不履行の有無を判断するにあたり、保証会社による代位弁済の事実を考慮することは相当でない。なぜならば、保証会社の保証はあくまでも保証委託契約に基づく保証の履行であって、これにより、賃借人の賃料の不払という事案に消長を来すものではなく、ひいてはこれによる賃貸借契約の解除原因事実の発生という事態を妨げるものではないことは明らかであるからである（最判平26.6.26）。したがって、家賃債務保証業者が保証債務を履行しても、賃貸人による賃貸借契約の解除が認められる場合がある。

以上より、適切なものの組合せはア、エであり、本問の正解肢は④となる。

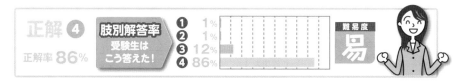

# 賃料の改定

重要度 A

問題 44　借地借家法32条の賃料増減額請求に関する次の記述のうち、最も適切なものはどれか。

❶　借主が賃料減額請求に関する事件について訴えを提起しようとする場合、それに先立って調停の申立てをすることができるが、調停の申立てをせずに訴えを提起することも認められている。

❷　借主から賃料減額請求を受けた貸主は、裁判が確定するまでは、減額された賃料の支払のみを請求することができるが、裁判が確定した場合において、既に受領した賃料額に不足があるときは、その不足額に年1割の割合による支払期後の利息を付してこれを請求することができる。

❸　普通建物賃貸借契約において、一定期間、賃料を減額しない旨の特約がある場合であっても、借主は、当該期間中、賃料の減額を請求することができる。

❹　借主が契約期間中に賃料減額請求をする場合には、契約開始時に遡って賃料の減額を請求することができる。

全問◎を
目指そう！

| | 1回目 | 2回目 | 3回目 |
|---|---|---|---|
| 学習日 | / | / | / |
| 手応え | | | |

◎：完全に分かってきた
○：だいたい分かってきた
△：少し分かってきた
×：全く分からなかった

ここがポイント
## 賃料増減額請求については頻出事項です。

**①** 不適切 借地借家法に基づく建物の借賃の額の増減の請求に関する事件について訴えを提起しようとする者は、まず調停の申立てをしなければならない（民事調停法24条の2第1項）。

**②** 不適切 賃料の減額について当事者間に協議が調わないときは、貸主は、減額を正当とする裁判が確定するまでは、相当と認める額の建物の借賃の支払を請求することができる（借地借家法32条3項本文）。ただし、その裁判が確定した場合において、既に支払を受けた額が正当とされた建物の借賃の額を超えるときは、その超過額に年1割の割合による受領の時からの利息を付して返還しなければならない（同条項ただし書）。

**③** 適 切 普通建物賃貸借では、一定の期間賃料を増額しない旨の特約（不増額特約）がある場合には、不増額特約は有効である（借地借家法32条1項ただし書）。これに対し、普通建物賃貸借では、一定の期間賃料を減額しない旨の特約（不減額特約）については、その効力は認められない。不減額特約が定められていても、賃借人は賃料減額請求をすることができる。

**④** 不適切 当事者は、将来に向かってのみ建物の借賃増減額請求をすることができる（借地借家法32条1項）。

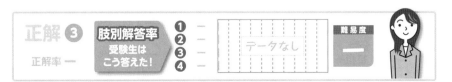

正解 ❸　肢別解答率 受験生はこう答えた！
正解率 ー

❶ ー
❷ ー
❸ ー
❹ ー

データなし

難易度
ー

## 重要度 A　賃料の改定

2017年度
問21出題

**問題 45**　賃料改定に関する次の記述のうち、最も適切なものはどれか。

❶　借地借家法上の賃料増減額請求権を行使した場合において、相手方がこれを争うときは、調停を申し立てなければならない。

❷　定期建物賃貸借契約においては、あらかじめ賃料改定方法を定めていた場合であっても、借地借家法上の賃料増減額請求の規定の適用は排除されない。

❸　賃貸借契約において「賃料の減額はしない。」との特約がある場合、借主は賃料の減額を求めることができない。

❹　管理業者は、賃料改定に影響を及ぼす各種要因の変化のうち、有利な変化が生じた場合には、賃貸条件を変更すべきかについて直ちに検討しなければならない。

全問◎を
目指そう！

|  | 1回目 | 2回目 | 3回目 |
|---|---|---|---|
| 学習日 | / | / | / |
| 手応え |  |  |  |

◎：完全に分かってきた
○：だいたい分かってきた
△：少し分かってきた
×：全く分からなかった

**賃料改定は交渉→調停→訴訟の順になります。**

❶ 適切　借地借家法に基づく建物の借賃の額の増減の請求に関する事件について訴えを提起しようとする者は、まず調停の申立てをしなければならない（民事調停法24条の2）。

❷ 不適切　定期建物賃貸借においては、一定の期間賃料を増額又は減額しない旨の特約を定めた場合には、増額と減額のいずれについても有効である（借地借家法38条9項）。

❸ 不適切　普通建物賃貸借では、建物の借賃が、土地若しくは建物に対する租税その他の負担の増減により、土地若しくは建物の価格の上昇若しくは低下その他の経済事情の変動により、又は近傍同種の建物の借賃に比較して不相当となったときは、契約の条件にかかわらず、当事者は、将来に向かって建物の借賃の額の増減を請求することができる（借地借家法32条1項本文）。したがって、不減額特約が定められていても、賃借人は賃料減額請求をすることができる。なお、不増額特約がある場合には、その定めに従う（同条項ただし書）。

❹ 不適切　管理業者は、賃料改定に影響を及ぼす各種要因の変化のうち、不利な変化が生じた場合に限らず、有利な変化が生じた場合にも、賃貸条件を変更すべきかについて直ちに検討しなければならないわけではない。

正解 ❶
正解率 55%

肢別解答率
受験生は
こう答えた！

❶ 55%
❷ 23%
❸ 3%
❹ 19%

難易度
普

# 賃料の改定

重要度 A

2019年度
問10出題

問題 46　普通建物賃貸借契約（定期建物賃貸借契約でない建物賃貸借契約をいう。以下、各問において同じ。）における賃料増減額請求に関する次の記述のうち、不適切なものの組合せはどれか。

ア　賃貸借契約の貸主の地位を複数の貸主が共に有する場合（ただし、各貸主の持分は相等しいものとする。）、各貸主は単独で賃料増額請求権を行使することができる。

イ　貸主から賃料増額請求を受けた借主は、賃料増額に関する裁判が確定するまでの間、増額された賃料を支払わなければならない。

ウ　借主から賃料減額請求を受けた貸主は、賃料減額に関する裁判が確定するまでは、従前の賃料の支払を請求することができる。

エ　貸主の賃料増額請求権を一定期間排除する特約は有効である。

❶　ア、イ
❷　イ、ウ
❸　ア、エ
❹　ウ、エ

全問◎を
目指そう！

| | 1回目 | 2回目 | 3回目 |
|---|---|---|---|
| 学習日 | ／ | ／ | ／ |
| 手応え | | | |

◎：完全に分かってきた
○：だいたい分かってきた
△：少し分かってきた
×：全く分からなかった

ここがポイント

**賃料増減額請求に関しては頻出事項です。**

**ア** 不適切 　賃貸人が複数の場合の賃料増額請求権の行使については、その行使によって賃貸借契約の重要な要素である賃料が一方的に変更されるものであるため、単に現状を維持するための保存行為とはいえず、共有物の利用等の管理行為にあたるとされており（東京高判平 28.10.19）、共有者の持分の価格に従い、その過半数で権利を行使しなければならないことになる（民法 252 条 1 項）。

**イ** 不適切 　賃料の増額について当事者間に協議が調わないときは、賃借人は、増額を正当とする裁判が確定するまでは、相当と認める額の建物の賃料を支払うことをもって足りる（借地借家法 32 条 2 項本文）。そして、この相当と認める額は、従前の額以上のものであればよい。

**ウ** 適切 　賃料の減額について当事者間に協議が調わないときは、賃貸人は、減額を正当とする裁判が確定するまでは、相当と認める額の建物の借賃の支払を請求することができる（借地借家法 32 条 3 項本文）。そして、この相当と認める額は、従前の額以下のものであればよい。

**エ** 適切 　普通建物賃貸借では、一定の期間賃料を増額しない旨の特約がある場合には、その特約は有効である（借地借家法 32 条 1 項ただし書）。なお、普通建物賃貸借では、一定の期間賃料を減額しない旨の特約については、その効力は認められない。

以上より、不適切なものはアイであり、本問の正解肢は❶となる。

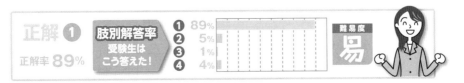

正解 ❶
正解率 89%

肢別解答率
受験生は
こう答えた！

❶ 89%
❷ 5%
❸ 1%
❹ 4%

難易度
易

## 賃料の改定

重要度 B

2020年度
問35出題

問題 47

賃料の増減額請求に関する次の記述のうち、正しいものはどれか。

❶　普通建物賃貸借契約の約定に「賃料の増減は協議による」との記載があった場合、協議を経なければ、貸主は借主に対し、借地借家法上の賃料増額請求をすることはできない。

❷　貸主が賃料の増額を請求し借主がこれを拒んだが、貸主の請求を認めた裁判が確定した場合、借主が賃料の不足額を支払うにあたり、特約がないときは、年1割の割合による支払期後の利息を付加しなければならない。

❸　定期建物賃貸借契約の締結にあたり、「契約期間中に如何なる理由が生じても賃料の減額はできないものとする」といった特約は無効である。

❹　借主が賃料の減額を請求し貸主がこれを拒んだが、借主の請求を認めた裁判が確定した場合、貸主が受け取った賃料の過払額を返還するにあたり、民法の定める法定利率による利息を付加しなければならない。

全問◎を
目指そう！

| | 1回目 | 2回目 | 3回目 |
|---|---|---|---|
| 学習日 | / | / | / |
| 手応え | | | |

◎：完全に分かってきた
○：だいたい分かってきた
△：少し分かってきた
×：全く分からなかった

ここがポイント

## 定期建物賃貸借では、不増額特約と不減額特約のいずれも有効です。

❶ 誤 建物の賃貸借契約の当事者は、将来に向かって建物の借賃の額の増減を請求することができる（借地借家法 32 条 1 項本文）。また、将来の賃料は当事者が協議して定める旨の約定がされた場合でも、当事者が賃料増減の意思表示前にあらかじめ協議を経ず、また、意思表示後の協議が当事者相互の事情により進まないため更にその協議を尽くさなかったからといって、賃料増減の意思表示が無効となるものではない（最判昭 56.4.20）。したがって、本肢の場合、賃料増額請求をすることができないわけではない。

❷ 正 建物の借賃の増額について当事者間に協議が調わないときは、その請求を受けた者は、増額を正当とする裁判が確定するまでは、相当と認める額の建物の借賃を支払うことをもって足りる（借地借家法 32 条 2 項本文）。もっとも、その裁判が確定した場合において、既に支払った額に不足があるときは、その不足額に年 1 割の割合による支払期後の利息を付してこれを支払わなければならない（同条項ただし書）。

❸ 誤 定期建物賃貸借において、借賃の改定に係る特約がある場合には、借賃増減請求の規定は適用されない（借地借家法 38 条 9 項、32 条 1 項）。これにより、定期建物賃貸借では、不増額特約と不減額特約のいずれも有効であって、その効力が認められる。したがって、本肢のような特約も有効である。

❹ 誤 建物の借賃の減額について当事者間に協議が調わないときは、その請求を受けた者は、減額を正当とする裁判が確定するまでは、相当と認める額の建物の借賃の支払を請求することができる（借地借家法 32 条 3 項本文）。もっとも、その裁判が確定した場合において、既に支払を受けた額が正当とされた建物の借賃の額を超えるときは、その超過額に年 1 割の割合による受領の時からの利息を付してこれを返還しなければならない（同条項ただし書）。借地借家法の定める利率による利息を付加するのであり、したがって、民法の定める法定利率による利息を付加するのではない。

正解 ❷
正解率 50%

肢別解答率
受験生は
こう答えた！

| ❶ | 14% |
| ❷ | 50% |
| ❸ | 3% |
| ❹ | 33% |

難易度
普

# 賃料の改定

重要度 **A**

**問題
48**　賃料増減請求に関する次の記述のうち、適切なものの組合せはどれか。

**ア**　賃料増減請求は、請求権を行使した時ではなく、客観的に賃料が不相当となった時に遡って効力を生ずる。

**イ**　賃料改定を協議により行うとする特約が定められている場合であっても、賃料増減請求を行うことができる。

**ウ**　借主が賃料減額請求を行ったが、協議が調わない場合、減額を正当とする裁判が確定するまでの間、借主は減額された賃料を支払えば足り、貸主は従前の賃料を請求することができない。

**エ**　賃料改定については、合意が成立しなければ、訴訟によって裁判所の判断を求めることになるが、原則として、訴訟提起の前に調停を申し立てなければならない。

**❶**　ア、イ
**❷**　ア、ウ
**❸**　イ、エ
**❹**　ウ、エ

全問◎を
目指そう！

|  | 1回目 | 2回目 | 3回目 |
|---|---|---|---|
| 学習日 | ／ | ／ | ／ |
| 手応え |  |  |  |

◎：完全に分かってきた
○：だいたい分かってきた
△：少し分かってきた
×：全く分からなかった

> **ここがポイント**
> 賃料増減請求について訴えを提起しようとするときは、
> まず調停の申立てをしなければなりません。

**ア　不適切**　建物の借賃が、土地若しくは建物に対する租税その他の負担の増減により、土地若しくは建物の価格の上昇若しくは低下その他の経済事情の変動により、又は近傍同種の建物の借賃に比較して不相当となったときは、契約の条件にかかわらず、当事者は、将来に向かって建物の借賃の額の増減を請求することができる（借地借家法 32 条 1 項本文）。したがって、賃料増減請求は、客観的に賃料が不相当となった時に遡って効力を生ずるものではない。

**イ　適切**　賃貸借契約において、将来の賃料は当事者が協議して定める旨の約定がされた場合でも、この特約は、できる限り訴訟によらずに当事者双方の意向を反映した結論に達することを目的としたにとどまり、当事者が賃料増減の意思表示前にあらかじめ協議を経ず、また、意思表示後の協議が当事者相互の事情により進まないため更にその協議を尽くさなかったからといって、賃料増減の意思表示が無効となるものではない（最判昭 56.4.20 参照）。

**ウ　不適切**　賃借人が賃貸人に対して賃料減額請求をし、建物の借賃の減額について当事者間に協議が調わないときは、その請求を受けた者は、減額を正当とする裁判が確定するまでは、相当と認める額の建物の借賃の支払を請求することができる（借地借家法 32 条 3 項本文）。この「請求を受けた者」とは、賃貸人である。したがって、賃貸人が従前の賃料を相当と認める額とするときには、賃貸人はその賃料を請求することができる。

**エ　適切**　建物の借賃の額の増減の請求に関する事件について訴えを提起しようとする者は、まず調停の申立てをしなければならない（民事調停法 24 条の 2 第 1 項、借地借家法 32 条）。

以上より、適切なものはイエであり、本問の正解肢は ❸ となる。

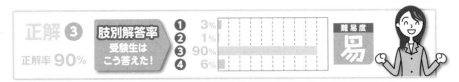

正解 ❸　正解率 90%

**肢別解答率** 受験生はこう答えた！
- ❶　3%
- ❷　1%
- ❸　90%
- ❹　6%

難易度　易

# 定期建物賃貸借

問題
49

賃貸借契約に関する次の記述のうち、誤っているものはどれか。

❶ 定期建物賃貸借契約の契約期間が満了する前に、貸主と借主が合意すれば、契約を更新することができる。

❷ 一時使用のために建物の賃貸借をしたことが明らかな場合には、借地借家法の適用はない。

❸ 法令又は契約により一定の期間を経過した後に建物を取り壊すべきことが明らかな場合において、建物の賃貸借をするときは、建物を取り壊すこととなる時に賃貸借が終了する旨を定めることができる。

❹ 終身建物賃貸借契約は、公正証書等の書面で行うことが必要であり、賃貸借契約は借主が死亡したときに終了する。

全問◎を
目指そう！

| | 1回目 | 2回目 | 3回目 |
|---|---|---|---|
| 学習日 | / | / | / |
| 手応え | | | |

◎：完全に分かってきた
○：だいたい分かってきた
△：少し分かってきた
×：全く分からなかった

特殊なケースを集めた問題です。
結論だけ覚えましょう。

**❶　誤**　期間の定めのある建物の賃貸借をする場合においては、公正証書による等書面によって契約をするときに限り、契約の更新がないこととする旨を定めることができる（借地借家法38条1項）。この定めをした場合、当事者の合意によっても更新することはできない。

**❷　正**　一時使用のために建物の賃貸借をしたことが明らかな場合には、借地借家法の借家の章の規定の適用はない（借地借家法40条）。一時使用の場合には、保護する必要がないからである。なお、一時使用の具体例としては、住宅の建替えをするような場合に、工事期間中だけ仮の住居としてマンション等を借りるような場合である。

**❸　正**　法令または契約により一定の期間を経過した後に建物を取り壊すべきことが明らかな場合において、建物の賃貸借をするときは、建物を取り壊すこととなる時に賃貸借が終了する旨を定めることができる（借地借家法39条1項）。このような制度を認めないと取り壊し予定のある建物を貸す人はいなくなり、社会的にも不都合だからである。

**❹　正**　自ら居住するため住宅を必要とする高齢者（60歳以上の者であって、賃借人となる者以外に同居する者がないもの又は同居する者が配偶者若しくは60歳以上の親族（配偶者を除く）であるものに限る）又は当該高齢者と同居するその配偶者を賃借人とし、当該賃借人の終身にわたって住宅を賃貸する事業を行おうとする者（以下「終身賃貸事業者」という）は、当該事業について都道府県知事（機構又は都道府県が終身賃貸事業者である場合にあっては、国土交通大臣）の認可を受けた場合においては、公正証書による等書面によって契約をするときに限り、当該事業に係る建物の賃貸借（1戸の賃貸住宅の賃借人が2人以上であるときは、それぞれの賃借人に係る建物の賃貸借）について、賃借人が死亡した時に終了する旨を定めることができる（高齢者居住法52条）。

 正解 **❶**

正解率 —

 肢別解答率
受験生は
こう答えた！

❶ —
❷ —
❸ —
❹ —

 データなし

 難易度
—

# 定期建物賃貸借

 問題 50　定期建物賃貸借契約に関する次の記述のうち、適切なものの組合せはどれか。

ア　定期建物賃貸借契約の事前説明において「更新がなく、期間の満了により契約が終了する」旨を記載した書面を交付して口頭で説明したとしても、賃貸借契約書に「更新がなく、期間の満了により契約が終了する」旨の記載がなければ、更新がない定期建物賃貸借契約として有効に成立しない。

イ　定期建物賃貸借契約は、書面によって締結すれば有効であり、必ずしも公正証書によって締結する必要はない。

ウ　契約期間を 1 年とする定期建物賃貸借契約においては、借地借家法第 38 条第 4 項に基づく終了通知は必要とされない。

エ　定期建物賃貸借契約の保証人は、定期建物賃貸借契約が期間満了後に再契約された場合、引き続き、保証債務を負担する旨を口頭で承諾したときは、再契約後の債務について保証債務を負う。

❶　ア、イ
❷　ア、ウ
❸　イ、ウ
❹　ウ、エ

全問◎を
目指そう！

| | 1 回目 | 2 回目 | 3 回目 | ◎：完全に分かってきた |
|---|---|---|---|---|
| 学習日 | ／ | ／ | ／ | ○：だいたい分かってきた |
| 手応え | | | | △：少し分かってきた |
| | | | | ×：全く分からなかった |

## 定期建物賃貸借契約の特徴を確認しましょう。

**ア** 適切 定期建物賃貸借契約とは、期間の定めのある建物の賃貸借であって、契約の更新がないこととする旨の定めがあるものをいう。ここで、期間の定めがある建物の賃貸借をする場合においては、公正証書による等書面によって契約をするときに限り、契約の更新がないこととする旨を定めることができるにとどまる（借地借家法38条1項前段）。したがって、賃貸借契約書に「更新がなく、期間の満了により契約が終了する」旨の記載がなければ、契約の更新がないこととする旨を定めることはできず、更新がない定期建物賃貸借契約として有効に成立しない。

**イ** 適切 期間の定めがある建物の賃貸借をする場合においては、公正証書による等書面によって契約をするときに限り、契約の更新がないこととする旨を定めることができる（借地借家法38条1項前段）。公正証書は例示的な記載であり、必ずしも公正証書で締結することまでは要しないが、書面により締結することは必要である。

**ウ** 不適切 定期建物賃貸借契約において、期間が1年以上である場合には、賃貸人は、期間満了の1年前から6月前までの間に、賃借人に対し、期間満了により賃貸借が終了する旨の通知をする必要があり、この通知がない場合、定期建物賃貸借契約の終了を賃借人に対抗することができない（借地借家法38条6項）。

**エ** 不適切 再契約は新たな契約であるため、再契約後の賃貸借において賃借人の債務を保証人の保証の対象とするためには、再契約後の賃貸借の賃借人の債務を保証する保証契約を締結する必要がある。再契約後の賃貸借の賃借人の債務を保証する保証契約も、書面をもって行わなければならない（民法446条2項参照）。

以上より、適切なものはアイであり、本問の正解肢は❶となる。

正解 ❶　正解率 68%

肢別解答率　受験生はこう答えた！

❶ 68%
❷ 6%
❸ 26%
❹ 1%

難易度 普

重要度 **A** # 定期建物賃貸借

問題 **51** 定期建物賃貸借契約に関する次の記述のうち、正しいものの組合せはどれか。

**ア** 定期建物賃貸借契約の事前説明は、「更新がなく、期間の満了により契約が終了する」旨を口頭で説明すれば足り、別途、書面を交付する必要はない。

**イ** 定期建物賃貸借契約書に「契約の締結に先立って説明を受けた」旨の記載がない場合には、事前説明書を交付して説明を行っていたとしても、定期建物賃貸借契約としての効力を有しない。

**ウ** 契約期間を1年未満とする定期建物賃貸借契約も有効である。

**エ** 賃貸借の媒介業者が宅地建物取引業法による重要事項説明書に基づき、「更新がなく、期間の満了により契約が終了する」旨の説明を行ったので、貸主による事前説明を省略した場合、定期建物賃貸借契約としての効力を有しない。

**❶** ア、イ
**❷** ア、エ
**❸** イ、ウ
**❹** ウ、エ

全問◎を
目指そう！

|  | 1回目 | 2回目 | 3回目 |
|---|---|---|---|
| 学習日 | ／ | ／ | ／ |
| 手応え |  |  |  |

◎：完全に分かってきた
○：だいたい分かってきた
△：少し分かってきた
×：全く分からなかった

重要事項説明とは別に、定期建物賃貸借契約の
事前説明が必要です。

**ア** 誤　定期建物賃貸借契約を締結しようとするときは、賃貸人は、あらかじめ、賃貸不動産の賃借人に対し、更新がなく、期間の満了により建物賃貸借契約が終了することについて、その旨を記載した書面を交付して説明をしなければならない（借地借家法38条3項）。

**イ** 誤　定期建物賃貸借契約を締結しようとするときは、賃貸人は、あらかじめ、事前説明書を交付して説明を行う必要がある。そして、定期建物賃貸借契約は、公正証書等の書面により契約をしなければならず、またその契約書には、契約の更新がないこととする旨の更新拒否条項が一義的に明示されていなければならない。しかし、当該契約書に、事前説明を受けた旨の記載は必要とされていない。

**ウ** 正　定期建物賃貸借契約においては、1年未満の契約も有効である（借地借家法38条1項後段、29条1項）。

**エ** 正　賃貸借の媒介業者が仲介者の立場で宅地建物取引業法35条に定める重要事項説明を行っても、定期建物賃貸借契約の事前説明を行ったことにはならない。

　以上より、正しいものはウエであり、本問の正解肢は❹となる。

正解 ❹
正解率 62%

肢別解答率
受験生は
こう答えた！

| ❶ | 1% |
| ❷ | 1% |
| ❸ | 36% |
| ❹ | 62% |

難易度　普

# 定期建物賃貸借

2019年度
問13出題

**問題 52** 定期建物賃貸借契約と普通建物賃貸借契約との異同に関する次の記述のうち、正しいものはいくつあるか。

**ア** 定期建物賃貸借契約も普通建物賃貸借契約も書面により締結しなければ、有効な契約とならない。

**イ** 契約期間が1年未満の場合、定期建物賃貸借契約も普通建物賃貸借契約も、いずれも期間の定めのない賃貸借契約となる。

**ウ** 定期建物賃貸借契約では、一定の期間、賃料を減額しない旨の特約（不減額特約）は有効であるが、普通建物賃貸借契約ではこのような特約は無効である。

**エ** 借主からする中途解約を認める特約は、定期建物賃貸借契約でも普通建物賃貸借契約でも有効である。

**❶** 1つ
**❷** 2つ
**❸** 3つ
**❹** 4つ

全問◎を
目指そう！

| | 1回目 | 2回目 | 3回目 |
|---|---|---|---|
| 学習日 | ／ | ／ | ／ |
| 手応え | | | |

◎：完全に分かってきた
○：だいたい分かってきた
△：少し分かってきた
×：全く分からなかった

普通建物賃貸借と定期建物賃貸借の異同を
確認しておきましょう。

**ア** 誤　期間の定めがある建物の賃貸借をする場合においては、公正証書による等書面によって契約をするときに限り、契約の更新がないこととする旨を定めることができる（借地借家法 38 条 1 項本文）。他方、普通建物賃貸借は、当事者の一方（賃貸人）がある物の使用及び収益を相手方にさせることを約し、相手方（賃借人）がこれに対してその賃料を支払うこと及び引渡しを受けた物を契約が終了したときに返還することを約することによって、その効力を生ずる（民法 601 条）。したがって、普通建物賃貸借契約は、口頭でも締結することができる。

**イ** 誤　契約期間が 1 年未満の場合、定期建物賃貸借契約は、期間の定めのない賃貸借契約とならないのに対し（借地借家法 38 条 1 項後段）、普通建物賃貸借契約は、期間の定めのない契約とみなされる（同法 29 条 1 項）。

**ウ** 正　賃料の増減について、定期建物賃貸借契約は、特約がある場合、不増額特約と不減額特約のいずれも有効であって、その特約の効力が認められる（借地借家法 38 条 9 項）。他方、普通建物賃貸借契約は、不増額特約は有効であるが、不減額特約は無効である（同法 32 条 1 項）。

**エ** 正　定期建物賃貸借契約は、居住の用に供する建物の賃貸借でその建物の床面積が 200㎡未満であり、賃借人にやむを得ない事情がある場合、契約期間中の中途解約を認めている（借地借家法 38 条 7 項）。これ以外の場合については、中途解約に関する特約があればその定めに従う。また、普通建物賃貸借契約は、中途解約特約がある場合には、その定めに従う。

以上より、正しいものはウエの 2 つであり、本問の正解肢は②となる。

正解② 正解率 59%
肢別解答率 受験生はこう答えた！ ❶ 38% ❷ 59% ❸ 3% ❹ 0%
難易度 普

## 定期建物賃貸借

**問題 53** 定期建物賃貸借契約に関する次の記述のうち、正しいものはどれか。

❶ 借主が死亡したときに契約が終了する旨の定めは、有効である。

❷ 契約期間が 1 年未満の定期建物賃貸借契約は、無効である。

❸ 平成 12 年 3 月 1 日より前に締結された居住用建物の賃貸借契約については、契約当事者がこれを合意解約して、新たに定期建物賃貸借契約を締結することは認められていない。

❹ 床面積 300 ㎡未満の居住用建物については、借主が転勤、療養、親族の介護等やむを得ない事情により、建物を生活の本拠として使用することが困難となった場合には、中途解約特約がなくとも、借主は中途解約を申入れることができる。

全問◎を
目指そう！

| | 1 回目 | 2 回目 | 3 回目 |
|---|---|---|---|
| 学習日 | / | / | / |
| 手応え | | | |

◎：完全に分かってきた
○：だいたい分かってきた
△：少し分かってきた
×：全く分からなかった

ここがポイント

居住用の定期建物賃貸借の場合に中途解約の
申入れができるときについて確認しておきましょう。

❶ 誤　定期建物賃貸借では、必ず存続期間を定めていなければならず（借地借家法
38条1項前段）、また、この期間は確定したものでなければならない。したがっ
て、「借主が死亡したときに契約が終了する旨の定め」の賃貸借契約は、不確定
期限付きの賃貸借契約であり、定期建物賃貸借契約とはなりえないものと解さ
れている。

❷ 誤　普通建物賃貸借において、期間を1年未満とする建物の賃貸借は、期間の定
めがない建物の賃貸借とみなされる（借地借家法29条1項）。しかし、定期
建物賃貸借においては、当該規定は適用されない（同法38条1項後段）。そ
のため、契約期間が1年未満のものであっても、それを期間とする定期建物
賃貸借契約を締結することができる。したがって、このような定期建物賃貸借
契約も、有効である。

❸ 正　平成12年3月1日前に締結された居住用建物の普通建物賃貸借契約につい
ては、賃貸人と賃借人が合意しても、これを終了させ、新たに定期建物賃貸借
契約を締結することは認められない（借地借家法改正附則（平成11年12月
15日法律153号）3条）。

❹ 誤　居住の用に供する建物の定期建物賃貸借（床面積（建物の一部分を賃貸借の
目的とする場合にあっては、当該一部分の床面積）が200㎡未満の建物に係
るものに限る）において、転勤、療養、親族の介護その他のやむを得ない事情
により、建物の賃借人が建物を自己の生活の本拠として使用することが困難と
なったときは、建物の賃借人は、建物の賃貸借の解約の申入れをすることがで
きる（借地借家法38条7項前段）。

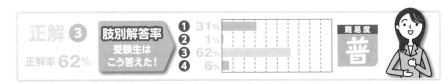

正解 ❸　　肢別解答率　受験生はこう答えた！

| | |
|---|---|
| ❶ | 31% |
| ❷ | 1% |
| ❸ | 62% |
| ❹ | 6% |

正解率 62%

難易度 普

# 定期建物賃貸借

**問題 54** 定期建物賃貸借契約に関する次の記述のうち、正しいものはどれか。

**❶** 中途解約特約のある定期建物賃貸借契約において、貸主は契約期間中であっても、正当事由を具備することなく契約を解約することができる。

**❷** 定期建物賃貸借契約書は、同契約を締結する際に義務付けられる事前説明の書面を兼ねることができる。

**❸** 賃貸借の媒介業者が宅地建物取引業法第35条に定める重要事項説明を行う場合、定期建物賃貸借契約であることの事前説明の書面は不要である。

**❹** 定期建物賃貸借契約において、賃料減額請求権を行使しない旨の特約は有効である。

全問◎を
目指そう！

| | 1回目 | 2回目 | 3回目 |
|---|---|---|---|
| 学習日 | / | / | / |
| 手応え | | | |

◎：完全に分かってきた
○：だいたい分かってきた
△：少し分かってきた
✕：全く分からなかった

定期建物賃貸借契約を締結するには、
契約書とともに別個独立の事前説明書面が必要になります。

**❶** 誤　定期建物賃貸借契約は、期間の定めのある建物賃貸借であって契約の更新がないこととする旨を定めるものである（借地借家法38条1項）。定期建物賃貸借では、賃貸人に中途解約権の留保を認める旨の特約が有効であるとする見解でも、正当事由を要するとするものがある。

**❷** 誤　定期建物賃貸借契約をしようとするときは、建物の賃貸人は、あらかじめ、建物の賃借人に対し、建物の賃貸借は契約の更新がなく、期間の満了により当該建物の賃貸借は終了することについて、その旨を記載した書面を交付して説明（事前説明）しなければならない（借地借家法38条3項）。この事前説明の書面は、賃借人が、その契約に係る賃貸借は契約の更新がなく、期間の満了により終了すると認識しているか否かにかかわらず、契約書とは別個独立の書面であることを要する（最判平24.9.13）。したがって、定期建物賃貸借契約書は、同契約を締結する際に義務づけられる事前説明の書面を兼ねることができない。

**❸** 誤　肢2の解説で述べた通り、定期建物賃貸借契約をしようとするときは、書面を交付して事前説明をしなければならない。このとき、賃貸借の媒介業者が宅地建物取引業法35条に定める重要事項説明を行っても、それだけでは当該事前説明を行ったことにはならない。したがって、この場合にも、事前説明の書面の交付は必要である。

**❹** 正　定期建物賃貸借契約において、借賃の改定に係る特約がある場合には、借賃の増減額請求の規定は適用されない（借地借家法38条9項）。これにより、定期建物賃貸借では、不増額特約と不減額特約のいずれも有効であり、その効力が認められる。したがって、賃料減額請求権を行使しない旨の特約は有効である。

正解 ❹
正解率 96%

肢別解答率
受験生は
こう答えた！

❶ 1%
❷ 2%
❸ 1%
❹ 96%

難易度 易

# 定期建物賃貸借

重要度 A

**問題 55**　定期建物賃貸借契約に関する次の記述のうち、誤っているものはいくつあるか。

**ア**　貸主が死亡したときに賃貸借契約が終了する旨の特約は、有効である。

**イ**　期間50年を超える定期建物賃貸借契約は、有効である。

**ウ**　定期建物賃貸借契約に特約を設けることで、借主の賃料減額請求権を排除することが可能である。

**エ**　契約期間の定めを契約書に明記すれば、更新がなく期間満了により当該建物の賃貸借が終了する旨（更新否定条項）を明記したと認められる。

**❶**　なし
**❷**　1つ
**❸**　2つ
**❹**　3つ

全問◎を
目指そう！

| | 1回目 | 2回目 | 3回目 | ◎：完全に分かってきた |
|---|---|---|---|---|
| 学習日 | / | / | / | ○：だいたい分かってきた |
| 手応え | | | | △：少し分かってきた |
| | | | | ×：全く分からなかった |

ここがポイント

### 民法の規定と借地借家法の規定を比較して覚えましょう。

**ア** 誤　定期建物賃貸借の期間は確定したものでなければならない。「貸主が死亡したときに契約が終了する旨の特約」の付された賃貸借契約は、不確定期限付きの賃貸借契約であり、定期建物賃貸借契約とはなりえないものと解される。

**イ** 正　賃貸借の存続期間は、50年を超えることができない（民法604条1項前段）。しかし、この規定は、建物の賃貸借については、適用されない（借地借家法29条2項）。定期建物賃貸借とは、期間の定めのある建物の賃貸借であって、借地借家法の規定に基づき契約の更新がないこととする旨の定めをしたものをいう（同法38条1項）から、定期建物賃貸借に民法604条は適用されず、したがって、期間50年を超える定期建物賃貸借契約は、有効である。

**ウ** 正　定期建物賃貸借契約において、借賃の改定に係る特約がある場合には、借賃の増減額請求の規定は適用されない（借地借家法38条9項）。つまり、定期建物賃貸借では、不増額特約と不減額特約のいずれも有効であり、特約がある場合、借賃の増減額請求はその特約による。したがって、定期建物賃貸借契約に特約を設けることで、借主の賃料減額請求権を排除することが可能である。

**エ** 誤　契約の更新がなく期間の満了により契約が終了する旨の条項は、定期建物賃貸借の要素であるから、書面において、一義的に明示しなければならない。したがって、契約期間の定めを契約書に明記しただけでは、更新否定条項を明記したとは認められない。

以上より、誤っているものはアエの2つであり、本問の正解肢は❸となる。

正解 ❸
正解率 65%

肢別解答率
受験生は
こう答えた！

❶ 2%
❷ 12%
❸ 65%
❹ 21%

難易度　普

# 定期建物賃貸借

重要度 B

2022年度
問26出題

問題56 高齢者の居住の安定確保に関する法律（以下、本問において「高齢者住まい法」という。）に基づく建物賃貸借契約（以下、本問において「終身建物賃貸借契約」という。）に関する次の記述のうち、誤っているものはどれか。

❶ 終身建物賃貸借契約は、借主の死亡に至るまで存続し、かつ、借主が死亡したときに終了するが、これは特約により排除することも可能である。

❷ 終身建物賃貸借契約を締結する場合、公正証書によるなど書面によって行わなければならない。

❸ 終身建物賃貸借契約の対象となる賃貸住宅は、高齢者住まい法が定めるバリアフリー化の基準を満たす必要がある。

❹ 終身建物賃貸借契約では、賃料増額請求権及び賃料減額請求権のいずれも排除することができる。

全問◎を
目指そう！

| | 1回目 | 2回目 | 3回目 |
|---|---|---|---|
| 学習日 | / | / | / |
| 手応え | | | |

◎：完全に分かってきた
○：だいたい分かってきた
△：少し分かってきた
×：全く分からなかった

**ここがポイント**

## 終身建物賃貸借契約の特徴を確認しましょう。

**❶ 誤** 　終身建物賃貸借契約とは、賃貸住宅において、公正証書による等書面によって契約をする建物の賃貸借であって賃借人の死亡に至るまで存続し、かつ、賃借人が死亡した時に終了するものをいう（高齢者の居住の安定確保に関する法律54条2号）。賃借人の死亡に至るまで存続し、かつ、賃借人が死亡した時に終了することは、終身建物賃貸借契約の要素であり、これを特約により排除することはできない。

**❷ 正** 　肢1の解説で述べた通り、終身建物賃貸借契約を締結する場合、公正証書による等書面によって行わなければならない。

**❸ 正** 　終身建物賃貸借契約の対象となる賃貸住宅は、高齢者の居住の安定確保に関する法律が定めるバリアフリー化の基準を満たす必要がある（高齢者の居住の安定確保に関する法律54条1号）。

**❹ 正** 　終身建物賃貸借契約において、借賃の改定に係る特約がある場合には、借地借家法上の借賃の増減額請求の規定は適用されない（高齢者の居住の安定確保に関する法律63条）。つまり、終身建物賃貸借契約では、不増額特約と不減額特約のいずれも有効であり、特約がある場合、借賃の増減額請求はその特約による。したがって、終身建物賃貸借契約では、借賃の改定に係る特約により、賃料増額請求権及び賃料減額請求権のいずれも排除することができる。

正解 ❶ 　正解率 61%

肢別解答率 受験生はこう答えた！

❶ 61%
❷ 3%
❸ 12%
❹ 24%

難易度 普

# 定期建物賃貸借

2023 年度
問 24 出題

**問題 57** 定期建物賃貸借契約に関する次の記述のうち、正しいものはいくつあるか。

**ア** 定期建物賃貸借契約は、書面のほか、電磁的記録により締結することができる。

**イ** 定期建物賃貸借契約における事前説明（賃貸借に契約の更新がなく、期間の満了により当該建物の賃貸借が終了する旨の説明）は、賃借人の承諾がなくとも、電磁的方法により提供することができる。

**ウ** 契約期間が3か月の定期建物賃貸借契約の場合、賃貸人は契約終了の事前通知をせずとも、同契約の終了を賃借人に対抗できる。

**エ** 賃貸人は、平成5年に締結された居住目的の建物賃貸借契約に関し、令和5年4月1日、賃借人の同意を得られれば、同契約を合意解除し、改めて定期建物賃貸借契約を締結することができる。

**❶** 1つ

**❷** 2つ

**❸** 3つ

**❹** 4つ

全問◎を
目指そう！

|  | 1回目 | 2回目 | 3回目 |
|---|---|---|---|
| 学習日 | ／ | ／ | ／ |
| 手応え |  |  |  |

◎：完全に分かってきた
○：だいたい分かってきた
△：少し分かってきた
×：全く分からなかった

**ここがポイント**

定期建物賃貸借契約は、書面又は電磁的記録により
締結することができます。

**ア　正**　定期建物賃貸借契約は、公正証書による等書面によって締結しなければならない（借地借家法 38 条 1 項）。また、定期建物賃貸借契約がその内容を記録した電磁的記録によってされたときは、その契約は、書面によってされたものとみなされる（同条 2 項）。したがって、定期建物賃貸借契約は、書面のほか、電磁的記録により締結することができる。

**イ　誤**　定期建物賃貸借をしようとするときは、建物の賃貸人は、あらかじめ、建物の賃借人に対し、建物の賃貸借は契約の更新がなく、期間の満了により当該建物の賃貸借は終了することについて、その旨を記載した書面を交付して説明しなければならない（借地借家法 38 条 3 項）。もっとも、建物の賃貸人は、当該書面の交付に代えて、政令で定めるところにより、建物の賃借人の承諾を得て、当該書面に記載すべき事項を電磁的方法により提供することができる（同条 4 項前段）。したがって、賃借人の承諾がなければ、当該書面の交付に代えて、電磁的方法により提供することができない。

**ウ　正**　定期建物賃貸借において、期間が 1 年以上である場合には、建物の賃貸人は、原則として、期間の満了の 1 年前から 6 月前までの間に建物の賃借人に対し期間の満了により建物の賃貸借が終了する旨の通知をしなければ、その終了を建物の賃借人に対抗することができない（借地借家法 38 条 6 項）。したがって、契約期間が 3 か月の定期建物賃貸借の場合、賃貸人は契約終了の事前通知をせずとも、同契約の終了を賃借人に対抗することができる。

**エ　誤**　定期建物賃貸借に関する条項の施行前（平成 12 年 3 月 1 日の前）にされた居住の用に供する建物の賃貸借の当事者が、その賃貸借を合意により終了させ、引き続き新たに同一の建物を目的とする賃貸借をする場合には、当分の間、借地借家法改正後（平成 12 年 3 月 1 日施行）の定期建物賃貸借の規定は、適用されない（良質な賃貸住宅等の供給の促進に関する特別措置法附則 3 条）。したがって、平成 5 年（改正借地借家法の施行前）に締結された居住目的の建物賃貸借契約に関し、同契約を合意解除し、改めて定期建物賃貸借契約を締結することはできない。

以上より、正しいものはア、ウの 2 つであり、本問の正解肢は ② となる。

- ❶ 25%
- ❷ 60%
- ❸ 14%
- ❹ 1%

定期建物賃貸借

## 重要度 B　賃貸住宅標準契約書

2015年度
問15出題

**問題 58** 賃貸住宅標準契約書に関する次の記述のうち、最も適切なものはどれか。

❶　賃貸住宅標準契約書では、更新料の授受に関する条項が設けられている。

❷　賃貸住宅標準契約書では、敷引及び保証金に関する条項が設けられている。

❸　賃貸住宅標準契約書では、貸主、借主いずれについても、契約期間中に中途解約できる旨の特約（解約権留保の特約）を定めている。

❹　賃貸住宅標準契約書では、天災、火災その他貸主、借主いずれの責めに帰することができない事由により、賃貸借の目的物である物件が滅失した場合、賃貸借契約は当然に終了する旨が定められている。

全問◎を
目指そう！

| | 1回目 | 2回目 | 3回目 |
|---|---|---|---|
| 学習日 | ／ | ／ | ／ |
| 手応え | | | |

◎：完全に分かってきた
○：だいたい分かってきた
△：少し分かってきた
×：全く分からなかった

ここがポイント

賃貸住宅標準契約書に定められている
内容を確認しておきましょう。

❶ **不適切** 更新料の授受について、賃貸住宅標準契約書においては、定められていない。必要であれば、その旨の規定を追加して対応することになる。

❷ **不適切** 敷金以外の一時金（敷引及び保証金）の授受について、賃貸住宅標準契約書においては、規定は設けていない。必要であれば、その旨の規定を追加して対応することになる。

❸ **不適切** 借主は貸主に対して少なくとも30日前に解約の申入れを行うことにより、賃貸借契約を解約することができる（標準契約書11条1項）。一方、貸主からの解約は認められていない。

❹ **適 切** 賃貸借契約は、賃貸借の目的物である物件の全部が滅失その他の事由により使用できなくなった場合には、これによって終了する（標準契約書13条）。

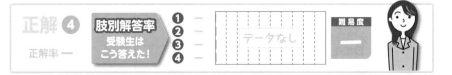

**正解 ❹**

正解率 —

**肢別解答率**
受験生は
こう答えた！

❶ —
❷ —
❸ —
❹ —

データなし

難易度
—

重要度　A　**賃貸住宅標準契約書**　2021年度　問23出題

問題 59　賃貸住宅標準契約書（国土交通省住宅局平成30年3月公表）に関する次の記述のうち、正しいものはどれか。

❶　賃貸住宅標準契約書では、建物賃貸借の目的を「住居」と「事務所」に限定している。

❷　賃貸住宅標準契約書では、更新料の支払に関する定めはない。

❸　賃貸住宅標準契約書では、賃料は、建物の使用対価のみを指し、敷地の使用対価は含まないものとされている。

❹　賃貸住宅標準契約書では、共用部分にかかる水道光熱費等の維持管理費用は、貸主が負担するものとされている。

全問◎を目指そう！

| | 1回目 | 2回目 | 3回目 |
|---|---|---|---|
| 学習日 | ／ | ／ | ／ |
| 手応え | | | |

◎：完全に分かってきた
○：だいたい分かってきた
△：少し分かってきた
×：全く分からなかった

賃貸住宅標準契約書に記載があるものとないものをおさえましょう。

❶ **誤** 借主は、居住のみを目的として賃貸借の目的物を使用しなければならない（標準契約書3条）。したがって、賃貸住宅標準契約書では、建物賃貸借の目的を「事務所」としていない。

❷ **正** 賃貸住宅標準契約書では、更新に関する定めはあるが（標準契約書2条2項）、更新料の支払に関する定めはない。

❸ **誤** 建物賃貸借契約における賃料（標準契約書4条）は、建物及び敷地の使用の対価として、借主から貸主に対して支払われる金銭その他のものをいう。これは、賃貸借の目的物は建物であるが、借主は建物の使用に必要な範囲で建物の敷地を利用できる権利も有すると考えられることから、賃料には、建物自体の使用の対価のほか、その敷地の使用の対価も含まれるからである。したがって、敷地の使用対価は含まれる。

❹ **誤** 借主は、階段、廊下等の共用部分の維持管理に必要な光熱費、上下水道使用料、清掃費等（維持管理費）に充てるため、共益費を貸主に支払う（標準契約書5条1項）。

賃貸住宅標準契約書

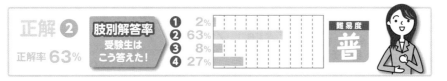

正解 ❷
正解率 63%

肢別解答率
受験生はこう答えた！

❶ 2%
❷ 63%
❸ 8%
❹ 27%

難易度 普

重要度 **A** ## 抵当権付建物の賃貸借

2016年度
問15出題

問題 60 賃貸不動産の所有権移転と賃貸借契約上の地位の移転に関する次の記述のうち、最も適切なものはどれか。

**❶** 貸主が、自己の所有建物を借主に賃貸して引き渡した後、第三者に当該建物を売却し、所有権移転登記を完了した場合には、特段の事情がない限り、貸主の地位もこれに伴って第三者に移転し、敷金に関する権利義務も第三者に承継される。

**❷** 建物について抵当権が設定され、その登記がされた後に、賃貸借契約が締結された場合、当該抵当権が実行され、買受人に当該建物の所有権が移転したときは、貸主の地位は当然に買受人に移転する。

**❸** 建物について抵当権設定登記がされる前に賃貸借契約が締結され、借主が当該建物の引渡しを受けた場合、その後に設定された抵当権が実行され、買受人に当該建物の所有権が移転したときは、借主は建物を明け渡さなければならないが、買受けから6ヵ月間は明け渡しを猶予される。

**❹** 担保権の登記がされていない建物について賃貸借契約が締結され、借主が当該建物の引渡しを受けた後に、当該建物が貸主の債権者によって差し押えられ、競売された場合には、借主は建物を直ちに明け渡さなければならない。

全問◎を
目指そう！

| | 1回目 | 2回目 | 3回目 | ◎：完全に分かってきた |
|---|---|---|---|---|
| 学習日 | ／ | ／ | ／ | ○：だいたい分かってきた |
| 手応え | | | | △：少し分かってきた |
| | | | | ×：全く分からなかった |

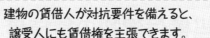

**ここがポイント**

建物の賃借人が対抗要件を備えると、
譲受人にも賃借権を主張できます。

❶ **適切** 賃貸借の対抗要件を備えた場合において、その不動産が譲渡されたとき
は、その不動産の賃貸人たる地位は、その譲受人に移転する（民法605条の2
第1項）。これにより、賃貸人たる地位が譲受人又はその承継人に移転したと
きは、敷金の返還に係る債務は、譲受人又はその承継人が承継する（同条4項）。
本肢の賃借人は、建物の引渡しを受けており、当該建物を譲り受けた第三者に
対して賃借権を対抗することができる（借地借家法31条）から、賃貸人の地位
は第三者に移転し、敷金に関する権利義務も第三者に承継される。

❷ **不適切** 抵当権が実行された場合の賃借人と新所有者（買受人）との優劣は、抵
当権設定登記と賃借権の対抗力取得との先後による。本肢の場合、抵当権設定
登記の後に、賃貸借契約が締結されているので、買受人が優先され、賃借人は、
買受人に賃借権を対抗することはできない。したがって、買受人は、賃借権の
負担のない建物を取得することができるので、貸主の地位は当然には買受人に
移転しない。

❸ **不適切** 抵当権が実行された場合の賃借人と新所有者（買受人）との優劣は、抵
当権設定登記と賃借権の対抗力取得との先後による。本肢では、抵当権設定登
記の前に賃借人が建物の引渡しを受けているため、賃借人は新所有者（買受人）
に対抗できるため、建物を明け渡す必要はない。

❹ **不適切** 建物の賃貸借は、その登記がなくても、建物の引渡しがあったときは、
その後その建物について物権を取得した者に対し、その効力を生ずる（借地借
家法31条）。したがって、競売により取得した者に対しても、対抗することが
できる。

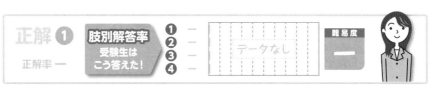

正解 ❶

正解率 ―

**肢別解答率**
受験生は
こう答えた！

❶ ―
❷ ―
❸ ―
❹ ―

データなし

難易度
―

# 抵当権付建物の賃貸借

重要度 A

2017年度
問14 出題

問題
61

敷金の承継に関する次の記述のうち、最も不適切なものはどれか。

**❶** 貸主が、建物を借主に引き渡した後、第三者に当該建物を売却し、所有権移転登記を完了した場合、特段の事情がない限り、敷金に関する権利義務は当然に第三者に承継される。

**❷** 建物について抵当権が設定され、その登記がされた後に、当該建物についての賃貸借契約が締結された場合、抵当権が実行され、買受人に建物の所有権が移転すると、敷金に関する権利義務も当然に買受人に承継される。

**❸** 貸主が、建物を借主に引き渡した後、当該建物に抵当権が設定され、抵当権が実行された結果、買受人に当該建物の所有権が移転したときは、敷金に関する権利義務は当然に買受人に承継される。

**❹** 貸主が、建物を借主に引き渡した後、貸主の債権者が当該建物を差し押えたことにより、建物が競売された結果、買受人に当該建物の所有権が移転したときは、敷金に関する権利義務は当然に買受人に承継される。

全問◎を
目指そう！

| | 1回目 | 2回目 | 3回目 |
|---|---|---|---|
| 学習日 | / | / | / |
| 手応え | | | |

◎：完全に分かってきた
○：だいたい分かってきた
△：少し分かってきた
×：全く分からなかった

ここがポイント

**すべての肢に「当然」が書かれています。**
**ここは正誤の判断に影響しません。**

❶ **適 切**　賃貸借の対抗要件を備えた場合において、その不動産が譲渡されたときは、その不動産の賃貸人たる地位は、その譲受人に移転する（民法605条の2第1項）。これにより、賃貸人たる地位が譲受人又はその承継人に移転したときは、敷金の返還に係る債務は、譲受人又はその承継人が承継する（同条4項）。本肢の賃借人は、建物の引渡しを受けており、当該建物を譲り受けた第三者に対して賃借権を対抗することができる（借地借家法31条）から、賃貸人の地位は第三者に移転し、敷金に関する権利義務も第三者に承継される。

❷ **不適切**　賃借権と抵当権の優劣は、賃借権の対抗要件を備えた時期と抵当権設定登記がなされた時期の前後によって決する。本肢では、建物について抵当権が設定され、その登記がされた後に、当該建物についての賃貸借契約が締結されている。そのため、当該賃借人は、当該建物の買受人（新所有者）に対抗することができない。したがって、敷金に関する権利義務は買受人に承継されない。

❸ **適 切**　賃借権と抵当権の優劣は、賃借権の対抗要件を備えた時期と抵当権設定登記がなされた時期の前後によって決する。本肢では、建物を賃借人に引き渡した後、当該建物の抵当権が設定されている。そのため、当該賃借人は、当該建物の買受人（新所有者）に対し、賃借権を対抗することができる。したがって、敷金に関する権利義務は当然に買受人に承継される。

❹ **適 切**　賃借権と差押えの優劣は、賃借権の対抗要件を備えた時期と差押えがなされた時期の前後によって決する。本肢では、建物を賃借人に引き渡した後、当該建物の差押えがされている。そのため、当該賃借人は、当該建物の買受人（新所有者）に対し、賃借権を対抗することができる。したがって、敷金に関する権利義務は当然に買受人に承継される。

正解 ❷

正解率 **50%**

肢別解答率
受験生は
こう答えた！

| | |
|---|---|
| ❶ | 4% |
| ❷ | 50% |
| ❸ | 18% |
| ❹ | 28% |

難易度 **普**

# 抵当権付建物の賃貸借

**問題 62** 抵当権が設定されている建物の抵当権が実行された場合の、建物賃貸借に関する次の記述のうち、誤っているものはいくつあるか。

**ア**　競売で買受人が建物を競落した場合、抵当権の実行前に賃貸借契約が締結され引渡しを受けていれば、賃借人は買受人に賃借権を対抗することができる。

**イ**　競売で建物を競落した買受人に賃借権を対抗できる場合、賃借人は、買受けの時から6か月を経過するまでは、建物の明渡しを猶予される。

**ウ**　競落した建物に、買受人に賃借権を対抗できない建物使用者がある場合、買受人は、建物使用者に対して、買受けの時より後に建物の使用をしたことの対価を請求できる。

① なし
② 1つ
③ 2つ
④ 3つ

全問◎を
目指そう！

|  | 1回目 | 2回目 | 3回目 |
|---|---|---|---|
| 学習日 | ／ | ／ | ／ |
| 手応え |  |  |  |

◎：完全に分かってきた
○：だいたい分かってきた
△：少し分かってきた
×：全く分からなかった

ここがポイント
**賃借権と抵当権の優劣は対抗要件具備の
先後によって決まります。**

**ア** 誤　抵当権が設定された場合、その旨を登記することができる。抵当権を設定した後に、債務者が被担保債権を弁済しない場合、抵当権者は、抵当権を実行して、優先弁済を受けることができる。すなわち、抵当権の設定登記をすることと、抵当権を実行することとは、異なる。ここで、抵当権が実行された場合の賃借人と新所有者（買受人）との優劣は、抵当権設定登記と賃借権の対抗力取得との先後によって決まる。したがって、賃借した建物の引渡しが抵当権設定登記の後であれば、たとえ抵当権の実行前にその引渡しを受けていたときでも、賃借人は買受人に賃借権を対抗することができない。

**イ** 誤　肢アの解説で述べた通り、賃借人が賃借権を買受人に対抗することができる場合には、賃借人は競売により建物を明け渡す必要はない。

**ウ** 正　抵当権者に対抗することができない賃貸借により、競売手続の開始前から抵当権の目的である建物の使用又は収益をする者（抵当建物使用者）は、その建物の競売における買受人の買受けの時から 6 カ月を経過するまでは、その建物を買受人に引き渡すことを要しない（民法 395 条 1 項）。もっとも、この場合でも、買受人は、抵当建物使用者に対して、買受人の買受けの時より後に建物の使用をしたことの対価を請求することができる（同条 2 項）。

以上より、誤っているものは**アイ**の 2 つであり、本問の正解肢は❸となる。

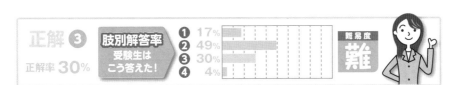

正解 ❸
正解率 30%

肢別解答率
受験生は
こう答えた！

❶ 17%
❷ 49%
❸ 30%
❹ 4%

難易度
難

重要度 **A** ## 抵当権付建物の賃貸借

問題
**63**

Aは賃貸住宅（以下、「甲住宅」という。）を所有し、各部屋を賃貸に供しているところ、令和2年、X銀行から融資を受けてこの建物を全面的にリフォームした。甲住宅には融資の担保のためX銀行の抵当権が設定された。Bは抵当権の設定登記前から甲住宅の一室を賃借して居住しており、CとDは抵当権の設定登記後に賃借して居住している。この事案に関する次の記述のうち、誤っているものはいくつあるか。なお、各記述は独立しており、相互に関係しないものとする。

**ア**　賃借権の対抗要件は、賃借権の登記のみである。

**イ**　Bが死亡し相続が開始した場合、相続の開始が抵当権の設定登記より後であるときは、相続人はX銀行の同意を得なければ、賃借権を同銀行に対抗することができない。

**ウ**　AがX銀行に弁済することができず、同銀行が甲住宅の競売を申し立てた場合、Cの賃借権は差押えに優先するため、賃借権をX銀行に対抗することができる。

**エ**　AがX銀行に弁済することができず、同銀行が甲住宅の競売を申し立てEがこれを買い受けた場合、Eは、競売開始決定前に甲住宅の部屋を賃借し使用収益を開始したDに対し敷金返還義務を負わない。

**❶** 1つ　　**❷** 2つ　　**❸** 3つ　　**❹** 4つ

全問◎を
目指そう！

| | 1回目 | 2回目 | 3回目 |
|---|---|---|---|
| 学習日 | ／ | ／ | ／ |
| 手応え | | | |

◎：完全に分かってきた
○：だいたい分かってきた
△：少し分かってきた
×：全く分からなかった

ここがポイント

登場人物が多く時系列が複雑な事例問題は、
相関図やメモを書いて整理しながら解きましょう。

**ア** 誤　不動産の賃貸借は、これを登記したときは、その不動産について物権を取得した者その他の第三者に対抗することができる（民法605条）。また、建物の賃貸借は、その登記がなくても、建物の引渡しがあったときは、その後その建物について物権を取得した者に対し、その効力を生ずる（借地借家法31条）。したがって、賃借権の対抗要件は、賃借権の登記のほか、建物の引渡しがある。

**イ** 誤　Bは、X銀行の抵当権の設定登記前から甲住宅の一室を賃借して引渡しを受け、その一室で居住している。そのため、肢アの解説で述べた通り、Bは、X銀行に対して、甲住宅の一室の賃借権を対抗することができる。そして、Bの相続人は、Bの死亡によりその賃借権を相続し（民法896条本文）、その賃借権を対抗することができる。したがって、Bの相続の開始が抵当権の設定登記より後であっても、Bの相続人はX銀行の同意を得ることなく、賃借権を同銀行に対抗することができる。

**ウ** 誤　CはX銀行の抵当権の設定登記後に、甲住宅の一室を賃借して引渡しを受け、その一室で居住している。そのため、肢アの解説で述べた通り、Cは、X銀行に対して、甲住宅の一室の賃借権を対抗することができない。したがって、X銀行が甲住宅の競売を申し立てた場合、Cの賃借権は差押えに劣後するため、賃借権をX銀行に対抗することができない。

**エ** 正　不動産の譲渡により賃貸人たる地位が譲受人又はその承継人に移転したときは、敷金の返還に係る債務は、譲受人又はその承継人が承継する（民法605条の2第4項）。ここで、DはX銀行の抵当権の設定登記後に、甲住宅の一室を賃借して引渡しを受け、その一室で居住しており、肢アの解説で述べた通り、Dは、X銀行に対して、甲住宅の一室の賃借権を対抗することができない。そのため、甲住宅を買い受けたEは賃借権の負担のない甲住宅を取得しており、その賃貸人たる地位はEに移転しない（同条1項参照）。したがって、Eは、Dに対し敷金返還義務を負わない。

以上より、誤っているものはアイウの3つであり、本問の正解肢は❸となる。

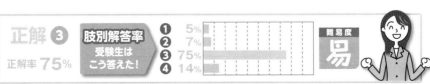

正解 ❸

正解率 75%

**肢別解答率**
受験生は
こう答えた！

① 5%
② 7%
③ 75%
④ 14%

難易度　易

## 重要度 B　破産との関係

**問題 64**　破産と賃貸借に関する次の記述のうち、誤っているものはどれか。

**❶** 借主につき破産手続の開始が決定され、破産管財人が選任されると、貸主が賃料の支払を催告する相手方は、破産管財人となる。

**❷** 借主につき破産手続の開始が決定され、破産管財人が選任された場合、破産管財人は、賃貸借契約を解除することができる。

**❸** 借主につき破産手続の開始が決定されたことは、民法上は、貸主が賃貸借契約を解除する理由にならない。

**❹** 貸主につき破産手続の開始が決定され、破産管財人が選任されると、借主は預け入れている敷金の額まで賃料の支払いを拒むことができる。

全問◎を
目指そう！

|  | 1回目 | 2回目 | 3回目 |
|---|---|---|---|
| 学習日 | / | / | / |
| 手応え |  |  |  |

◎：完全に分かってきた
○：だいたい分かってきた
△：少し分かってきた
×：全く分からなかった

**破産と賃貸借については、この問題を確認しておきましょう。**

**❶** 正 破産手続開始の決定があった場合には、破産財団に属する財産の管理及び処分をする権利は、裁判所が選任した破産管財人に専属する（破産法78条1項）。したがって、賃借人の破産管財人が、賃料関係の権利義務の主体となり、賃料を支払い、賃貸人との関係における催告・解除などの通知の相手方となる。

**❷** 正 双務契約（当事者双方が義務を負う契約）について、破産者及びその相手方が破産手続開始決定の時において、共にまだその履行を完了していないときは、破産管財人は、契約の解除をし、又は破産者の債務を履行して相手方の債務の履行を請求することができる（破産法53条1項）。賃貸借契約も双務契約であり、将来の債務は双方未履行であるから、賃借人が破産した場合、破産管財人は、賃貸借契約の解除又は履行を請求することができる。

**❸** 正 賃借人の破産手続開始決定は、解除事由や解約申入れの理由とはならない。

**❹** 誤 敷金の返還請求権を有する者（賃借人）が破産者（賃貸人）に対する賃料債務を弁済する場合、その債権額の限度において弁済額の寄託を請求することができる（破産法70条後段）。したがって、敷金の額まで賃料の支払いを拒むことができるのではない。

正解 ❹

正解率 70%

**肢別解答率**
受験生は
こう答えた！

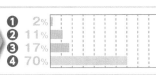

| ❶ | 2% |
| ❷ | 11% |
| ❸ | 17% |
| ❹ | 70% |

難易度

普

# 賃貸借と使用貸借

重要度 A

2019年度
問15出題

**問題 65** 建物賃貸借契約と建物使用貸借契約の異同に関する次の記述のうち、誤っているものはどれか。（改題）

**❶** 使用貸借契約と賃貸借契約は、いずれも建物の引渡しは契約成立の要件とされていない。

**❷** 使用貸借契約は賃貸借契約と異なり、借地借家法の適用がない。

**❸** 使用貸借契約の使用借主も賃貸借契約の賃借人も、使用貸主及び賃貸人に対して、賃料を支払う必要がある。

**❹** 使用貸借契約は賃貸借契約と異なり、期間満了による契約終了に当たり、賃貸借契約の終了時に必要とされる正当事由を要しない。

全問◎を
目指そう！

|  | 1回目 | 2回目 | 3回目 |
|---|---|---|---|
| 学習日 | / | / | / |
| 手応え |  |  |  |

◎：完全に分かってきた
○：だいたい分かってきた
△：少し分かってきた
×：全く分からなかった

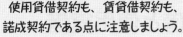

ここがポイント

使用貸借契約も、賃貸借契約も、
諾成契約である点に注意しましょう。

❶ 正　使用貸借は、当事者の一方がある物を引き渡すことを約し、相手方がその受け取った物について無償で使用及び収益をして契約が終了したときに返還することを約することによって、その効力を生ずる（民法 593 条）。また、賃貸借は、当事者の一方がある物の使用及び収益を相手方にさせることを約し、相手方がこれに対してその賃料を支払うこと及び引渡しを受けた物を契約が終了したときに返還することを約することによって、その効力を生ずる（同法 601 条）。したがって、使用貸借契約も賃貸借契約も、当事者の意思表示が合致することにより成立し、建物の引渡しは契約成立の要件とされていない。

❷ 正　借地借家法は、建物の所有を目的とする地上権及び土地の賃借権並びに建物の賃借権を適用対象としており（借地借家法 1 条参照）、使用貸借契約には、借地借家法が適用されない。

❸ 誤　使用貸借契約は、無償で物を使用する契約であり、賃貸借契約は、有償で（賃料を支払って）物を使用する契約である。

❹ 正　建物の賃貸借では、期間満了に際して賃貸人が更新を拒絶するには、正当事由がなければならないのに対し（借地借家法 28 条）、建物の使用貸借は、定められた契約期間が満了すれば契約が終了するため（民法 597 条 1 項）、正当事由がなくても契約は終了する。

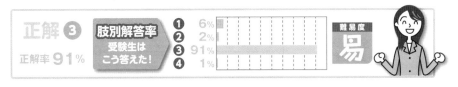

正解 ❸　正解率 91%

肢別解答率　受験生はこう答えた！

❶ 6%
❷ 2%
❸ 91%
❹ 1%

難易度　易

# 賃貸借と使用貸借

**問題 66** 令和4年5月1日に締結された建物賃貸借契約と建物使用貸借契約に関する次の記述のうち、正しいものはいくつあるか。

**ア** 建物賃貸借契約の期間が満了した場合、同契約が法定更新されることはあるが、建物使用貸借契約の期間が満了しても、同契約が法定更新されることはない。

**イ** 建物賃貸借では建物の引渡しが契約の成立要件となるが、建物使用貸借は合意のみで契約が成立する。

**ウ** 期間10年の建物賃貸借契約は有効だが、期間10年の建物使用貸借契約は無効である。

**エ** 契約に特段の定めがない場合、建物賃貸借契約における必要費は貸主が負担し、建物使用貸借契約における必要費は借主が負担する。

**❶** 1つ
**❷** 2つ
**❸** 3つ
**❹** 4つ

全問◎を
目指そう！

| | 1回目 | 2回目 | 3回目 |
|---|---|---|---|
| 学習日 | / | / | / |
| 手応え | | | |

◎：完全に分かってきた
○：だいたい分かってきた
△：少し分かってきた
×：全く分からなかった

ここがポイント

**賃貸借契約と使用貸借契約を比較して違う点を覚えましょう。**

**ア** 正 建物賃貸借契約には、法定更新の規定がある（借地借家法 26 条 1 項、2 項）。他方、建物使用貸借契約には、法定更新の規定はない。

**イ** 誤 建物賃貸借も建物使用貸借も、いずれも合意のみで契約が成立する（民法 601 条、593 条）。

**ウ** 誤 建物賃貸借契約は、その存続期間に制限はない（借地借家法 29 条 2 項）。したがって、期間 10 年の建物賃貸借契約は有効である。他方、建物使用貸借契約に存続期間の制限はない（同法 597 条参照）。したがって、期間 10 年の建物使用貸借契約も有効である。

**エ** 正 賃借人は、賃借物について賃貸人の負担に属する必要費を支出したときは、賃貸人に対し、直ちにその償還を請求することができる（民法 608 条 1 項）。そのため、建物賃貸借契約における必要費は、賃貸人が負担する。他方、建物使用貸借契約における通常の必要費は、借主が負担する（同法 595 条 1 項）。

　以上より、正しいものはアエの 2 つであり、本問の正解肢は ❷ となる。

正解 ❷
正解率 61%

**肢別解答率**
受験生は
こう答えた！

❶ 29%
❷ 61%
❸ 9%
❹ 1%

難易度 普

賃貸借と使用貸借

重要度 **A** 保証

問題 **67**　賃貸借契約の保証に関する次の記述のうち、最も適切なものはどれか。

**❶**　保証人は、更新後の賃貸借から生ずる借主の債務については、別途、保証契約を更新しない限り、保証債務を負わない。

**❷**　連帯保証人は、貸主から保証債務の履行を求められたときに、まず借主に催告すべき旨を請求することができない。

**❸**　貸主が賃貸物件を第三者に譲渡した場合、保証契約は当然に終了し、保証人は新貸主との間で保証債務を負わない。

**❹**　賃料債務の保証人の場合は、書面を作成しなくても効力が生じる。

全問◎を
目指そう！

|  | 1回目 | 2回目 | 3回目 |
|---|---|---|---|
| 学習日 | / | / | / |
| 手応え |  |  |  |

◎：完全に分かってきた
○：だいたい分かってきた
△：少し分かってきた
×：全く分からなかった

**ここがポイント**

## 肢1の知識もここで覚えておきましょう。

**❶** **不適切** 期間の定めのある賃貸借において、賃借人のために保証人が賃貸人との間で保証契約を締結した場合には、反対の趣旨をうかがわせるような特段の事情がない限り、保証人は更新後の賃貸借から生じる賃借人の債務についても保証の責任を負う（最判平9.11.13）。したがって、保証人は、保証契約の更新などがなくても、更新後の債務に関する責任がある。

**❷** **適 切** 連帯保証人には、保証債務の履行を求められたときに、保証人が賃貸人に対して、「まず賃借人に対して履行せよ」と主張する権利がない（民法454条、452条）。

**❸** **不適切** 主たる債務の債権者に変更が生じた場合、保証債務も主たる債務に随伴して新債権者に移転する。これを随伴性といい、賃貸人が賃貸物件を第三者に譲渡した場合でも、保証人は新賃貸人との間で保証債務を負う。

**❹** **不適切** 保証契約は書面でしなければ、その効力を生じない（民法446条2項）。賃料債務の保証についても、書面が必要である。

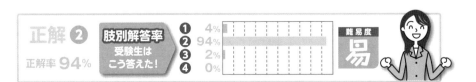

**正解 ❷**

正解率 **94%**

**肢別解答率**
受験生は
こう答えた！

| | |
|---|---|
| ❶ | 4% |
| ❷ | 94% |
| ❸ | 2% |
| ❹ | 0% |

**難易度**
**易**

# 重要度 A　保証

問題
68

賃貸借契約の保証に関する次の記述のうち、正しいものの組合せはどれか。

**ア**　連帯保証においては、附従性が否定されるため、連帯保証人は、借主が負担する債務よりも重い保証債務を負担する。

**イ**　保証人は、賃貸物件の明渡義務を直接負うわけではないので、借主が賃貸借契約の解除後に明渡しを遅滞したことによって生じた賃料相当損害金については保証債務を負わない。

**ウ**　賃貸借契約の更新の際、特段の事情のない限り、保証人は更新後の保証債務を負う。

**エ**　法人が保証人となる場合であっても、書面によらない保証契約は無効である。

❶　ア、イ
❷　ア、エ
❸　イ、ウ
❹　ウ、エ

全問◎を
目指そう！

| | 1回目 | 2回目 | 3回目 |
|---|---|---|---|
| 学習日 | ／ | ／ | ／ |
| 手応え | | | |

◎：完全に分かってきた
○：だいたい分かってきた
△：少し分かってきた
×：全く分からなかった

**ここがポイント**

## 保証人は、主たる債務者が負う債務を肩代わりします。

**ア 誤** 保証人の負担が債務の目的又は態様において主たる債務より重いときは、これを主たる債務の限度に減縮する（民法448条1項）。したがって、賃貸借の連帯保証人が負担する保証債務が借主が負担する債務よりも重いときは、借主が負担する債務の限度に減縮され、賃借人が負担する債務よりも重い保証債務を負担しない。

**イ 誤** 保証人は、賃貸借契約解除による原状回復義務及び明渡遅延期間の賃料相当額の遅延賠償を支払う義務がある。

**ウ 正** 契約更新後、保証契約の継続に反対の趣旨をうかがわせるような特段の事情がない限り、賃貸借の保証人は合意による更新後の賃貸借から生ずる賃借人の債務についても責めを負う（最判平9.11.13）。

**エ 正** 軽率に保証契約を締結することを防ぐため、保証契約は書面でなされなければ効力を生じない（民法446条2項）。この規定は、法人が保証人となる場合でも、同様である。

以上より、正しいものはウエであり、本問の正解肢は④となる。

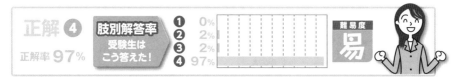

正解 ④　正解率97%

**肢別解答率** 受験生はこう答えた！

① 0%
② 2%
③ 2%
④ 97%

難易度 易

# 重要度 A 保証

**問題 69** 賃貸借契約における保証に関する次の記述のうち、正しいものの組合せはどれか。

**ア** 賃貸人の地位が移転した場合は、保証人は、新賃貸人に対しては保証債務を負わない。

**イ** 賃借人の債務を連帯保証している保証人は、賃借人が賃料を支払うだけの資力があるにもかかわらず滞納している場合、保証債務の履行を拒否することができる。

**ウ** 保証人は、賃借人の委託を受けて賃貸借契約上の賃借人の一切の債務を保証している場合、賃借人が賃料を滞納しているかどうかについて賃貸人に情報提供を求めることができる。

**エ** 個人が新たに締結される賃貸借契約の保証人となる場合、連帯保証であるか否かにかかわらず、極度額を定めなければ保証契約は効力を生じない。

❶ ア、イ
❷ イ、ウ
❸ ウ、エ
❹ ア、エ

全問◎を
目指そう！

| | 1回目 | 2回目 | 3回目 |
|---|---|---|---|
| 学習日 | ／ | ／ | ／ |
| 手応え | | | |

◎：完全に分かってきた
○：だいたい分かってきた
△：少し分かってきた
×：全く分からなかった

ここがポイント

事例形式の出題に備えて、
図を書いて問題を解くようにしましょう。

**ア** 誤 　主たる債務者に対する債権が移転した場合、保証債務履行請求権もともに新債権者に移転する（随伴性）。したがって、賃借人の保証人は、新賃貸人に対して保証債務を負うこととなる。

**イ** 誤 　債権者が保証人に債務の履行を請求したときは、保証人は、まず主たる債務者に催告をすべき旨を請求することができる（催告の抗弁権　民法452条）。また、債権者が主たる債務者に催告をした後であっても、保証人が主たる債務者に弁済をする資力があり、かつ、執行が容易であることを証明したときは、債権者は、まず主たる債務者の財産について執行をしなければならない（検索の抗弁権　同法453条）。しかし、連帯保証人は、これらの抗弁権を有しない（同法454条）。したがって、賃借人の債務を連帯保証している保証人は、保証債務の履行を拒否することができない。

**ウ** 正 　保証人が主たる債務者の委託を受けて保証をした場合、保証人の請求があったときは、債権者は、保証人に対し、遅滞なく、主たる債務の元本及び主たる債務に関する利息、違約金、損害賠償その他その債務に従たる全てのものについての不履行の有無並びにこれらの残額及びそのうち弁済期が到来しているものの額に関する情報を提供しなければならない（民法458条の2）。したがって、賃借人の委託を受けて賃借人の一切の債務を保証している保証人は、賃借人が賃料を滞納しているかどうかについて賃貸人に情報提供を求めることができる。

**エ** 正 　個人根保証契約は、極度額を定めなければ、その効力を生じない（民法465条の2第2項）。ここで、個人根保証契約とは、一定の範囲に属する不特定の債務を主たる債務とする保証契約であって保証人が法人でないものをいう（同条1項）。賃貸借契約における保証は、通常は、賃料債務その他の賃貸借に基づいて生ずる賃借人の賃貸人に対する不特定の債務を主たる債務とする保証であるから、個人が保証人となる場合には、個人根保証契約にあたり、極度額を定めなければ保証契約は効力を生じない。

　以上より、正しいものはウエであり、本問の正解肢は③となる。

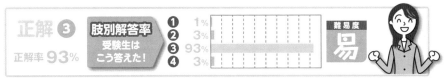

正解 ❸

正解率 93%

肢別解答率
受験生は
こう答えた！

❶ 1%
❷ 3%
❸ 93%
❹ 3%

難易度 易

# 保証

重要度 B

問題
70

Aを貸主、Bを借主とする建物賃貸借においてCを連帯保証人とする保証契約に関する次の記述のうち、誤っているものの組合せはどれか。ただし、それぞれの選択肢に記載のない事実はないものとする。

**ア** Bが賃料の支払を怠ったので、AがCに対して保証債務履行請求権を行使した場合、Cは、Bには弁済する資力があり、かつその執行が容易である旨を証明すれば、AがBの財産について執行を行わない間は保証債務の履行を免れる。

**イ** Aの賃料債権を被担保債権とする抵当権がD所有の甲不動産に設定されていた場合、Dの負う責任は甲不動産の範囲に限られるところ、Cの負う責任はCの全財産に及ぶ。

**ウ** Cが自然人ではなく法人の場合は、極度額を書面で定めなくてもよい。

**エ** Bの賃借人の地位がAの承諾の下、第三者に移転した場合、Cが引き続き連帯保証債務を負担することを「保証の随伴性」という。

**❶** ア、イ
**❷** イ、ウ
**❸** ウ、エ
**❹** ア、エ

全問◎を
目指そう！

| | 1回目 | 2回目 | 3回目 |
|---|---|---|---|
| 学習日 | / | / | / |
| 手応え | | | |

◎：完全に分かってきた
○：だいたい分かってきた
△：少し分かってきた
×：全く分からなかった

**ここがポイント**

**連帯保証人には催告の抗弁権・検索の抗弁権はありません。**

**ア　誤**　　債権者が保証人に債務の履行を請求したときは、保証人は、まず主たる債務者に催告をすべき旨を請求することができる（催告の抗弁権　民法452条）。また、債権者が主たる債務者に催告をした後であっても、保証人が主たる債務者に弁済をする資力があり、かつ、執行が容易であることを証明したときは、債権者は、まず主たる債務者の財産について執行をしなければならない（検索の抗弁権　同法453条）。しかし、連帯保証人は、これらの抗弁権を有しない（同法454条）。したがって、Ｃは、検索の抗弁権を有しないため、Ｂには弁済する資力があり、かつその執行が容易である旨を証明しても、保証債務の履行を免れない。

**イ　正**　　抵当権者は、債務者又は第三者が占有を移転しないで債務の担保に供した不動産について、他の債権者に先立って自己の債権の弁済を受ける権利を有する（民法369条）。したがって、Ｄの負う責任は抵当権が設定された甲不動産の範囲に限られる。他方、保証人は、主たる債務者がその債務を履行しないときに、その履行をする責任を負う（民法446条1項）。保証人の負う責任は特定の財産の範囲に限定されておらず、保証人は総財産を債権の引当てとする。したがって、Ｃの負う責任はＣの全財産に及ぶ。

**ウ　正**　　個人根保証契約は、書面又は電磁的方法により、極度額を定めなければ、その効力を生じない（民法465条の2第2項、3項、446条2項、3項）。ここで、個人根保証契約とは、一定の範囲に属する不特定の債務を主たる債務とする保証契約であって保証人が法人でないものをいう（同法465条の2第1項）。したがって、Ｃが法人である場合には、本問の保証契約は、個人根保証契約に当たらず、極度額を定めなくてもよい。

**エ　誤**　　「保証の随伴性」とは、主たる債務の債権者に変更が生じた場合、保証債務履行請求権も債権者の変更に伴って新債権者に移転することをいう。本肢は、主たる債務者に変更があった場合における保証債務について述べたものであるから、保証の随伴性について述べたものではない。

以上より、誤っているものはアエであり、本問の正解肢は④となる。

 **肢別解答率** 受験生はこう答えた！
正解 ④　正解率 48%

| | |
|---|---|
| ❶ | 45% |
| ❷ | 4% |
| ❸ | 3% |
| ❹ | 48% |

難易度 **難**

# 保証

重要度 A

> 問題
> 71
>
> Aを貸主、Bを借主として令和4年5月1日に締結された期間1年の建物賃貸借契約において、CはBから委託を受けてAと連帯保証契約を同日締結した。この事案に関する次の記述のうち、正しいものの組合せはどれか。

**ア**　AB間の建物賃貸借契約が法定更新されると、AC間の保証契約も法定更新される。

**イ**　Aは極度額の記載のない連帯保証契約書を持参してCと面会し、口頭で極度額について合意した上、Cの署名押印を得た。この場合も連帯保証契約は効力を生じる。

**ウ**　Cが、Aに対して、Bの賃料その他の債務について、不履行の有無、利息、違約金、損害賠償などの額について情報提供を求めた場合、Aは個人情報保護を理由に情報提供を拒むことはできない。

**エ**　Bが死亡すると、連帯保証契約の元本は確定する。

**❶**　ア、イ

**❷**　イ、ウ

**❸**　ウ、エ

**❹**　ア、エ

全問◎を
目指そう！

| | 1回目 | 2回目 | 3回目 |
|---|---|---|---|
| 学習日 | / | / | / |
| 手応え | | | |

◎：完全に分かってきた
○：だいたい分かってきた
△：少し分かってきた
×：全く分からなかった

**ここがポイント** 個人が保証人として根保証契約を締結する場合には極度額を定めなければなりません。

第1編 賃貸借関係

保証

**ア** 誤 保証契約には、法定更新は存在しない。したがって、ＡＣ間の保証契約が法定更新されるということはない。

**イ** 誤 個人根保証契約は、極度額を定めなければ、その効力を生じない（民法465条の2第2項）。そして、極度額の定めは、書面又は電磁的記録によらなければならない（同条3項、446条2項、3項）。したがって、口頭で極度額について合意しても、連帯保証契約は効力を生じない。

**ウ** 正 保証人が主たる債務者の委託を受けて保証をした場合において、保証人の請求があったときは、債権者は、保証人に対し、遅滞なく、主たる債務の元本及び主たる債務に関する利息、違約金、損害賠償その他その債務に従たる全てのものについての不履行の有無並びにこれらの残額及びそのうち弁済期が到来しているものの額に関する情報を提供しなければならない（民法458条の2）。Ｃは、Ｂから委託を受けてＡと連帯保証契約を締結している。したがって、Ａは個人情報保護を理由に情報提供を拒むことはできない。

**エ** 正 主たる債務者又は保証人が死亡したときは、個人根保証契約における主たる債務の元本は確定する（民法465条の4第1項3号）。したがって、主たる債務者であるＢが死亡すると、連帯保証契約の元本は確定する。

以上より、正しいものの組合せはウエであり、本問の正解肢は❸となる。

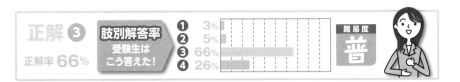

正解 ❸ 正解率 66%　肢別解答率 受験生はこう答えた！ ❶ 3% ❷ 5% ❸ 66% ❹ 26%　難易度 普

# 請負

2022年度
問5出題

**問題 72** 賃貸住宅管理業者であるAが、賃貸人であるBとの管理受託契約に基づき、管理業務として建物の全体に及ぶ大規模な修繕をしたときに関する次の記述のうち、誤っているものはどれか。

❶ 引き渡された建物が契約の内容に適合しないものであるとして、Aに対して報酬の減額を請求したBは、当該契約不適合に関してAに対し損害賠償を請求することができない。

❷ 引き渡された建物が契約の内容に適合しないものである場合、Bがその不適合を知った時から1年以内にその旨をAに通知しないと、Bは、その不適合を理由として、Aに対し担保責任を追及することができない。

❸ 引き渡された建物が契約の内容に適合しないものである場合、Bは、Aに対し、目的物の修補を請求することができる。

❹ Aに対する修繕の報酬の支払とBに対する建物の引渡しとは、同時履行の関係にあるのが原則である。

全問◎を
目指そう！

| | 1回目 | 2回目 | 3回目 |
|---|---|---|---|
| 学習日 | / | / | / |
| 手応え | | | |

◎：完全に分かってきた
○：だいたい分かってきた
△：少し分かってきた
×：全く分からなかった

**ここがポイント** 引き渡された目的物が契約の内容に適合しないものであるときは、請負人は担保責任を負います。

**❶** 誤　建物の全体に及ぶ大規模な修繕は、請負契約によるものである（民法632条）。この請負契約では、請負人が種類、品質又は数量に関して契約の内容に適合しない仕事の目的物を注文者に引き渡したときは、注文者が相当の期間を定めて履行の追完の催告をし、その期間内に履行の追完がないときは、注文者は、その不適合の程度に応じて報酬の減額を請求することができる（民法559条、563条1項）。また、この場合でも、損害賠償の請求をすることができる（同法559条、564条）。したがって、Bは、報酬の減額を請求しても、契約不適合に関してAに対し損害賠償を請求することもできる。

**❷** 正　請負人が種類又は品質に関して契約の内容に適合しない仕事の目的物を注文者に引き渡した場合において、注文者がその不適合を知った時から1年以内にその旨を請負人に通知しないときは、注文者は、その不適合を理由として、請負人に担保責任を追及することができない（民法637条1項）。したがって、Bは、その不適合を知った時から1年以内にその旨をAに通知しないと、その不適合を理由として、Aに対し担保責任を追及することができない。

**❸** 正　引き渡された仕事の目的物が種類、品質又は数量に関して契約の内容に適合しないものであるときは、注文者は、請負人に対し、目的物の修補、代替物の引渡し又は不足分の引渡しによる履行の追完を請求することができる（民法559条、562条1項本文）。したがって、Bは、Aに対し、目的物の修補を請求することができる。

**❹** 正　報酬は、仕事の目的物の引渡しと同時に、支払わなければならない（民法633条本文）。したがって、Aに対する修繕の報酬の支払とBに対する建物の引渡しとは、同時履行の関係にあるのが原則である。

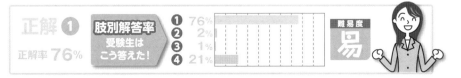

正解 ❶　正解率 76%　肢別解答率 受験生はこう答えた！　❶ 76% ❷ 2% ❸ 1% ❹ 21%　難易度 易

重要度 Ⓐ

# 委任

2015 年度
問 9 出題

**問題 73**
管理受託契約に関する次の記述のうち、正しいものはどれか。

❶ 管理業者の共用部分に対する管理懈怠により、賃貸物件を訪問した第三者が共用廊下において転倒して怪我をした場合、管理業者はこの第三者に対して、管理受託契約の違反に基づく損害賠償義務を負う。

❷ 管理業者が破産手続開始の決定を受けた場合、管理受託契約は終了する。

❸ 委託者が後見開始の審判を受けた場合、管理受託契約は終了する。

❹ 管理受託契約において、管理業者の負う善管注意義務を加重する旨の特約は無効である。

全問◎を
目指そう！

| | 1回目 | 2回目 | 3回目 |
|---|---|---|---|
| 学習日 | / | / | / |
| 手応え | | | |

◎：完全に分かってきた
○：だいたい分かってきた
△：少し分かってきた
×：全く分からなかった

ここがポイント

## 管理受託契約は委任契約（準委任）です。

❶ 誤　管理受託契約は、賃貸人と管理業者との契約である。管理業者が管理懈怠により管理受託契約の違反に基づく損害賠償義務を負うのは、契約当事者である賃貸人に対してである。したがって、管理業者は、その契約の当事者となっていない第三者に損害が生じたとしても、管理受託契約の違反に基づく損害賠償義務を負うことはない。

❷ 正　委任契約は、委任者又は受任者が破産手続開始の決定を受けたことにより終了する（民法653条2号）。したがって、受任者である管理業者が破産手続開始の決定を受けた場合、管理受託契約は終了する。

❸ 誤　委任契約は、受任者が後見開始の審判を受けた場合も終了する（民法653条3号）。しかし、委任者が後見開始の審判を受けた場合には、管理受託契約は終了しない。

❹ 誤　受任者は、委任の本旨に従い、善良な管理者の注意をもって、委任事務を処理する義務を負う（民法644条）。この規定は任意規定であり、管理業者の負う善管注意義務を加重する旨の特約は有効である。

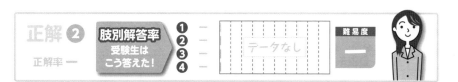

正解 ❷

正解率 ー

肢別解答率 受験生はこう答えた！

❶ ー
❷ ー
❸ ー
❹ ー

データなし

難易度 ー

重要度 **A** **委任**

2018年度
問8出題

問題 **74** 賃貸不動産の管理受託契約に関する次の記述のうち、適切なものはどれか。

❶　賃料等の受領に係る事務を目的とする管理受託契約においては、履行期に関する特約がない場合、受託業務の履行と報酬の支払とが同時履行の関係にある。

❷　委託者が死亡した場合、管理受託契約に特約がなくとも、相続人が管理受託契約の委託者となり、管理受託契約は終了しない。

❸　受託者たる管理業者は、委託者の承諾を得ずとも、必要があれば管理業務を再委託することができる。

❹　管理受託契約は、請負と異なり、仕事の完成は目的となっていない。

全問◎を
目指そう！

| | 1回目 | 2回目 | 3回目 |
|---|---|---|---|
| 学習日 | / | / | / |
| 手応え | | | |

◎：完全に分かってきた
○：だいたい分かってきた
△：少し分かってきた
×：全く分からなかった

管理受託契約は仕事の完成を目的としていません。

**①** 不適切　委任の報酬は、委任事務を履行した後でなければ請求することができないのが原則である（民法648条2項）。したがって、受託業務の履行が完了する前には、弁済期が到来していないため、同時履行の関係にならない。

**②** 不適切　委任契約は、委託者もしくは受託者の死亡または委託者もしくは受託者が破産手続開始の決定を受けたことにより終了する。また、受託者が後見開始の審判を受けた場合も終了する（民法653条）。

**③** 不適切　受託者は、委託者の許諾を得たとき、またはやむを得ない事由があるときでなければ、復受託者を選任することができない（民法644条の2第1項）。したがって、必要があったとしてもやむを得ない事由がなければ、再委託をすることはできない。

**④** 適切　請負は、仕事の完成を目的としているが（民法632条）、委任は仕事の完成ではなく、法律行為をすること（または事実行為をすること）を委託している点で異なる（委託されたことの完成が契約の内容になっているわけではない）（同法643条）。

正解 ④　正解率 68%

肢別解答率　受験生はこう答えた！
① 7%
② 18%
③ 6%
④ 68%

難易度 普

## 重要度 A 委任

問題
75

賃貸住宅管理業者であるAと賃貸人Bとの間の管理受託契約における、家賃等の金銭管理を行う業務についての次の記述のうち、最も適切なものはどれか。

❶ AはBの指揮命令に従い金銭管理を行う必要がある。

❷ Aは金銭管理を行う際、自らの財産を管理するのと同程度の注意をもって行う必要がある。

❸ Aが自己の財産と区別して管理しているBの金銭に利息が生じた際、この利息を除いた額をBに引き渡すことができる。

❹ Aは、Bの承諾があれば、金銭管理を行う業務を第三者に再委託することができる。

| | 1回目 | 2回目 | 3回目 |
|---|---|---|---|
| 学習日 | / | / | / |
| 手応え | | | |

全問◎を
目指そう！

◎：完全に分かってきた
○：だいたい分かってきた
△：少し分かってきた
×：全く分からなかった

> **管理受託契約は委任（準委任）関係ですので、委任の規定が適用されます。**

賃貸住宅管理業者は、賃貸人から資産を預かりその資産の管理を代行する立場にあるが、その基本的法律関係は委任ないし準委任契約関係である。法律行為でない事務の委託（準委任）には、委任の規定が準用される（民法656条）。したがって、管理受託契約には、委任の規定が適用ないし準用される。

❶ **不適切**　委任では、雇用とは異なり、受任者は独立した立場で委任事務を処理する。したがって、AはBの指揮命令に従い金銭管理を行う必要はない。

❷ **不適切**　受任者は、委任の本旨に従い、善良な管理者の注意をもって、委任事務を処理する義務を負う（民法644条）。したがって、Aは、自らの財産を管理するのと同程度の注意をもって行うだけでは足りない。

❸ **不適切**　受任者は、委任事務を処理するに当たって受け取った金銭その他の物を委任者に引き渡さなければならず、果実を収受した場合も同様である（民法646条1項）。賃貸住宅管理では、集金した賃料を賃貸人に引き渡す義務がこれに該当する。Aは、金銭管理を行うに当たってBの金銭を受け取った場合、これをBに引き渡さなければならない。また、集金した賃料から利息が発生した場合、利息は果実にあたるため、利息の引渡しも必要である。したがって、Aは、金銭に生じた利息も、Bに引き渡さなければならない。

❹ **適切**　受任者は、委任者の許諾を得たとき、又はやむを得ない事由があるときでなければ、復受任者を選任することができない（民法644条の2）。したがって、Aは、Bの承諾があれば、金銭管理を行う業務を第三者に再委託することができる。

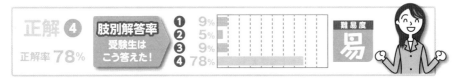

**正解 ❹**
**正解率 78%**

肢別解答率
受験生は
こう答えた！

| ❶ | 9% |
| ❷ | 5% |
| ❸ | 9% |
| ❹ | 78% |

難易度 **易**

重要度 **B**　**工作物責任**

2021年度
問8出題

問題 **76**　土地工作物責任に関する次の記述のうち、適切なものの組合せはどれか。

**ア**　建物の設置又は保存に瑕疵があることによって他人に損害を生じたときは、一次的には所有者が土地工作物責任を負い、所有者が損害の発生を防止するのに必要な注意をしたときは、占有者が土地工作物責任を負う。

**イ**　建物の管理を行う賃貸住宅管理業者は、建物の安全確保について事実上の支配をなしうる場合、占有者として土地工作物責任を負うことがある。

**ウ**　建物に建築基準法違反があることによって他人に損害を生じたときは、建設業者が損害賠償責任を負うのであって、建物の所有者及び占有者は土地工作物責任を負わない。

**エ**　設置の瑕疵とは、設置当初から欠陥がある場合をいい、保存の瑕疵とは、設置当初は欠陥がなかったが、設置後の維持管理の過程において欠陥が生じた場合をいう。

**❶**　ア、ウ
**❷**　イ、ウ
**❸**　イ、エ
**❹**　ア、エ

全問◎を
目指そう！

|  | 1回目 | 2回目 | 3回目 |
|---|---|---|---|
| 学習日 | ／ | ／ | ／ |
| 手応え |  |  |  |

◎：完全に分かってきた
○：だいたい分かってきた
△：少し分かってきた
×：全く分からなかった

ここがポイント

一次的には占有者が、二次的には所有者が、責任を負います。

**ア** 不適切 土地の工作物の設置又は保存に瑕疵があることによって他人に損害を生じたときは、一次的にはその工作物の占有者が、被害者に対してその損害を賠償する責任を負う（民法717条1項本文）。ただし、占有者が損害の発生を防止するのに必要な注意をしたときは、所有者がその損害を賠償しなければならない（同条項ただし書）。

**イ** 適切 建物の管理を行う賃貸住宅管理業者は、建物の安全確保について事実上の支配をなしうる場合には、占有者にあたる。したがって、本肢の場合には、占有者として土地工作物責任を負うことがある。

**ウ** 不適切 肢アの解説で述べた通り、土地の工作物の設置又は保存に瑕疵があることによって他人に損害を生じたときは、その工作物の占有者又は所有者がその責任を負う。このとき、建設業者が建築基準法違反等がある建物を建築したことによって他人に損害を生じたものであっても、同様である。したがって、本肢の場合でも、建物の所有者又は占有者は土地工作物責任を負う。

**エ** 適切 土地の工作物の設置の瑕疵とは、設置当初から欠陥がある場合をいい、保存の瑕疵とは、設置当初は欠陥がなかったが、設置後の維持管理の過程において欠陥が生じた場合をいう。

以上より、適切なものはイエであり、本問の正解肢は❸となる。

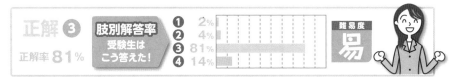

正解 ❸
正解率 81%

肢別解答率
受験生は
こう答えた！

❶ 2%
❷ 4%
❸ 81%
❹ 14%

難易度 易

# 相続

問題 77

住宅の賃貸借契約の当事者に相続が発生した場合の権利関係に関する次の記述のうち、適切なものの組合せはどれか。

**ア** 借主に相続が開始し、相続人が存在しない場合、内縁の配偶者が同居していたときは、内縁の配偶者は借主の地位を承継する。

**イ** 借主に相続が開始し、共同相続人が賃借権を共同相続した場合、貸主は各共同相続人に対して、相続分に応じて分割された賃料を請求できるにすぎない。

**ウ** 貸主に相続が開始し、共同相続人が物件を共同相続した場合、相続人が解除権を行使するためには、過半数の共有持分を有していなければならない。

❶ ア、イ
❷ イ、ウ
❸ ア、ウ
❹ ア、イ、ウ

全問◎を
目指そう！

| | 1回目 | 2回目 | 3回目 |
|---|---|---|---|
| 学習日 | / | / | / |
| 手応え | | | |

◎：完全に分かってきた
○：だいたい分かってきた
△：少し分かってきた
×：全く分からなかった

## 肢ウは「共有」がポイントです。

**ア** 適切 居住の用に供する建物の賃借人が相続人なしに死亡した場合において、その当時婚姻又は縁組の届出をしていないが、建物の賃借人と事実上夫婦又は養親子と同様の関係にあった同居者があるときは、当該同居者が特に反対の意思表示をしない限り、その同居者は、建物の賃借人の権利義務を承継する（借地借家法 36 条 1 項）。

**イ** 不適切 賃借人が死亡し、賃借人に相続人がいる場合には、相続人が共同で賃借権を承継する（民法 898 条）。賃借人が共同相続人の場合、賃借人の支払うべき賃料は不可分債務となる（大判大 11.11.24）。そのため、共同賃借人各々は、賃貸人に対して相続後生じた賃料全額の支払債務を負うことになり、賃貸人は、共同賃借人各々に対して賃料全額の支払いを請求することができる。

**ウ** 適切 共有物の管理に関する事項は、各共有者の持分の価格に従い、その過半数で決する（民法 252 条 1 項）。賃貸借契約の解除に関する事項は共有物の管理に関する事項にあたるとされている（最判昭 47.2.18）。したがって、賃貸不動産が共有物で、賃貸人が共有者である場合、過半数の共有持分を有する共有者が解除権を行使することができる（最判昭 39.2.25）。

以上より、適切なものはアウであり、本問の正解肢は❸となる。

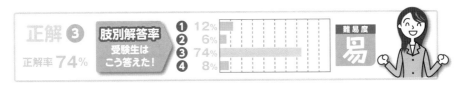

正解 ❸
正解率 74%

肢別解答率
受験生は
こう答えた！

❶ 12%
❷ 6%
❸ 74%
❹ 8%

難易度 易

# 相続

重要度 **A**

問題 **78** 住宅の賃貸借契約の当事者が死亡した場合の法律関係に関する次の記述のうち、誤っているものの組合せはどれか。

**ア** 貸主が死亡し、相続人が複数いる場合、遺産分割が成立するまでの間、借主は賃料の支払を拒むことができる。

**イ** 貸主が死亡し、相続人が複数いる場合、相続開始から遺産分割が成立するまでの間に生じた賃料は、遺産分割により賃貸物件を相続した者がすべて取得する。

**ウ** 借主が死亡し、相続人が複数いる場合、遺産分割が成立するまでの間、貸主は各共同相続人に対して賃料全額の支払を請求することができる。

**エ** 借主が死亡し、相続人がいない場合、事実上夫婦の関係にある者が同居しているときは、その同居者が借主の地位を承継することができる。

**❶** ア、イ

**❷** ア、ウ

**❸** イ、エ

**❹** ウ、エ

全間◎を
目指そう！

|  | 1回目 | 2回目 | 3回目 |
|---|---|---|---|
| 学習日 | / | / | / |
| 手応え |  |  |  |

◎：完全に分かってきた
○：だいたい分かってきた
△：少し分かってきた
×：全く分からなかった

**賃借人複数の場合の賃料債務は、不可分債務となります。**

**ア** 誤　賃貸人に相続が発生し、相続人が複数ある場合において、遺産は相続開始から遺産分割までの間、共同相続人の共有に属するため、この間に遺産である賃貸不動産を使用管理した結果生ずる金銭債権たる賃料債権は、遺産とは別個の財産というべきであり、各共同相続人がその相続分に応じて分割単独債権として確定的に取得する（最判平 17.9.8）。したがって、賃借人は、賃貸人の相続人の相続分に応じて、賃料の支払いをしなければならない。

**イ** 誤　相続開始から遺産分割までの間に遺産である賃貸不動産を使用管理した結果生ずる金銭債権たる賃料債権は、遺産とは別個の財産であり、各共同相続人がその相続分に応じて分割単独債権として確定的に取得する（最判平 17.9.8）。したがって、相続開始から遺産分割が成立するまでの間に生じた賃料は、遺産分割の対象とならず、遺産分割後も、各共同相続人が有する。

**ウ** 正　賃貸不動産の賃借人が複数の場合、賃借人の債務は、賃貸不動産を使用収益するという不可分な給付の対価としての賃料支払債務である。そのため、共同賃借人の賃料債務は分割債務になるのではなく、不可分債務となる（大判大 11.11.24）。したがって、共同賃借人（共同相続人）各々は、賃貸人に対して相続開始後遺産分割前までに生じた賃料全額の支払債務を負うことになり、賃貸人は、共同賃借人（共同相続人）各々に対して賃料全額の支払いを請求することができる。

**エ** 正　賃借人が相続人なくして死亡した場合でも、事実上夫婦関係・養親子関係にある者が同居しているときは、当該同居者が特に反対の意思表示をしない限り、当該契約を承継する（借地借家法 36 条 1 項）。

以上より、誤っているものはアイであり、本問の正解肢は① となる。

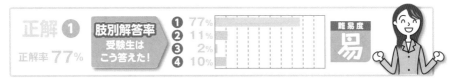

## 重要度 B 相続

**問題 79** 建物賃貸借契約の当事者が死亡した場合の相続に関する次の記述のうち、適切なものはどれか。

❶ 借主が死亡し、相続人のあることが明らかでない場合、賃貸借契約は終了しない。

❷ 貸主が死亡し、相続人のあることが明らかでない場合、賃貸借契約は終了する。

❸ 借主が死亡し、複数の相続人がいる場合、貸主が賃貸借契約の債務不履行を理由に解除するためには、相続人の一人に解除の意思表示をすればよい。

❹ 借主が内縁関係にある者と30年にわたり賃貸住宅に同居していた場合、当該賃貸住宅の賃借権の相続に限り、内縁関係にある者も相続人となる。

全問◎を
目指そう！

| | 1回目 | 2回目 | 3回目 |
|---|---|---|---|
| 学習日 | / | / | / |
| 手応え | | | |

◎：完全に分かってきた
○：だいたい分かってきた
△：少し分かってきた
×：全く分からなかった

ここがポイント

## 建物賃貸借契約の当事者が死亡した場合、賃貸借契約は終了しません。

**❶ 適 切** 相続人のあることが明らかでないときは、相続財産は法人とされ（民法951条）、清算の手続が行われ、残された財産は国庫に帰属する（同法959条）。したがって、賃借人が死亡しても、賃貸借契約は、当然には、終了しない。

**❷ 不適切** 相続人のあることが明らかでないときは、相続財産は法人とされ（民法951条）、清算の手続が行われ、残された財産は国庫に帰属する（同法959条）。したがって賃貸人が死亡しても、賃貸借契約は、当然には、終了しない。

**❸ 不適切** 賃借人が死亡し、複数の相続人が賃借権を相続により承継した場合において、賃貸人が相続後賃貸借契約を債務不履行により解除するときは、原則として相続人全員に対して未払賃料の支払いを催告し、解除の意思表示をしなければならない（解除権の不可分性　544条）。

**❹ 不適切** 賃借人に子らの相続人がいる一方で、賃借人が内縁の配偶者とともに賃貸不動産に居住していた場合、子らの相続人が賃借権を承継するが、内縁の配偶者は相続人ではないため、内縁の配偶者が賃借権を承継することはできない。なお、この場合、賃貸人からの立退請求に対しては相続人の有する賃借権の援用、相続人からの立退請求に対しては権利濫用という構成をとることによって、内縁の配偶者等の同居者が引き続き居住できるよう保護が図られる（最判昭42.2.21、最判昭42.4.28）。

相続

正解 **❶**
正解率 **31%**

肢別解答率
受験生は
こう答えた！

❶ 31%
❷ 8%
❸ 17%
❹ 44%

難易度
**難**

重要度 **A**　## 相続

問題 **80**　Aを貸主、Bを借主とする建物賃貸借契約においてBが死亡した場合に関する次の記述のうち、最も適切なものはどれか。ただし、それぞれの選択肢に記載のない事実及び特約はないものとする。

❶　Bの内縁の妻Cは、Bとともに賃貸住宅に居住してきたが、Bの死亡後（Bには相続人が存在するものとする。）、Aから明渡しを求められた場合、明渡しを拒むことができない。

❷　Bの内縁の妻Cは、Bとともに賃貸住宅に居住してきたが、Bの死亡後（Bには相続人が存在しないものとする。）、Aから明渡しを求められた場合、明渡しを拒むことができない。

❸　Aが地方公共団体の場合で、賃貸住宅が公営住宅（公営住宅法第 2 条第 2 号）であるときに、Bが死亡しても、その相続人は当然に使用権を相続によって承継することにはならない。

❹　Bが死亡し、相続人がいない場合、賃借権は当然に消滅する。

| | 1 回目 | 2 回目 | 3 回目 |
|---|---|---|---|
| 学習日 | ／ | ／ | ／ |
| 手応え | | | |

全問◎を
目指そう！

◎：完全に分かってきた
○：だいたい分かってきた
△：少し分かってきた
×：全く分からなかった

**ここがポイント**

内縁の妻は相続人になりませんが、賃借人と同居していて
他に相続人がないときは、賃借人の地位を承継します。

**第1編**

**賃貸借関係**

❶ **不適切** 相続人は、相続開始の時から、被相続人の財産に属した一切の権利義務を承継する（民法 896 条本文）。これにより、賃借人が死亡した場合には、相続人が賃借権を承継する。しかし、建物の賃借人の内縁の妻は、当該賃借権を相続することができない。もっとも、この内縁の妻は、この場合、相続人の賃借権を援用して、賃貸人に対し当該家屋に居住する権利を主張することができる（最判昭 42.2.21）。したがって、Cは、Aから賃貸住宅の明渡しを求められた場合でも、Bの相続人の賃借権を援用して、これを拒むことができる。

❷ **不適切** 居住の用に供する建物の賃借人が相続人なしに死亡した場合において、その当時婚姻又は縁組の届出をしていないが、建物の賃借人と事実上夫婦又は養親子と同様の関係にあった同居者があるときは、その同居者は、建物の賃借人の権利義務を承継する（借地借家法 36 条 1 項本文）。これにより、Cは、Bの賃借人としての権利義務を承継する。したがって、Cは、Aから賃貸住宅の明渡しを求められた場合でも、これを拒むことができる。

❸ **適切** 公営住宅の入居者が死亡した場合においても、その相続人は、当該公営住宅を使用する権利を当然に承継するものではない（最判平 2.10.18）。したがって、Bが死亡しても、その相続人は当然に使用権を相続によって承継することにはならない。

❹ **不適切** 相続人のあることが明らかでないときは、相続財産は、法人とされる（民法 951 条）。また、肢 2 の解説で述べた通り、Bに事実上夫婦又は養親子と同様の関係にあった同居者（内縁者等）がいるときには、その者がBの権利義務を承継することができる。したがって、本肢の場合に、賃借権は当然には消滅しない。

**相続**

**肢別解答率**
受験生は
こう答えた！

❶ 27%
❷ 1%
❸ 60%
❹ 12%

**正解 ❸**
正解率 **60%**

**難易度**
**普**

## 総合

重要度 A

問題 81　賃貸借契約における修繕義務に関する次の記述のうち、最も適切なものはどれか。

❶ 貸主の承諾を得て転貸借がされた場合、貸主は、転借人に対して修繕義務を負う。

❷ 借主が死亡した場合、借主が同居している相続人のみが相続により借主の地位を承継するため、雨漏りが生じたときは、当該相続人が貸主に対して修繕を請求する権利を有する。

❸ 借主は、賃貸物件につき修繕を要すべき事故が生じ、貸主がこれを知らない場合、借主の義務として、貸主に通知しなければならない。

❹ 貸主が賃貸物件の保存を目的とした修繕を行うために借主に一時的な明渡しを求めた場合、借主に協力義務はないため、借主はこれを拒むことができる。

全問◎を
目指そう！

| | 1回目 | 2回目 | 3回目 |
|---|---|---|---|
| 学習日 | / | / | / |
| 手応え | | | |

◎：完全に分かってきた
○：だいたい分かってきた
△：少し分かってきた
×：全く分からなかった

ここがポイント

賃貸人には修繕義務、賃借人には修繕受忍義務があります。

❶ **不適切** 賃借人が適法に賃借物を転貸したときは、転借人は、賃貸人との間の賃貸借に基づく賃借人の債務の範囲を限度として、賃貸人に対して転貸借に基づく債務を直接履行する義務を負う（民法613条1項）。しかし、賃貸人が、転借人に対して修繕義務を負う旨の規定はない。

❷ **不適切** 被相続人の一身に専属したものを除き、相続人は、相続開始の時から、被相続人の財産に属した一切の権利義務を承継する（民法896条）。賃借人の相続は、賃借人と同居している相続人のみが相続により賃借人の地位を承継するのではない。

❸ **適切** 賃借物が修繕を要し、又は賃借物について権利を主張する者があるときは、賃貸人が既にこれを知っているときを除き、賃借人は、遅滞なくその旨を賃貸人に通知しなければならない（民法615条）。

❹ **不適切** 賃貸人が賃貸物の保存に必要な行為をしようとするときは、賃借人は、これを拒むことができない（民法606条2項）。修繕は、賃貸人にとって義務であると同時に権利でもあることから、賃借人には修繕を受忍する義務がある。

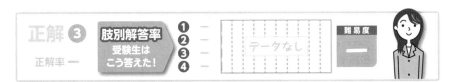

正解 ❸

正解率 ―

肢別解答率
受験生は
こう答えた！

❶ ―
❷ ―
❸ ―
❹ ―

データなし

難易度
―

## 重要度 A　総合

**問題 82**　書面による法律行為に関する次の記述のうち、最も不適切なものはどれか。

**❶**　定期建物賃貸借契約の締結は、書面によって行わなければ効力が生じない。

**❷**　一時使用目的の建物の賃貸借契約の締結は、書面によらなくても効力が生じる。

**❸**　賃貸借契約の解除は、書面によって行わなければ効力が生じない。

**❹**　高齢者の居住の安定確保に関する法律に基づく終身建物賃貸借契約の締結は、書面によって行わなければ効力が生じない。

全問◎を
目指そう！

|  | 1回目 | 2回目 | 3回目 |
|---|---|---|---|
| 学習日 | ／ | ／ | ／ |
| 手応え |  |  |  |

◎：完全に分かってきた
○：だいたい分かってきた
△：少し分かってきた
×：全く分からなかった

賃貸借契約の類型中、書面で行う必要が
あるものを確認しましょう。

**❶** 適 切 　期間の定めがある建物の賃貸借をする場合においては、公正証書による等書面によって契約をするときに限り、契約の更新がないこととする旨を定めることができる（借地借家法 38 条 1 項前段）。

**❷** 適 切 　賃貸借は、当事者の一方がある物の使用及び収益を相手方にさせることを約し、相手方がこれに対して賃料を支払うこと及び引渡しを受けた物を契約が終了したときに返還することを約することによって、その効力を生ずる（民法 601 条）。すなわち、書面によらなくても効力を生じる。そして、一時使用目的の建物の賃貸借契約も、この賃貸借契約に含まれる。

**❸** 不適切 　契約又は法律の規定により当事者の一方が解除権を有するときは、その解除は、相手方に対する意思表示によってする（民法 540 条 1 項）。

**❹** 適 切 　終身建物賃貸借契約を締結するためには、公正証書による等書面によって行うことが必要である（高齢者居住法 52 条）。

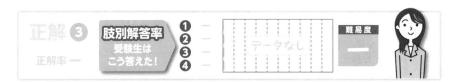

正解 ❸

正解率 —

肢別解答率
受験生は
こう答えた！

❶ —
❷ —
❸ —
❹ —

データなし

難易度 —

重要度 B　総合

問題 83

契約書の記載に関する次の記述のうち、適切なものの組合せはどれか。なお、当事者間に契約書以外の合意事項はないものとする。

**ア**　賃貸借に関する保証契約書に保証債務の範囲として「賃貸借契約から生じる借主の債務」と記載されている場合、保証人は賃料についてのみ保証債務を負い、原状回復義務については保証債務を負わない。

**イ**　賃貸借契約書に賃料の支払日について記載がない場合、平成29年5月分の賃料の支払日は平成29年5月31日である。

**ウ**　賃貸借契約書に無断転貸を禁止する旨の記載がない場合、借主が貸主の承諾なく第三者に賃貸物件を転貸したとしても、貸主は賃貸借契約を解除することはできない。

**エ**　賃貸借契約書に借主の原状回復義務に関する記載がない場合であっても、賃貸物件が借主の過失により損傷したときは、貸主は借主に対して原状回復費用相当額の損害賠償を請求することができる。

❶　ア、ウ

❷　イ、ウ

❸　イ、エ

❹　ウ、エ

全問◎を
目指そう！

| | 1回目 | 2回目 | 3回目 |
|---|---|---|---|
| 学習日 | ／ | ／ | ／ |
| 手応え | | | |

◎：完全に分かってきた
○：だいたい分かってきた
△：少し分かってきた
×：全く分からなかった

**使用した分の対価が賃料となります。**

**ア** 不適切 　保証債務は、主たる債務に関する利息、違約金、損害賠償その他その債務に従たるすべてのものを包含する（民法447条1項）。そして、契約が解除された場合の損害賠償債務、不当利得返還債務等も、従前の債務と同一性を有するものとして保証の対象となる。また、賃貸借契約解除による原状回復義務及び明渡遅延期間の賃料相当額の遅延賠償を支払う義務を負う。

**イ** 適切 　賃料は、建物については毎月末に支払わなければならないとされており（民法614条）、後払いが原則である。したがって、5月分の賃料の支払日は、同月31日である。

**ウ** 不適切 　賃借人は、賃貸人の承諾がない限り、賃借権を譲渡または賃借物を転貸することができない（民法612条1項）。そして、賃貸人の承諾なく譲渡しまたは賃借権を転貸し第三者に賃借物の使用または収益をさせた場合、賃貸人は賃貸借契約を解除することができる（同条2項）。

**エ** 適切 　賃借人が、賃借物を使用している間に賃借人の責めに帰することができる事由によって、あるいは、通常の使用とは異なる方法による使用によって賃借物を損傷させた場合には、賃貸借の終了にあたって、これを復旧して賃貸人に返還しなければならない（民法621条）。したがって、賃貸借契約書に原状回復義務に関する記載がない場合であっても、賃貸人は賃借人に対して、当該原状回復費用相当額の損害賠償を請求することができる。

　以上より、適切なものはイエであり、本問の正解肢は❸となる。

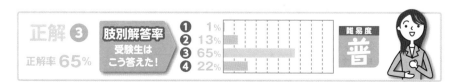

正解 ❸　正解率 65%

肢別解答率　受験生はこう答えた！

❶ 1%
❷ 13%
❸ 65%
❹ 22%

難易度 普

**問題 84**　書面によらずに行った法律行為の効力に関する次の記述のうち、不適切なものはどれか。

**❶**　書面によらずに定期建物賃貸借契約を締結した場合、普通建物賃貸借契約としての効力を有する。

**❷**　書面によらずに連帯保証契約を締結した場合、保証契約としての効力を有する。

**❸**　書面によらずに賃貸借契約を解除する旨の意思表示をした場合、契約解除の意思表示としての効力を有する。

**❹**　書面によらずに賃料減額に合意した場合、賃料減額としての効力を有する。

全問◎を
目指そう！

| | 1回目 | 2回目 | 3回目 |
|---|---|---|---|
| 学習日 | / | / | / |
| 手応え | | | |

◎：完全に分かってきた
○：だいたい分かってきた
△：少し分かってきた
×：全く分からなかった

**ここがポイント**

原則として、契約の成立に書面は不要ですが、例外もあります。

**❶** **適切** 期間の定めがある建物の賃貸借をする場合においては、公正証書による等書面によって契約をするときに限り、契約の更新がないこととする旨を定めることができる（借地借家法38条1項前段）。書面によらない場合には、契約は普通建物賃貸借として扱われる。

**❷** **不適切** 軽率に保証契約を締結することを防ぐため、保証契約は書面でしなければ、その効力を生じない（民法446条2項）。

**❸** **適切** 契約又は法律の規定により当事者の一方が解除権を有するときは、その解除は、相手方に対する意思表示によってする（民法540条1項）。意思表示とは、法律上の効果の発生を欲する意思を外部に対して表示する行為であり、書面によることは要素ではない。したがって、本肢の意思表示も、契約解除の意思表示としての効力を有する。

**❹** **適切** 契約は両当事者の意思表示が合致することにより成立する。したがって、書面によらずに賃料減額に合意した場合、賃料減額としての効力を有する。

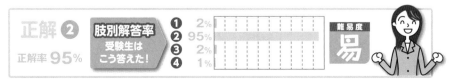

正解 **❷**
正解率 **95%**

**肢別解答率**
受験生はこう答えた！

❶ 2%
❷ 95%
❸ 2%
❹ 1%

**難易度** 易

重要度 Ａ 総合

問題
85

賃料に関する次の記述のうち、適切なものはどれか。

❶　貸主が支払期限を知っている通常の場合、賃料債権は、5年の消滅時効に服する。

❷　建物賃貸借契約における賃料は、建物使用の対価であるので、貸主は、借主が使用する敷地の対価を当然に別途請求することができる。

❸　貸主が死亡し、その共同相続人が賃貸住宅を相続した場合、遺産分割までの賃料債権は、金銭債権として、相続財産となる。

❹　借主が滞納賃料の一部を支払う場合であって、弁済充当の合意がないときは、支払時に貸主が指定した債務に充当され、借主はこれに従わなければならない。

全問◎を
目指そう！

| | 1回目 | 2回目 | 3回目 |
|---|---|---|---|
| 学習日 | / | / | / |
| 手応え | | | |

◎：完全に分かってきた
○：だいたい分かってきた
△：少し分かってきた
×：全く分からなかった

## 賃貸人が支払期限を知らないということは通常考えられず、5年で時効によって消滅します。

**❶** 適切　債権は、①債権者が権利を行使することができることを知った時から5年間行使しないとき、②権利を行使することができる時から10年間行使しないときに、時効によって消滅する（民法166条1項各号）。したがって、貸主が支払期限を知っている通常の場合は、上記①から、賃料債権は、5年の消滅時効に服する。

**❷** 不適切　建物賃貸借契約の場合、賃貸借の目的物は建物であるが、賃借人は建物の使用に必要な範囲でその敷地を利用できる権利を有するため、賃料には、建物自体の使用の対価のほか、その敷地の使用の対価も含まれる。したがって、貸主は、賃料とは別に、借主が使用する敷地の対価を当然には請求することができない。

**❸** 不適切　相続開始から遺産分割までの間に遺産である賃貸不動産を使用管理した結果生ずる金銭債権たる賃料債権は、遺産とは別個の財産であって遺産分割の対象ではなく、各共同相続人がその相続分（法定相続分）に応じて分割単独債権として確定的に取得する（最判平17.9.8）。したがって、遺産分割までの賃料債権は、相続財産とならない。

**❹** 不適切　債務者が同一の債権者に対して同種の給付を目的とする数個の債務を負担する場合において、弁済として提供した給付が全ての債務を消滅させるのに足りないときは、弁済の充当（の順序）に関する合意がなければ、弁済をする者が、給付の時に、その弁済を充当すべき債務を指定することができる（民法488条1項）。また、弁済をする者が上記の指定をしないときは、弁済を受領する者は、その受領の時に、その弁済を充当すべき債務を指定することができるが、弁済をする者はその充当に対して異議を述べることができる（同条2項）。したがって、支払時に賃貸人が指定した債務に充当され、賃借人がこれに従わなければならないわけではない。

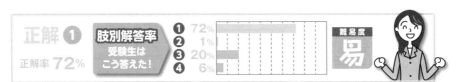

正解 ❶　正解率 72%

肢別解答率　受験生はこう答えた！
❶ 72%
❷ 1%
❸ 20%
❹ 6%

難易度 易

## 重要度 B　総合

**問題 86**　賃貸住宅を目的とする賃貸借契約に関する次の記述のうち、誤っているものはいくつあるか。

**ア**　賃貸借契約が有効に成立するためには、契約の終期について合意しなければならない。

**イ**　契約期間2年の建物賃貸借契約を締結し、「契約期間内に賃借人が死亡したときに契約が終了する」との特約を設けたとき、賃借人の死亡により賃貸借契約は終了する。

**ウ**　賃料の支払時期に関する合意をしなければ、当月分の賃料は当月末日払となる。

**エ**　賃貸借契約の締結に向けた交渉がなされ、賃貸人に契約が成立することの強い信頼を与えるに至ったにもかかわらず、合意直前で賃借人予定者が理由なく翻意し、契約が成立しなかった場合、賃借人予定者が不法行為責任を負うことがある。

❶　1つ
❷　2つ
❸　3つ
❹　4つ

全問◎を
目指そう！

| | 1回目 | 2回目 | 3回目 |
|---|---|---|---|
| 学習日 | / | / | / |
| 手応え | | | |

◎：完全に分かってきた
○：だいたい分かってきた
△：少し分かってきた
×：全く分からなかった

契約成立に強い信頼を与えるに至った後に打ち切りをした場合、
不法行為責任を負うことがあります。

**ア** 誤 　賃貸借は、当事者の一方がある物の使用及び収益を相手方にさせることを約
し、相手方がこれに対してその賃料を支払うこと及び引渡しを受けた物を契約
が終了したときに返還することを約することによって、その効力を生ずる（民法
601条）。したがって、契約の終期について合意する必要はない。

**イ** 誤 　借家人が死亡した場合、借家権は相続人に相続される（民法896条本文）。
また、建物の賃貸人による建物の賃貸借の解約の申入れは、正当の事由がある
と認められる場合でなければ、することができない（借地借家法28条）。こ
の規定に反する特約で建物の賃借人に不利なものは、無効となる（同法30条）。
本肢の特約は、賃借人に不利なものであり、無効である。したがって、賃借人
の死亡により賃貸借契約は終了しない。

**ウ** 正 　賃料は、賃料の支払時期に関する合意をしなければ、建物については毎月末
に、支払わなければならない（民法614条本文）。

**エ** 正 　建物の賃借人予定者との間で賃貸借契約の締結に向けた交渉が進み、契約条
件についてほぼ合意に達したにもかかわらず、賃借人予定者が一方的に契約交
渉を破棄したことにより、賃借人予定者の不法行為責任が認められた事例があ
る（東京高判平30.10.31参照）。したがって、本肢の場合、賃借人予定者が
不法行為責任を負うことがある。

　以上より、誤っているものはア、イの2つであり、本問の正解肢は②となる。

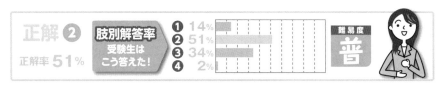

正解 ❷
正解率 51%

肢別解答率
受験生は
こう答えた！

❶ 14%
❷ 51%
❸ 34%
❹ 2%

難易度
普

重要度 **A** **総合**

問題 **87**
AがBに対して賃貸住宅（以下、「甲住宅」という。）を賃貸し、Bが居住している場合に関する以下の記述のうち、正しいものはいくつあるか。

**ア** Aが甲住宅をCに売却しようとする場合、Bの承諾がなくとも売却することはできる。

**イ** Aが甲住宅をCに売却しようとする場合、Aは、Bの承諾がなければ、AC間の合意で賃貸人の地位を移転させることはできない。

**ウ** Aが融資を受けて甲住宅を建築し、同建物及び敷地に、借入金を被担保債権とする抵当権が設定され、登記されている場合において、抵当権が実行され、Cが甲住宅を買受けた場合、抵当権設定登記後に甲住宅に入居したBはCの買受時から3か月以内に甲住宅を明渡す必要がある。

**エ** BがAの同意を得て、賃借権をDに譲渡した場合、敷金に関するBの権利義務関係はDに承継される。

**❶** 1つ
**❷** 2つ
**❸** 3つ
**❹** 4つ

| | 1回目 | 2回目 | 3回目 |
|---|---|---|---|
| 学習日 | / | / | / |
| 手応え | | | |

全問◎を
目指そう！

◎：完全に分かってきた
○：だいたい分かってきた
△：少し分かってきた
×：全く分からなかった

**ここがポイント**

**所有者が賃貸住宅を売却する場合、賃借人の承諾は不要です。**

**ア** 正 所有者は、法令の制限内において、自由にその所有物の使用、収益及び処分をする権利を有する（民法206条）。したがって、Aが甲住宅をCに売却しようとする場合、Bの承諾がなくとも売却することができる。

**イ** 誤 賃借人が賃貸借の対抗要件を備えた場合において、その不動産が譲渡されたときは、その不動産の賃貸人たる地位は、その譲受人に移転する（民法605条の2第1項）。そして、建物の賃貸借は、その登記がなくても、建物の引渡しがあったときは、その後その建物について物権を取得した者に対し、その効力を生ずる（借地借家法31条）。Bは甲住宅に居住していることから、建物賃貸借の対抗要件を備えている。したがって、甲住宅が売却されれば、Bの承諾がなくても、甲住宅の賃貸人たる地位は移転する。

**ウ** 誤 抵当権者に対抗することができない賃貸借により抵当権の目的である建物の使用又は収益をする者であって競売手続の開始前から使用又は収益をするものは、その建物の競売における買受人の買受けの時から6か月を経過するまでは、その建物を買受人に引き渡すことを要しない（民法395条1項1号）。ここで、賃借権と抵当権との優劣は、賃借権の対抗要件を備えた時期と抵当権設定登記がなされた時期の前後によって決するから、抵当権設定登記後に甲住宅に入居したBは、抵当権者に対して、賃借権を対抗することができない。したがって、Bは、Cの買受時から6か月を経過するまでは、甲住宅を明け渡すことを要しないから、3か月以内に甲住宅を明け渡す必要はない。

**エ** 誤 賃貸人は、敷金を受け取っている場合において、賃借人が適法に賃借権を譲り渡したときは、賃借人に対し、その受け取った敷金の額から賃貸借に基づいて生じた賃借人の賃貸人に対する金銭の給付を目的とする債務の額を控除した残額を返還しなければならない（民法622条の2第1項2号）。したがって、敷金に関するBの権利義務関係は、賃借権をDに譲渡すると終了し、Dに承継されない。

以上より、正しいものはアの1つであり、本問の正解肢は❶となる。

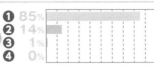

正解 ❶　正解率 85%

肢別解答率 受験生はこう答えた！
- ❶ 85%
- ❷ 14%
- ❸ 1%
- ❹ 0%

難易度 易

# 第 **2** 編

# 管理受託

● 意義
● 管理業法（管理受託部分）
● 賃貸住宅標準管理受託契約書
● その他

法改正（2021 年6月施行）により新しい制度になりました。3 年連続で多くの出題があり、今後も出題が予想される分野です。細かい知識が多く大変ですが、繰り返し解いて覚えていきましょう。

## 重要度 A 意義

問題 1 賃貸住宅管理業法の管理業務に関する次の記述のうち、正しいものはどれか。（改題）

❶ 賃貸住宅に係る家賃その他の金銭の管理を行っている場合、賃貸住宅の維持保全を行う業務は行わなくても、管理業務に該当する。

❷ 賃貸住宅の建物・設備の点検・清掃その他の維持を行い、これに伴い、必要な修繕を行う場合は、管理業務に該当する。

❸ 賃貸住宅に係る家賃その他の金銭の管理を行う業務及び入居者の苦情対応を行っている場合、賃貸住宅の建物・設備の点検・清掃・修繕は業者の手配も含め行っていなくても、管理業務に該当する。

❹ 賃貸住宅に係る家賃その他の金銭の管理を行う業務及びその賃貸住宅の清掃のみを行っている場合、当該賃貸住宅の点検・修繕について業者の手配を含め行っていなくても管理業務に該当する。

全問◎を
目指そう！

| | 1回目 | 2回目 | 3回目 |
|---|---|---|---|
| 学習日 | / | / | / |
| 手応え | | | |

◎：完全に分かってきた
○：だいたい分かってきた
△：少し分かってきた
×：全く分からなかった

**ここがポイント**

賃貸住宅の維持保全を行わない場合は、
管理業務に該当しません。

　賃貸住宅管理業法において「賃貸住宅管理業」とは、賃貸住宅の賃貸人から委託を受けて、管理業務を行う事業をいう。管理業務とは、①当該委託に係る賃貸住宅の維持保全（住宅の居室及びその他の部分について、点検、清掃その他の維持を行い、及び必要な修繕を行うことをいう。以下同じ）を行う業務（賃貸住宅の賃貸人のために当該維持保全に係る契約の締結の媒介、取次ぎ又は代理を行う業務を含む）、②当該賃貸住宅に係る家賃、敷金、共益費その他の金銭の管理を行う業務（①の業務と併せて行うものに限る）である（賃貸住宅管理業法2条2項）。

**❶** **誤**　冒頭に述べた通り、賃貸住宅に係る家賃その他の金銭の管理を行う業務は行うが、賃貸住宅の維持保全を行う業務は行わない場合は、管理業務に該当しない。

**❷** **正**　冒頭に述べた通り、賃貸住宅の建物・設備の点検・清掃その他の維持を行い、これに伴い、必要な修繕を行う場合は、管理業務に該当する。

**❸** **誤**　冒頭に述べた通り、賃貸住宅に係る家賃その他の金銭の管理を行う業務及び入居者の苦情対応を行っているが、賃貸住宅の建物・設備の点検・清掃・修繕は業者の手配も含め行っていない場合には、管理業務に該当しない。

**❹** **誤**　冒頭に述べた通り、賃貸住宅に係る家賃その他の金銭の管理を行う業務及びその賃貸住宅の清掃のみを行い、当該賃貸住宅の点検・修繕について業者の手配を含め行っていない場合は管理業務に該当しない。

正解 ❷
正解率 92%

肢別解答率
受験生は
こう答えた！

| | |
|---|---|
| ❶ | 1% |
| ❷ | 92% |
| ❸ | 5% |
| ❹ | 2% |

難易度
易

重要度 **A** **意義**

問題
**2**
次の記述のうち、賃貸住宅管理業の管理業務に該当するものはどれか。
(改題)

❶　家賃を管理する業務は行うが、住宅の居室及びその他の部分について、点検、清掃その他の維持、及び必要な修繕は業者への取次ぎも含め、行っていない。

❷　家賃を管理する業務及び住宅の居室及びその他の部分の清掃を行い、その他の点検及び必要な修繕は業者への取次ぎも含め、行っていない。

❸　家賃を管理する業務は行わないが、住宅の居室及びその他の部分について、点検、清掃その他の維持、及び必要な修繕は自ら行っている。

❹　家賃を管理する業務と入居者からのクレーム対応は行うが、住宅の居室及びその他の部分について、点検、清掃その他の維持、及び必要な修繕は業者への取次ぎも含め、行っていない。

全問◎を
目指そう！

|  | 1回目 | 2回目 | 3回目 |
|---|---|---|---|
| 学習日 | / | / | / |
| 手応え |  |  |  |

◎：完全に分かってきた
○：だいたい分かってきた
△：少し分かってきた
×：全く分からなかった

ここがポイント

## 「賃貸住宅の維持保全」を行っていないと、管理業務には該当しません。

第2編 管理受託

意義

❶ **該当しない** 賃貸住宅管理業法において「賃貸住宅管理業」とは、賃貸住宅の賃貸人から委託を受けて管理業務を行う事業をいう。その管理業務とは、①当該委託に係る賃貸住宅の維持保全（住宅の居室及びその他の部分について、点検、清掃その他の維持を行い、及び必要な修繕を行うことをいう）を行う業務（賃貸住宅の賃貸人のために当該維持保全に係る契約の締結の媒介、取次ぎ又は代理を行う業務を含む）、②当該賃貸住宅に係る家賃、敷金、共益費その他の金銭の管理を行う業務（①に掲げる業務と併せて行うものに限る）である（賃貸住宅管理業法2条2項各号）。したがって、本肢の場合、家賃を管理する業務を賃貸住宅の維持保全と併せて行っていないため、管理業務に該当しない。

❷ **該当しない** 「賃貸住宅の維持保全」とは、居室及び居室の使用と密接な関係にある住宅のその他の部分である、玄関・通路・階段等の共用部分、居室内外の電気設備・水道設備、エレベーター等の設備等について、点検・清掃等の維持を行い、これら点検等の結果を踏まえた必要な修繕を一貫して行うことをいう（賃貸住宅管理業法の解釈・運用の考え方2条2項関係2）。本肢の場合、点検等の維持、これら点検等の結果を踏まえた必要な修繕を一貫して行っていないため、管理業務には該当しない。

❸ **該当する** 「賃貸住宅の維持保全」とは、居室及び居室の使用と密接な関係にある住宅のその他の部分である、玄関・通路・階段等の共用部分、居室内外の電気設備・水道設備、エレベーター等の設備等について、点検・清掃等の維持を行い、これら点検等の結果を踏まえた必要な修繕を一貫して行うことをいう（賃貸住宅管理業法の解釈・運用の考え方2条2項関係2）。本肢の場合、点検・清掃等の維持を行い、これら点検等の結果を踏まえた必要な修繕を一貫して行っているため、管理業務に該当する。

❹ **該当しない** 賃貸住宅に係る家賃、敷金、共益費その他の金銭の管理を行う業務は、維持保全を行う業務と併せて行うものに限り、管理業務に該当する（賃貸住宅管理業法2条2項2号）。本肢の場合、家賃を管理する業務を賃貸住宅の維持保全を行う業務と併せて行っていないため、管理業務には該当しない。

正解 ❸　正解率 64%

肢別解答率 受験生はこう答えた！

❶ 30%
❷ 2%
❸ 64%
❹ 3%

難易度 普

重要度 **A** 意義

問題 **3** 管理業法における賃貸住宅に関する次の記述のうち、誤っているものはどれか。

❶　賃貸住宅とは、賃貸借契約を締結し賃借することを目的とした、人の居住の用に供する家屋又は家屋の部分をいう。

❷　建築中の家屋は、竣工後に賃借人を募集する予定で、居住の用に供することが明らかな場合であっても、賃貸住宅に該当しない。

❸　未入居の住宅は、賃貸借契約の締結が予定され、賃借することを目的とする場合、賃借人の募集前であっても、賃貸住宅に該当する。

❹　マンションのように通常居住の用に供される一棟の家屋の一室について賃貸借契約を締結し、事務所としてのみ賃借されている場合、その一室は賃貸住宅に該当しない。

全問◎を
目指そう！

| | 1回目 | 2回目 | 3回目 | ◎：完全に分かってきた |
|---|---|---|---|---|
| 学習日 | ／ | ／ | ／ | ○：だいたい分かってきた |
| 手応え | | | | △：少し分かってきた |
| | | | | ×：全く分からなかった |

**ここがポイント**

どのような場合に「賃貸住宅」に該当するかをおさえましょう。

❶ **正** 「賃貸住宅」とは、賃貸の用に供する住宅（人の居住の用に供する家屋又は家屋の部分をいう。）をいう（賃貸住宅管理業法2条1項本文）。

❷ **誤** 家屋等が建築中である場合も、竣工後に賃借人を募集する予定であり、居住の用に供することが明らかな場合には、賃貸住宅に該当する（賃貸住宅管理業法の解釈・運用の考え方2条1項関係1(3)）。

❸ **正** 賃貸人と賃借人（入居者）との間で賃貸借契約が締結されておらず、賃借人（入居者）を募集中の家屋等や募集前の家屋等であっても、それが賃貸借契約の締結が予定され、賃借することを目的とされる場合には、賃貸住宅に該当する（賃貸住宅管理業法の解釈・運用の考え方2条1項関係1(3)）。

❹ **正** マンションのように通常居住の用に供される一棟の家屋の一室について賃貸借契約を締結し、事務所としてのみ賃借されている場合には、その一室は賃貸住宅に該当しない（賃貸住宅管理業法の解釈・運用の考え方2条1項関係1(3)）。

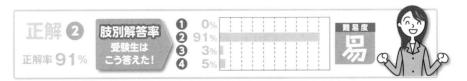

**正解 ❷**

正解率 **91%**

**肢別解答率**
受験生は
こう答えた！

❶ 0%
❷ 91%
❸ 3%
❹ 5%

**難易度 易**

# 意義

**問題 4** 管理業法における管理業務に関する次の記述のうち、誤っているものはどれか。

❶ 管理業務には、賃貸住宅の居室及びその他の部分について、点検、清掃その他の維持を行い、及び必要な修繕を行うことが含まれる。

❷ 管理業務には、賃貸住宅の維持保全に係る契約の締結の媒介、取次ぎ又は代理を行う業務が含まれるが、当該契約は賃貸人が当事者となるものに限られる。

❸ 賃貸住宅に係る維持から修繕までを一貫して行う場合であっても、賃貸住宅の居室以外の部分のみについて行うときは、賃貸住宅の維持保全には該当しない。

❹ 管理業務には、賃貸住宅に係る家賃、敷金、共益費その他の金銭の管理を行う業務が含まれるが、維持保全と併せて行うものに限られる。

全問◎を
目指そう！

|  | 1回目 | 2回目 | 3回目 |
|---|---|---|---|
| 学習日 | / | / | / |
| 手応え |  |  |  |

◎：完全に分かってきた
○：だいたい分かってきた
△：少し分かってきた
×：全く分からなかった

## 「管理業務」の定義を正確におさえましょう。

❶ 正 「賃貸住宅管理業」とは、賃貸住宅の賃貸人から委託を受けて、管理業務を行う事業をいう。この「管理業務」とは、①当該委託に係る賃貸住宅の維持保全（住宅の居室及びその他の部分について、点検、清掃その他の維持を行い、及び必要な修繕を行うことをいう。）を行う業務（賃貸住宅の賃貸人のために当該維持保全に係る契約の締結の媒介、取次ぎ又は代理を行う業務を含む。）、②当該賃貸住宅に係る家賃、敷金、共益費その他の金銭の管理を行う業務（①の業務と併せて行うものに限る。）である（賃貸住宅管理業法2条2項各号）。本肢の業務は、上記①に当たり、管理業務に含まれる。

❷ 誤 肢1の解説で述べた通り、「管理業務」には、賃貸住宅の賃貸人のために当該維持保全に係る契約の締結の媒介、取次ぎ又は代理を行う業務が含まれる（賃貸住宅管理業法2条2項1号かっこ書）。「取次ぎ」とは、自己の名をもって他人の計算において、法律行為を行うことを引き受ける行為をいい、例えば、賃貸住宅管理業者が自己の名をもって賃貸人のために維持・修繕業者に発注事務等を行う行為が該当する（同法の解釈・運用の考え方2条2項関係3）。したがって、賃貸住宅の維持保全に係る契約は、賃貸人が当事者となるものに限られない。

❸ 正 肢1の解説で述べた通り、賃貸住宅の維持保全の業務は、住宅の居室及びその他の部分について、点検、清掃その他の維持を行い、及び必要な修繕を行うことをいう。しかし、例えば、エレベーターの保守点検・修繕を行う事業者等が、賃貸住宅の居室以外の部分のみについて維持から修繕までを一貫して行う場合は、賃貸住宅の維持保全には該当しない（賃貸住宅管理業法の解釈・運用の考え方2条2項関係2）。

❹ 正 肢1の解説で述べた通り、管理業務には、賃貸住宅に係る家賃、敷金、共益費その他の金銭の管理を行う業務が含まれるが、維持保全と併せて行うものに限られる。

正解 ❷
正解率 79%

肢別解答率
受験生はこう答えた！

❶ 0%
❷ 79%
❸ 16%
❹ 4%

難易度 易

重要度 A **意義**

問題 **5** 管理業法の制定背景や概要に関する次の記述のうち、適切なものはどれか。

❶ 民間主体が保有する賃貸住宅のストック数は近年、減少傾向にある。

❷ 近年では、建物所有者自ら賃貸住宅管理業務のすべてを実施する者が増加し、賃貸住宅管理業者に業務を委託する所有者が減少している。

❸ 管理業法は、賃貸住宅管理業を営む者についての登録制度を設け、また、サブリース事業を規制する法律であり、特定転貸事業者には賃貸住宅管理業の登録を受ける義務が課せられることはない。

❹ 管理業法において、サブリース事業に対しては、行政による指示、業務停止等の監督処分がされ、また、罰則が科されることによって、事業の適正化の実効性が確保されるものとされているが、サブリース事業の適正化を図るための規定の適用対象は特定転貸事業者に限定されない。

全問◎を
目指そう！

| | 1回目 | 2回目 | 3回目 |
|---|---|---|---|
| 学習日 | / | / | / |
| 手応え | | | |

◎：完全に分かってきた
○：だいたい分かってきた
△：少し分かってきた
✕：全く分からなかった

ここがポイント

特定転貸事業者も、賃貸住宅管理業を営もうとする場合には
賃貸住宅管理業の登録を受けなければなりません。

❶ **不適切** 民間主体が保有する賃貸住宅のストック数は、増加傾向にあり、平成30年時点では住宅ストック総数（居住世帯のある住宅約5,360万戸）の4分の1強（28.5％：1,530万戸）を占める（平成30年「住宅・土地統計調査」）。

❷ **不適切** 近年では、建物所有者自ら賃貸住宅管理業務のすべてを実施する者が減少し、賃貸住宅管理業者に業務を委託する所有者が増加している（令和元年「賃貸住宅管理業務に関するアンケート調査」）。

❸ **不適切** 賃貸住宅管理業法は、賃貸住宅管理業を営む者についての登録制度を設け、また、サブリース事業を規制する法律である（賃貸住宅管理業法1条）。また、特定転貸事業者（サブリース事業者）も、賃貸住宅管理業を営もうとするのであれば、賃貸住宅管理業の登録を受けなければならない（同法3条1項本文）。したがって、特定転貸事業者も、賃貸住宅管理業の登録を受ける義務が課せられることがある。

❹ **適切** 賃貸住宅管理業法において、サブリース事業に対しては、行政による指示、業務停止等の監督処分及び罰則が規定されている（賃貸住宅管理業法33条、34条、第5章）。また、サブリース事業の適正化を図るための規律の適用対象は、特定転貸事業者のほか、勧誘者も含まれる（同法28条、29条）。

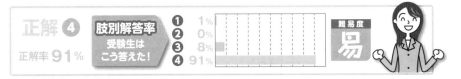

正解 ❹　　肢別解答率　受験生はこう答えた！

| | |
|---|---|
| ❶ | 1% |
| ❷ | 0% |
| ❸ | 8% |
| ❹ | 91% |

難易度 易

正解率 91%

重要度 **A** 意義

問題 6 管理業法第2条第2項の「賃貸住宅管理業」に関する次の記述のうち、誤っているものの組合せはどれか。

**ア** 賃貸人から委託を受けて、入居者からの苦情対応のみを行う業務については、賃貸住宅の維持及び修繕（維持・修繕業者への発注を含む。）を行わない場合であっても、「賃貸住宅管理業」に該当する。

**イ** 賃貸人から委託を受けて、金銭の管理のみを行う業務については、賃貸住宅の維持及び修繕（維持・修繕業者への発注を含む。）を行わない場合には、「賃貸住宅管理業」には該当しない。

**ウ** 賃貸人から委託を受けて、分譲マンションの一室のみの維持保全を行う業務については、共用部分の管理が別のマンション管理業者によって行われている場合には、「賃貸住宅管理業」には該当しない。

**エ** 賃貸人から委託を受けて、マンスリーマンションの維持保全を行う業務については、利用者の滞在時間が長期に及び、生活の本拠として使用される場合には、「賃貸住宅管理業」に該当する。

**❶** ア、イ
**❷** ア、ウ
**❸** イ、エ
**❹** ウ、エ

全問◎を
目指そう！

|  | 1回目 | 2回目 | 3回目 |
|---|---|---|---|
| 学習日 | / | / | / |
| 手応え |  |  |  |

◎：完全に分かってきた
○：だいたい分かってきた
△：少し分かってきた
×：全く分からなかった

「賃貸住宅管理業」の定義を正確におさえましょう。

　「賃貸住宅管理業」とは、賃貸住宅の賃貸人から委託を受けて、①当該委託に係る賃貸住宅の維持保全（住宅の居室及びその他の部分について、点検、清掃その他の維持を行い、及び必要な修繕を行うことをいう。）を行う業務（賃貸住宅の賃貸人のために当該維持保全に係る契約の締結の媒介、取次ぎ又は代理を行う業務を含む。）、②当該賃貸住宅に係る家賃、敷金、共益費その他の金銭の管理を行う業務（前記①の業務と併せて行うものに限る。）を行う事業をいう（賃貸住宅管理業法2条2項各号）。

**ア　誤**　　入居者からの苦情対応のみを行い、賃貸住宅の維持及び修繕（維持・修繕業者への発注を含む。）を行わない場合は、その業務は、上記①にあたらず、「賃貸住宅管理業」に該当しない（賃貸住宅管理業法の解釈・運用の考え方2条2項関係2）。

**イ　正**　　賃貸人から委託を受けて、金銭の管理のみを行い、賃貸住宅の維持及び修繕（維持・修繕業者への発注を含む。）を行わない場合には、その業務は、上記②にあたらず、「賃貸住宅管理業」に該当しない（賃貸住宅管理業法の解釈・運用の考え方2条2項関係4）。

**ウ　誤**　　分譲マンション等の1室のみの専有部分を受託管理する場合であっても、賃貸人の委託を受けて、賃貸住宅の維持保全を行う業務を実施する場合、その業務は、上記①にあたり、「賃貸住宅管理業」に該当する（賃貸住宅管理業法FAQ1(2)4）。これは、共用部分の管理が別のマンション管理業者によって行われている場合でも、同様である。

**エ　正**　　いわゆるマンスリーマンションなど、利用者の滞在期間が長期に及ぶなど生活の本拠として使用されることが予定されている、施設の衛生上の維持管理責任が利用者にあるなど、当該施設が旅館業法に基づく営業を行っていない場合には、賃貸住宅に該当する（賃貸住宅管理業法の解釈・運用の考え方2条1項関係2(2)）。したがって、賃貸人の委託を受けて、本肢のマンスリーマンションの維持保全を行う業務については、上記①にあたり、「賃貸住宅管理業」に該当する。

　以上より、誤っているものの組合せはアウであり、本問の正解肢は❷となる。

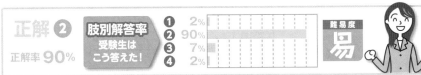

正解 ❷　正解率90%

肢別解答率　受験生はこう答えた！

❶ 2%
❷ 90%
❸ 7%
❹ 2%

難易度　易

重要度 A **意義**

問題 **7** 賃貸住宅管理業法における賃貸住宅管理業に関する次の記述のうち、誤っているものはどれか。

❶ 賃貸人から委託を受けて、家賃の集金は行うが、賃貸住宅の居室及び共用部分の点検・清掃・修繕を、業者の手配も含め行っていない場合、賃貸住宅管理業に該当しない。

❷ 賃貸人から委託を受けて、賃貸住宅の居室及び共用部分の点検・清掃・修繕を行う場合、家賃の集金は行っていなくても、賃貸住宅管理業に該当する。

❸ 賃貸人から委託を受けて、賃貸住宅の居室及び共用部分の点検・清掃・修繕を行っているが、入居者のクレーム対応は行わない場合、賃貸住宅管理業に該当しない。

❹ 賃貸人から委託を受けて、家賃の集金と入居者のクレーム対応は行うが、賃貸住宅の居室及び共用部分の点検・清掃・修繕を、業者の手配も含め行っていない場合、賃貸住宅管理業に該当しない。

全問◎を
目指そう！

| | 1回目 | 2回目 | 3回目 |
|---|---|---|---|
| 学習日 | / | / | / |
| 手応え | | | |

◎：完全に分かってきた
○：だいたい分かってきた
△：少し分かってきた
×：全く分からなかった

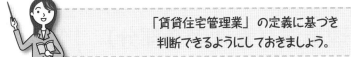

「賃貸住宅管理業」の定義に基づき
判断できるようにしておきましょう。

　「賃貸住宅管理業」とは、賃貸住宅の賃貸人から委託を受けて、①当該委託に係る賃貸住宅の維持保全（住宅の居室及びその他の部分について、点検、清掃その他の維持を行い、及び必要な修繕を行うことをいう。）を行う業務（賃貸住宅の賃貸人のために当該維持保全に係る契約の締結の媒介、取次ぎ又は代理を行う業務を含む。）、②当該賃貸住宅に係る家賃、敷金、共益費その他の金銭の管理を行う業務（前記①の業務と併せて行うものに限る。）を行う事業をいう（賃貸住宅管理業法2条2項）。

**❶ 正**　金銭の管理を行う業務は、賃貸住宅の賃貸人から委託を受けて、当該委託に係る賃貸住宅の維持保全と併せて行うものに限り、賃貸住宅管理業に該当する。したがって、金銭の管理のみを行う業務は、上記①及び②のいずれにもあたらず、賃貸住宅管理業には該当しない（賃貸住宅管理業法の解釈・運用の考え方2条2項関係4）。

**❷ 正**　賃貸住宅の居室及び共用部分の点検・清掃・修繕を行うことは、上記①にあたり、家賃の集金を行っていなくても、賃貸住宅管理業に該当する。

**❸ 誤**　肢2の解説で述べた通り、賃貸住宅の居室及び共用部分の点検・清掃・修繕を行うことは、上記①にあたり、入居者のクレーム対応を行わない場合でも、賃貸住宅管理業に該当する。

**❹ 正**　入居者からの苦情対応のみを行い、賃貸住宅の居室及び共用部分の点検・清掃・修繕を業者の手配を含め行っていない場合は、上記①及び②のいずれにもあたらず、賃貸住宅管理業には該当しない（賃貸住宅管理業法の解釈・運用の考え方2条2項関係2）。

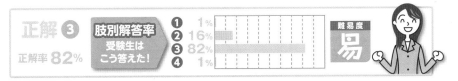

正解 ❸
正解率 82%

肢別解答率
受験生は
こう答えた！

❶ 1%
❷ 16%
❸ 82%
❹ 1%

難易度
易

# 管理業法（管理受託部分）

2017年度
問2出題

重要度 A

**問題 8** 業務管理者の選任及び職務に関する次の記述のうち、適切なものはどれか。（改題）

❶業務管理者は、他の営業所又は事務所の業務管理者となることができる。

❷賃貸住宅管理業者は、業務管理者に帳簿の備付け等に関する事項の管理及び監督を行わせる必要はない。

❸賃貸住宅管理業者は、業務管理者に秘密の保持に関する事項の管理及び監督を行わせる必要はない。

❹賃貸住宅管理業者は、業務管理者に賃貸住宅の入居者からの苦情の処理に関する事項の管理及び監督を行わせなければならない。

全問◎を
目指そう！

| | 1回目 | 2回目 | 3回目 |
|---|---|---|---|
| 学習日 | / | / | / |
| 手応え | | | |

◎：完全に分かってきた
○：だいたい分かってきた
△：少し分かってきた
×：全く分からなかった

ここがポイント

業務管理者は、他の営業所又は
事務所の業務管理者となることができません。

❶ 不適切 業務管理者は、他の営業所又は事務所の業務管理者となることができない（賃貸住宅管理業法 12 条 3 項）。

❷ 不適切 賃貸住宅管理業者は、その営業所又は事務所ごとに、1 人以上の業務管理者を選任して、当該営業所又は事務所における業務に関し、管理受託契約（管理業務の委託を受けることを内容とする契約をいう）の内容の明確性、管理業務として行う賃貸住宅の維持保全の実施方法の妥当性その他の賃貸住宅の入居者の居住の安定及び賃貸住宅の賃貸に係る事業の円滑な実施を確保するため必要な国土交通省令で定める事項についての管理及び監督に関する事務を行わせなければならない（賃貸住宅管理業法 12 条 1 項）。そして、この国土交通省令で定める事項は、①管理受託契約の締結前の書面の交付及び説明に関する事項、②管理受託契約の締結時の書面の交付に関する事項、③管理業務として行う賃貸住宅の維持保全の実施に関する事項及び賃貸住宅に係る家賃、敷金、共益費その他の金銭の管理に関する事項、④帳簿の備付け等に関する事項、⑤定期報告に関する事項、⑥秘密の保持に関する事項、⑦賃貸住宅の入居者からの苦情の処理に関する事項、⑧①～⑦に掲げるもののほか、賃貸住宅の入居者の居住の安定及び賃貸住宅の賃貸に係る事業の円滑な実施を確保するため必要な事項として国土交通大臣が定める事項である（同法施行規則 13 条）。したがって、賃貸住宅管理業者は、業務管理者に帳簿の備付け等に関する事項の管理及び監督を行わせなければならない。

❸ 不適切 上記肢 2 の解説で述べたとおり、賃貸住宅管理業者は、業務管理者に秘密の保持に関する事項の管理及び監督を行わせなければならない（賃貸住宅管理業法施行規則 13 条 6 号）。

❹ 適切 上記肢 2 の解説で述べたとおり、賃貸住宅管理業者は、業務管理者に賃貸住宅の入居者からの苦情の処理に関する事項の管理及び監督を行わせなければならない（賃貸住宅管理業法施行規則 13 条 7 号）。

正解 ❹

正解率 69%

肢別解答率
受験生は
こう答えた！

| | |
|---|---|
| ❶ | 10% |
| ❷ | 5% |
| ❸ | 16% |
| ❹ | 69% |

難易度

普

重要度 **A** 管理業法（管理受託部分）

2017年度
問3出題

問題 **9**　賃貸住宅管理業の登録に関する次の記述のうち、正しいものはどれか。

❶　賃貸住宅管理業を営む場合、賃貸住宅管理業に係る賃貸住宅の戸数が200戸未満である場合も、国土交通大臣の登録を受けなければならない。

❷　国土交通大臣は、賃貸住宅管理業の登録をしたときは、遅滞なく、その旨を申請者に通知しなければならないが、賃貸住宅管理業者登録簿を一般の閲覧に供する必要はない。

❸　賃貸住宅管理業者は、登録の申請事項に変更があったときは、その日から3か月以内に、その旨を国土交通大臣に届け出なければならない。

❹　賃貸住宅管理業の登録の更新の申請があった場合において、登録の有効期間の満了の日までにその申請に対する処分がされないときは、従前の登録は、その有効期間の満了後もその処分がなされるまでの間は、なおその効力を有する。

全問◎を
目指そう！

| | 1回目 | 2回目 | 3回目 |
|---|---|---|---|
| 学習日 | ／ | ／ | ／ |
| 手応え | | | |

◎：完全に分かってきた
○：だいたい分かってきた
△：少し分かってきた
×：全く分からなかった

ここがポイント

**国土交通大臣は、賃貸住宅管理業者登録簿を
一般の閲覧に供しなければなりません。**

❶ 誤　賃貸住宅管理業を営もうとする者は、国土交通大臣の登録を受けなければならない。ただし、その事業の規模が、当該事業に係る賃貸住宅の戸数その他の事項を勘案して国土交通省令で定める規模未満であるときは、この限りでない（賃貸住宅管理業法3条1項）。この国土交通省令で定める規模とは、賃貸住宅管理業に係る賃貸住宅の戸数が 200 戸であることである（同法施行規則3条）。したがって、賃貸住宅管理業を営む場合、賃貸住宅管理業に係る賃貸住宅の戸数が 200 戸未満である場合は、国土交通大臣の登録を受けることを義務づけられない。

❷ 誤　国土交通大臣は、賃貸住宅管理業の登録をしたときは、遅滞なく、その旨を申請者に通知しなければならず（賃貸住宅管理業法5条2項）、また、国土交通大臣は、賃貸住宅管理業者登録簿を一般の閲覧に供しなければならない（同法8条）。

❸ 誤　賃貸住宅管理業者は、登録の申請事項に変更があったときは、その日から 30 日以内に、その旨を国土交通大臣に届け出なければならない（賃貸住宅管理業法7条1項）。

❹ 正　登録の更新の申請があった場合において、登録の有効期間の満了の日までにその申請に対する処分がされないときは、従前の登録は、その有効期間の満了後もその処分がなされるまでの間は、なおその効力を有する（賃貸住宅管理業法3条3項）。

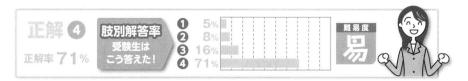

正解 ❹　正解率 71%

肢別解答率　受験生はこう答えた！
❶ 5%
❷ 8%
❸ 16%
❹ 71%

難易度　易

## 管理業法（管理受託部分）

2017年度
問4出題

問題 10 賃貸住宅管理業の登録に関する次の記述のうち、正しいものはどれか。（改題）

❶ 宅地建物取引業法に違反したことにより罰金刑に処せられた者は、罰金を納めた日から5年間は、賃貸住宅管理業の登録を受けることができない。

❷ 賃貸住宅管理業の登録を受けようとする者は、国土交通大臣に登録申請書及びその添付書類を提出しなければならず、この添付書類には、業務等の状況に関する書面は含まれない。

❸ 賃貸住宅管理業の登録の有効期間は3年である。

❹ 賃貸住宅管理業の登録の更新を受けようとする者は、その者が現に受けている登録の有効期間の満了の日の90日前から30日前までの間に登録の更新の申請書を国土交通大臣に提出しなければならない。

| | 1回目 | 2回目 | 3回目 |
|---|---|---|---|
| 学習日 | / | / | / |
| 手応え | | | |

全問◎を目指そう！

◎：完全に分かってきた
○：だいたい分かってきた
△：少し分かってきた
×：全く分からなかった

**ここがポイント**

賃貸住宅管理業の登録申請書の添付書類には、
業務等の状況に関する書面が含まれます。

❶ 誤　国土交通大臣は、賃貸住宅管理業の登録を受けようとする者が禁錮以上の刑に処せられ、又は賃貸住宅管理業法の規定により罰金の刑に処せられ、その執行を終わり、又は執行を受けることがなくなった日から起算して5年を経過しない者であるときは、その登録を拒否しなければならない（賃貸住宅管理業法6条1項4号）。したがって、本肢の場合には、登録を受けることができる。

❷ 誤　賃貸住宅管理業の登録を受けようとする者は、国土交通大臣に登録申請書及びその添付書類を提出しなければならず（賃貸住宅管理業法4条1項、2項）、この添付書類には、業務等の状況に関する書面が含まれる（同法施行規則7条1項1号チ、同項2号ヘ）。

❸ 誤　賃貸住宅管理業の登録は、5年ごとにその更新を受けなければ、その期間の経過によって、その効力を失う（賃貸住宅管理業法3条2項）。

❹ 正　賃貸住宅管理業の登録の更新を受けようとする者は、その者が現に受けている登録の有効期間の満了の日の90日前から30日前までの間に登録の更新の申請書を国土交通大臣に提出しなければならない（賃貸住宅管理業法施行規則4条）。

正解 ❹　正解率 87%

肢別解答率　受験生はこう答えた！

❶ 4%
❷ 6%
❸ 3%
❹ 87%

難易度　易

重要度 A **管理業法（管理受託部分）** 2017年度 問5出題

問題 11 賃貸住宅管理業法における賃貸住宅管理業者による賃貸人に対する管理受託契約の締結時の書面の交付に関する次の記述のうち、正しいものはどれか。（改題）

❶ 管理受託契約の締結時の書面は、必要事項が記載されている限り、その様式は定められていない。

❷ 賃貸住宅管理業者は、管理受託契約の締結時の書面について、電磁的方法による提供をすることができない。

❸ 管理受託契約の締結時の書面には、報酬の額を記載する必要があるが、報酬の支払の時期及び方法までは記載する必要はない。

❹ 賃貸住宅管理業者が管理受託契約を当初の契約と異なる内容で更新する場合であっても、管理受託契約の締結時の書面を交付する必要はない。

全問◎を
目指そう！

| | 1回目 | 2回目 | 3回目 |
|---|---|---|---|
| 学習日 | / | / | / |
| 手応え | | | |

◎：完全に分かってきた
○：だいたい分かってきた
△：少し分かってきた
×：全く分からなかった

ここがポイント

## 管理受託契約締結時の書面は
## 電磁的方法によって提供することができます。

**❶ 正** 管理受託契約締結時の書面に記載すべき事項が記載された契約書であれば、当該契約書をもって管理受託契約の締結時の書面とすることができる（同法の解釈・運用の考え方14条関係1）。

**❷ 誤** 賃貸住宅管理業者は、管理受託契約締結時の書面について、管理業務を委託しようとする賃貸住宅の賃貸人の承諾を得て、電磁的方法による提供をすることができる（賃貸住宅管理業法14条2項、同法の解釈・運用の考え方14条関係1）。

**❸ 誤** 管理受託契約の締結時の書面には、報酬の額を記載する必要があり、また報酬の支払の時期及び方法についても記載する必要がある（賃貸住宅管理業法14条1項4号、同法施行規則35条1項）。

**❹ 誤** 賃貸住宅管理業者は、管理受託契約変更契約を締結した場合、変更のあった事項について、賃貸人に対し、管理受託契約の締結時の書面を交付しなければならない（賃貸住宅管理業法の解釈・運用の考え方14条関係2）。

第2編 管理受託

管理業法（管理受託部分）

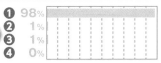

| 正解 ❶ | 肢別解答率 受験生はこう答えた！ | ❶ | 98% |
|---|---|---|---|
| 正解率 98% | | ❷ | 1% |
| | | ❸ | 1% |
| | | ❹ | 0% |

難易度 易

重要度 A 　**管理業法（管理受託部分）**　2017年度 問6出題

問題 12 　賃貸住宅管理業法において、賃貸住宅管理業者が行ってはならない行為に関する次の記述のうち、正しいものはどれか。（改題）

❶　賃貸住宅管理業者は、管理受託契約に管理業務の一部の委託に関する定めがあるときは、一部の再委託を行うことができるが、自らで再委託先の指導監督を行わず、全てについて他者に再委託することはできない。

❷　賃貸住宅管理業者と直接の雇用関係にある者であり、内部管理事務に限って従事する者にも従業者証明書の携帯の義務がある。

❸　賃貸住宅管理業者は、その業務に関して知り得た秘密を漏らしてはならないが、賃貸住宅管理業を営まなくなった後は、そのような制約はない。

❹　賃貸住宅管理業者は、自己の名義をもって、他人に賃貸住宅管理業を営ませることができる。

全問◎を目指そう！

|  | 1回目 | 2回目 | 3回目 |
|---|---|---|---|
| 学習日 | / | / | / |
| 手応え |  |  |  |

◎：完全に分かってきた
○：だいたい分かってきた
△：少し分かってきた
×：全く分からなかった

ここがポイント

管理業者は、賃貸住宅管理業を営まなくなった後も
秘密を他に漏らしてはなりません。

❶ 正　賃貸住宅管理業者は、管理受託契約に管理業務の一部の委託に関する定めが
あるときは、一部の再委託を行うことができるが、自らで再委託先の指導監督
を行わず、全てについて他者に再委託することはできない（賃貸住宅管理業法
の解釈・運用の考え方 15 条関係 1）。

❷ 誤　賃貸住宅管理業者と直接の雇用関係にある者であっても、内部管理事務に
限って従事する者には従業者証明書の携帯の義務はない（賃貸住宅管理業法の
解釈・運用の考え方 17 条関係）。

❸ 誤　賃貸住宅管理業者は、正当な理由がある場合でなければ、その業務上取り扱っ
たことについて知り得た秘密を他に漏らしてはならない。賃貸住宅管理業を営
まなくなった後においても、同様とする（賃貸住宅管理業法 21 条 1 項）。

❹ 誤　賃貸住宅管理業者は、自己の名義をもって、他人に賃貸住宅管理業を営ませ
てはならない（賃貸住宅管理業法 11 条）。

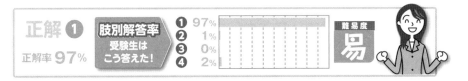

正解 ❶　正解率 97%　肢別解答率 受験生はこう答えた！　❶ 97%　❷ 1%　❸ 0%　❹ 2%　難易度 易

# 管理業法（管理受託部分）

重要度 A

2018年度
問2出題

問題 13　業務管理者に関する次の記述のうち、適切なものはいくつあるか。（改題）

ア　賃貸住宅管理業者は業務管理者に管理受託契約の締結前の書面の交付及び説明に関する事項についての管理及び監督に関する事務を行わせなければならない。

イ　賃貸住宅管理業者は業務管理者に管理受託契約の締結時の書面の交付に関する事項についての管理及び監督に関する事務を行わせなければならない。

ウ　賃貸住宅管理業者は業務管理者に賃貸住宅の入居者からの苦情の処理に関する事項についての管理及び監督に関する事務を行わせなければならない。

エ　同じ企業内で営業所・事務所が複数ある場合、他店舗の業務管理者が一時的であれば、他の店舗の業務管理者として兼任することができる。

**❶**　1つ
**❷**　2つ
**❸**　3つ
**❹**　4つ

全問◎を
目指そう！

| | 1回目 | 2回目 | 3回目 |
|---|---|---|---|
| 学習日 | / | / | / |
| 手応え | | | |

◎：完全に分かってきた
○：だいたい分かってきた
△：少し分かってきた
×：全く分からなかった

賃貸住宅管理業者が業務管理者に
行わせなければならない事務を整理しておきましょう。

**ア** 適切 賃貸住宅管理業者は、その営業所又は事務所ごとに、1人以上の業務管理者を選任して、当該営業所又は事務所における業務に関し、管理受託契約（管理業務の委託を受けることを内容とする契約をいう）の内容の明確性、管理業務として行う賃貸住宅の維持保全の実施方法の妥当性その他の賃貸住宅の入居者の居住の安定及び賃貸住宅の賃貸に係る事業の円滑な実施を確保するため必要な国土交通省令で定める事項についての管理及び監督に関する事務を行わなければならない（賃貸住宅管理業法12条1項）。そして、管理受託契約の締結前の書面の交付及び説明に関する事項についての管理及び監督に関する事務は、賃貸住宅管理業者が業務管理者に行わせなければならない事務に該当する（同法施行規則13条1号）。

**イ** 適切 賃貸住宅管理業者は、その営業所又は事務所ごとに、1人以上の業務管理者を選任して、当該営業所又は事務所における業務に関し、管理受託契約（管理業務の委託を受けることを内容とする契約をいう）の内容の明確性、管理業務として行う賃貸住宅の維持保全の実施方法の妥当性その他の賃貸住宅の入居者の居住の安定及び賃貸住宅の賃貸に係る事業の円滑な実施を確保するため必要な国土交通省令で定める事項についての管理及び監督に関する事務を行わせなければならない（賃貸住宅管理業法12条1項）。そして、管理受託契約の締結時の書面の交付に関する事項についての管理及び監督に関する事務は、賃貸住宅管理業者が業務管理者に行わせなければならない事務に該当する（同法施行規則13条2号）。

**ウ** 適切 賃貸住宅管理業者は、その営業所又は事務所ごとに、1人以上業務管理者を選任して、当該営業所又は事務所における業務に関し、管理受託契約（管理業務の委託を受けることを内容とする契約をいう）の内容の明確性、管理業務として行う賃貸住宅の維持保全の実施方法の妥当性その他の賃貸住宅の入居者の居住の安定及び賃貸住宅の賃貸に係る事業の円滑な実施を確保するため必要な国土交通省令で定める事項についての管理及び監督に関する事務を行わせなければならない（賃貸住宅管理業法12条1項）。そして、賃貸住宅の入居者からの苦情の処理に関する事項についての管理及び監督に関する事務は、賃貸住宅管理業者が業務管理者に行わせなければならない事務に該当する（同法施行規則13条7号）

**エ** 不適切 業務管理者は、他の営業所又は事務所の業務管理者を兼務することはできない（賃貸住宅管理業法12条3項）。

以上より、適切なものはアイウの3つであり、本問の正解肢は❸となる。

正解 ❸ 正解率 42%　肢別解答率 受験生はこう答えた！

| ❶ | 13% |
| ❷ | 19% |
| ❸ | 42% |
| ❹ | 26% |

難易度 難

## 管理業法（管理受託部分）

重要度 **A**

2018年度
問3出題

問題
14
賃貸住宅管理業の登録に関する次の記述のうち、誤っているものはどれか。（改題）

❶　賃貸住宅管理業の登録は、賃貸住宅管理業登録等電子申請システムを利用して行うことを原則とする。

❷　賃貸住宅管理業の登録を受けようとする者は、登録の申請書とともに最近の事業年度における貸借対照表及び損益計算書を添付書類として国土交通大臣に提出する必要はない。

❸　賃貸住宅管理業の登録の更新を受けようとする者は、登録の有効期間満了の日の90日前から30日前までの間に登録申請書を国土交通大臣に提出しなければならない。

❹　賃貸住宅管理業者は、その営業所又は事務所ごとに1人以上の業務管理者を選任する必要があり、その業務管理者は、他の営業所又は事務所の業務管理者となることができない。

全問◎を
目指そう！

|  | 1回目 | 2回目 | 3回目 |
|---|---|---|---|
| 学習日 | ／ | ／ | ／ |
| 手応え |  |  |  |

◎：完全に分かってきた
○：だいたい分かってきた
△：少し分かってきた
×：全く分からなかった

ここがポイント

**登録は賃貸住宅管理業登録等電子申請システムを利用して
行うのが原則です。**

**❶ 正**　賃貸住宅管理業の登録の申請は、賃貸住宅管理業登録等電子申請システムを利用して行うことを原則とする（賃貸住宅管理業法の解釈・運用の考え方4条関係1(1)）。

**❷ 誤**　賃貸住宅管理業の登録の申請書には、登録を受けようとする者が登録の拒否事由に該当しないことを誓約する書面その他の国土交通省令で定める書類を添付しなければならない（賃貸住宅管理業法4条2項）。最近の事業年度における貸借対照表及び損益計算書は、「国土交通省令で定める書類」にあたり（同法施行規則7条1項1号ト）、これを添付書類として国土交通大臣に提出する必要がある。

**❸ 正**　賃貸住宅管理業の登録の更新を受けようとする者は、その者が現に受けている登録の有効期間の満了の日の90日前から30日前までの間に登録申請書を国土交通大臣に提出しなければならない（賃貸住宅管理業法施行規則4条）。

**❹ 正**　賃貸住宅管理業者は、その営業所又は事務所ごとに、1人以上の業務管理者を選任して、当該営業所又は事務所における業務に関し、管理受託契約（管理業務の委託を受けることを内容とする契約をいう）の内容の明確性、管理業務として行う賃貸住宅の維持保全の実施方法の妥当性その他の賃貸住宅の入居者の居住の安定及び賃貸住宅の賃貸に係る事業の円滑な実施を確保するため必要な国土交通省令で定める事項についての管理及び監督に関する事務を行わせなければならない（賃貸住宅管理業法12条1項）。また、業務管理者は、他の営業所又は事務所の業務管理者となることができない（同条3項）。

**正解 ❷**

正解率 **96%**

**肢別解答率**
受験生は
こう答えた！

| | | |
|---|---|---|
| ❶ | 0% | |
| ❷ | 96% | |
| ❸ | 1% | |
| ❹ | 3% | |

難易度　**易**

# 管理業法（管理受託部分）

重要度 **A**

2018年度
問4出題

問題 **15**　賃貸住宅管理業法において定められている賃貸住宅管理業者による賃貸人に対する管理受託契約に関する重要事項の説明（以下、本問において「重要事項の説明」という。）に関する次の記述のうち、正しいものはいくつあるか。（改題）

**ア**　重要事項の説明は、管理受託契約が成立するまでの間に行わなければならないが、賃貸人が遠隔地に居住する等特段の事情がある場合には、当該契約成立後にすることもできる。

**イ**　重要事項の説明を行う際、従業員証の提示は義務付けられていない。

**ウ**　重要事項の説明及び管理受託契約重要事項説明書の交付は、業務管理者が行うことは必ずしも必要でない。

**エ**　賃貸住宅管理業者は、賃貸人の承諾を得て管理受託契約重要事項説明書に記載すべき事項を電磁的方法により提供することができる。

**❶**　1つ
**❷**　2つ
**❸**　3つ
**❹**　4つ

全問◎を
目指そう！

| | 1回目 | 2回目 | 3回目 |
|---|---|---|---|
| 学習日 | ／ | ／ | ／ |
| 手応え | | | |

◎：完全に分かってきた
○：だいたい分かってきた
△：少し分かってきた
×：全く分からなかった

ここがポイント

**重要事項説明の際に、
従業員証を提示することは義務づけられていません。**

**ア** 誤 賃貸住宅管理業者は、管理受託契約を締結しようとするときは、管理業務を委託しようとする賃貸住宅の賃貸人（賃貸住宅管理業者である者その他の管理業務に係る専門的知識及び経験を有すると認められる者として国土交通省令で定めるものを除く）に対し、当該管理受託契約を締結するまでに、管理受託契約の内容及びその履行に関する事項であって国土交通省令で定めるものについて、書面を交付して説明しなければならない（賃貸住宅管理業法 13 条 1 項）。管理受託契約重要事項説明については、賃貸人が契約内容を十分に理解した上で契約を締結できるよう、説明から契約締結までに 1 週間程度の期間をおくことが望ましい。説明から契約締結までの期間を短くせざるを得ない場合には、事前に管理受託契約重要事項説明書等を送付し、その送付から一定期間後に、説明を実施するなどして、管理受託契約を委託しようとする者が契約締結の判断を行うまでに十分な時間をとることが望ましい（同法の解釈・運用の考え方 13 条関係 1）。

**イ** 正 重要事項説明時における従業員証の提示は義務づけられていない（賃貸住宅管理業法 FAQ 3(2)6）。

**ウ** 正 管理受託契約重要事項説明は、業務管理者によって行われることは必ずしも必要ないが、業務管理者の管理及び監督の下に行われる必要があり、また、業務管理者又は一定の実務経験を有する者など専門的な知識及び経験を有する者によって行われることが望ましい（賃貸住宅管理業法の解釈・運用の考え方 13 条関係 1）。

**エ** 正 賃貸住宅管理業者は管理受託契約重要事項説明書についても、賃貸人の承諾を得て、電磁的方法による提供ができる（賃貸住宅管理業法 13 条 2 項）。

以上より、正しいものはイウエの 3 つであり、本問の正解肢は❸となる。

正解 ❸　正解率 50%

肢別解答率 受験生はこう答えた！
- ❶ 2%
- ❷ 48%
- ❸ 50%
- ❹ 1%

難易度 普

# 管理業法（管理受託部分）

2018年度
問5出題

問題
16

賃貸住宅管理業法における賃貸住宅管理業者の遵守事項に関する次の記述のうち、正しいものはどれか。（改題）

❶　賃貸住宅管理業者は、その業務に関して知り得た秘密を漏らしてはならないが、賃貸住宅管理業を営まなくなった後は、そのような禁止はされていない。

❷　賃貸住宅管理業者は、委託者への報告を行うときは、管理受託契約を締結した日から　一年を超えない期間ごとに、当該期間における管理受託契約に係る管理業務の状況について報告の対象となる期間、管理業務の実施状況などを記載した管理業務報告書を作成してこれを委託者に交付して説明すれば、管理受託契約の期間の満了後にこれを行う必要はない。

❸　賃貸住宅管理業者は、管理受託契約を締結しようとするときは、賃貸人に対し、管理受託契約の更新及び解除に関する事項については、当該管理受託契約を締結するまでに、書面を交付して説明する必要はない。

❹　賃貸住宅管理業者は、国土交通省令で定めるところにより、その営業所又は事務所ごとに、その業務に関する帳簿を備え付け、委託者ごとに管理受託契約について契約年月日その他の国土交通省令で定める事項を記載し、これを保存しなければならない。

全問◎を
目指そう！

| | 1回目 | 2回目 | 3回目 |
|---|---|---|---|
| 学習日 | / | / | / |
| 手応え | | | |

◎：完全に分かってきた
○：だいたい分かってきた
△：少し分かってきた
×：全く分からなかった

賃貸住宅管理業者は、営業所又は事務所ごとに、
帳簿を備え付けなければなりません。

❶ 誤　賃貸住宅管理業者は、正当な理由がある場合でなければ、その業務上取り扱ったことについて知り得た秘密を他に漏らしてはならない。このことは、賃貸住宅管理業を営まなくなった後においても、同様である（賃貸住宅管理業法21条1項）。

❷ 誤　賃貸住宅管理業者は、管理業務の実施状況その他の国土交通省令で定める事項について、国土交通省令で定めるところにより、定期的に、委託者に報告しなければならない（賃貸住宅管理業法20条）。ここで、賃貸住宅管理業者は、委託者への報告を行うときは、管理受託契約を締結した日から1年を超えない期間ごとに、及び管理受託契約の期間の満了後遅滞なく、当該期間における管理受託契約に係る管理業務の状況について、①報告の対象となる期間、②管理業務の実施状況、③管理業務の対象となる賃貸住宅の入居者からの苦情の発生状況及び対応状況を記載した管理業務報告書を作成し、これを委託者に交付して説明しなければならない（同法施行規則40条1項）。

❸ 誤　賃貸住宅管理業者は、管理受託契約を締結しようとするときは、管理業務を委託しようとする賃貸住宅の賃貸人（賃貸住宅管理業者である者その他の管理業務に係る専門的知識及び経験を有すると認められる者として国土交通省令で定めるものを除く）に対し、当該管理受託契約を締結するまでに、管理受託契約の内容及びその履行に関する事項であって国土交通省令で定めるものについて、書面を交付して説明しなければならない（賃貸住宅管理業法13条）。この重要事項として説明しなければならない事項には、管理受託契約の更新及び解除に関する事項が含まれている（同法施行規則31条11号）。

❹ 正　賃貸住宅管理業者は、国土交通省令で定めるところにより、その営業所又は事務所ごとに、その業務に関する帳簿を備え付け、委託者ごとに管理受託契約について契約年月日その他の国土交通省令で定める事項を記載し、これを保存しなければならない（賃貸住宅管理業法18条）。

正解 ❹　正解率 68%

肢別解答率　受験生はこう答えた！

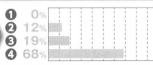

| ❶ | 0% |
| ❷ | 12% |
| ❸ | 19% |
| ❹ | 68% |

難易度　普

重要度 **A**　**管理業法（管理受託部分）**　2018年度 問6出題

問題 **17**　次の記述のうち、賃貸住宅管理業者が委託者に対して行う定期報告で報告すべき事項とされていないものはどれか。（改題）

**❶**　管理業務の実施状況

**❷**　管理業務の対象となる賃貸住宅の入居者からの苦情の発生状況及び対応状況

**❸**　報告の対象となる期間

**❹**　賃貸住宅管理業者の財務状況

全問◎を 目指そう！

|  | 1回目 | 2回目 | 3回目 |
|---|---|---|---|
| 学習日 | / | / | / |
| 手応え |  |  |  |

◎：完全に分かってきた
○：だいたい分かってきた
△：少し分かってきた
×：全く分からなかった

ここがポイント

**賃貸住宅管理業者が委託者に対して行う
定期報告の事項を確認しておきましょう。**

❶ **されている**　賃貸住宅管理業者は、管理業務の実施状況その他の国土交通省令で定める事項について、国土交通省令で定めるところにより、定期的に、委託者に報告しなければならない（賃貸住宅管理業法 20 条）。そして、賃貸住宅管理業者は、委託者への報告を行うときは、管理受託契約を締結した日から 1 年を超えない期間ごとに、及び管理受託契約の期間の満了後遅滞なく、当該期間における管理受託契約に係る管理業務の状況について、①報告の対象となる期間、②管理業務の実施状況、③管理業務の対象となる賃貸住宅の入居者からの苦情の発生状況及び対応状況を記載した管理業務報告書を作成し、これを委託者に交付して説明しなければならない（同法施行規則 40 条 1 項）。したがって、管理業務の実施状況は報告すべき事項とされている。

❷ **されている**　上記肢 1 の解説で述べたとおり、管理業務の対象となる賃貸住宅の入居者からの苦情の発生状況及び対応状況は報告すべき事項とされている。

❸ **されている**　上記肢 1 の解説で述べたとおり、報告の対象となる期間は報告すべき事項とされている。

❹ **されていない**　上記肢 1 の解説で述べたとおり、賃貸住宅管理業者の財務状況は報告すべき事項とされていない。

正解 ❹　正解率 39%

肢別解答率
受験生は
こう答えた！

❶ 4%
❷ 24%
❸ 33%
❹ 39%

難易度 **難**

重要度 A
# 管理業法（管理受託部分）

2018年度
問7出題

問題
18
賃貸住宅管理業法において定められている賃貸住宅管理業者による賃貸人に対する管理受託契約の締結時の書面に関する次の記述のうち、正しいものの組合せはどれか。（改題）

**ア**　管理受託契約の締結時の書面には、契約期間に関する事項を記載する必要がある。

**イ**　管理受託契約の締結時の書面には、責任及び免責に関する定めがあるときは、その内容を記載する必要がある。

**ウ**　管理受託契約の締結時の書面には、報酬の額並びにその支払の時期及び方法を記載する必要がある。

**エ**　管理受託契約の締結時の書面は、賃貸人に対する管理受託契約に関する重要事項の説明の書面と一体で交付することができる。

❶　ア、イ、ウ
❷　ア、イ、エ
❸　ア、ウ、エ
❹　ア、イ、ウ、エ

全問◎を
目指そう！

| | 1回目 | 2回目 | 3回目 | ◎：完全に分かってきた |
|---|---|---|---|---|
| 学習日 | ／ | ／ | ／ | ○：だいたい分かってきた |
| 手応え | | | | △：少し分かってきた<br>✕：全く分からなかった |

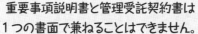

**ここがポイント**

重要事項説明書と管理受託契約書は
1つの書面で兼ねることはできません。

**ア** 正 管理受託契約の締結時の書面には、契約期間に関する事項を記載する必要がある（賃貸住宅管理業法 14 条 1 項 3 号）。

**イ** 正 管理受託契約の締結時の書面には、責任及び免責に関する定めがあるときは、その内容を記載する必要がある（賃貸住宅管理業法 14 条 1 項 6 号、同法施行規則 35 条 2 項 4 号）。

**ウ** 正 管理受託契約の締結時の書面には、報酬の額並びにその支払の時期及び方法を記載する必要がある（賃貸住宅管理業法 14 条 1 項 4 号、同法施行規則 35 条 1 項）。

**エ** 誤 管理受託契約の締結時の書面は、賃貸人に対する管理受託契約に関する重要事項説明の書面と一体で賃貸人に交付することはできない（賃貸住宅管理業法 FAQ3(2)3）。

以上より、正しいものはアイウであり、本問の正解肢は❶となる。

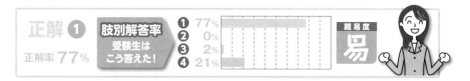

正解 ❶

正解率 77%

**肢別解答率**
受験生は
こう答えた！

| | |
|---|---|
| ❶ | 77% |
| ❷ | 0% |
| ❸ | 2% |
| ❹ | 21% |

**難易度** 易

# 管理業法（管理受託部分）

2019年度
問2出題

**問題 19** 賃貸住宅管理業法により賃貸住宅管理業者が業務管理者である賃貸不動産経営管理士に管理・監督を行わせるべき事務に関する次の記述のうち、最も適切なものの組合せはどれか。（改題）

**ア** 賃貸人に対する重要事項説明

**イ** 賃貸人に対する重要事項説明書の交付

**ウ** 賃貸人との契約における契約締結時の書面の交付

**❶** ア、イ

**❷** ア、ウ

**❸** イ、ウ

**❹** ア、イ、ウ

全問◎を
目指そう！

| | 1回目 | 2回目 | 3回目 |
|---|---|---|---|
| 学習日 | / | / | / |
| 手応え | | | |

◎：完全に分かってきた
○：だいたい分かってきた
△：少し分かってきた
×：全く分からなかった

賃貸不動産経営管理士の
業務管理者としての役割を整理しておきましょう。

　賃貸住宅管理業者は、その営業所又は事務所ごとに、1人以上の業務管理者を選任して、当該営業所又は事務所における業務に関し、管理受託契約（管理業務の委託を受けることを内容とする契約をいう）の内容の明確性、管理業務として行う賃貸住宅の維持保全の実施方法の妥当性その他の賃貸住宅の入居者の居住の安定及び賃貸住宅の賃貸に係る事業の円滑な実施を確保するため必要な国土交通省令で定める事項についての管理及び監督に関する事務を行わせなければならない（賃貸住宅管理業法12条1項）。

**ア** 適切 　賃貸人に対する重要事項説明に関する事項の管理・監督は賃貸住宅管理業者が業務管理者に行わせる職務である（同法施行規則13条1号）。

**イ** 適切 　賃貸人に対する重要事項説明書の交付に関する事項の管理・監督は賃貸住宅管理業者が業務管理者に行わせる職務である（同法施行規則13条1号）。

**ウ** 適切 　賃貸人に対する契約締結時の書面の交付に関する事項の管理・監督は賃貸住宅管理業者が業務管理者に行わせる職務である（同法施行規則13条2号）。

　以上より、適切なものはアイウであり、本問の正解肢は 4 となる。

正解 4　肢別解答率 受験生はこう答えた！

❶ 14%
❷ 2%
❸ 3%
❹ 81%

正解率 81%

難易度 易

重要度 A **管理業法（管理受託部分）** 2019年度 問3出題

問題 20 賃貸住宅管理業法における業務管理者としての賃貸不動産経営管理士の職務等に関する記述のうち、誤っているものはどれか。（改題）

❶ 賃貸住宅管理業者は、業務管理者である賃貸不動産経営管理士に管理業務として行う賃貸住宅の維持保全の実施に関する事項及び賃貸住宅に係る家賃、敷金、共益費その他の金銭の管理に関する事項の管理及び監督に関する事務を行わせなければならない。

❷ ある店舗の業務管理者である賃貸不動産経営管理士が一時的に他の店舗の業務管理者を兼務することができる。

❸ 賃貸住宅管理業者は、業務管理者である賃貸不動産経営管理士に定期報告に関する事項の管理及び監督に関する事務を行わせなければならない。

❹ 賃貸住宅管理業者は、業務管理者である賃貸不動産経営管理士に賃貸住宅の入居者からの苦情の処理に関する事項の管理及び監督に関する事務を行わせなければならない。

全問◎を目指そう！

|  | 1回目 | 2回目 | 3回目 |
|---|---|---|---|
| 学習日 | / | / | / |
| 手応え |  |  |  |

◎：完全に分かってきた
○：だいたい分かってきた
△：少し分かってきた
×：全く分からなかった

ここがポイント

賃貸不動産経営管理士の
業務管理者としての役割を整理しておきましょう。

❶ 正　賃貸住宅管理業者は、業務管理者に管理業務として行う賃貸住宅の維持保全の実施に関する事項及び賃貸住宅に係る家賃、敷金、共益費その他の金銭の管理に関する事項の管理及び監督に関する事務を行わせなければならない（賃貸住宅管理業法12条1項、同法施行規則13条3号）。

❷ 誤　ある店舗の業務管理者が一時的に他の店舗の業務管理者を兼務することはできない（賃貸住宅管理業法12条3項）。

❸ 正　賃貸住宅管理業者は、業務管理者に定期報告に関する事項の管理及び監督に関する事務を行わせなければならない（賃貸住宅管理業法12条1項、同法施行規則13条5号）。

❹ 正　賃住宅管理業者は、業務管理者に賃貸住宅の入居者からの苦情の処理に関する事項の管理及び監督に関する事務を行わせなければならない（賃貸住宅管理業法12条1項、同法施行規則13条7号）。

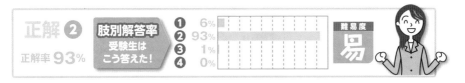

正解 ❷
正解率 93%

肢別解答率
受験生は
こう答えた！

| | |
|---|---|
| ❶ | 6% |
| ❷ | 93% |
| ❸ | 1% |
| ❹ | 0% |

難易度 易

# 管理業法（管理受託部分）

2019年度
問5出題

重要度 A

**問題 21** 賃貸住宅管理業法における登録に関する次の記述のうち、正しいものはいくつあるか。（改題）

**ア** 国土交通大臣は、賃貸住宅管理業の登録を受けようとする者が賃貸住宅管理業を遂行するために必要と認められる国土交通省令で定める基準に適合する財産的基礎を有しない者であるときはその登録を拒否しなければならない。

**イ** 賃貸住宅管理業の登録の更新を受けようとする者は、その者が現に受けている登録の有効期間の満了の日の3か月前までに登録申請書を国土交通大臣に提出しなければならない。

**ウ** 賃貸住宅管理業者は、賃貸住宅管理業法で定める業務管理者を営業所又は事務所ごとに、1名以上置く必要があり、この業務管理者は他の営業所又は事務所の業務管理者を兼務することができる。

**エ** 宅地建物取引業法に違反したことにより罰金刑に処せられた者は、罰金を納めた日から5年間は、賃貸住宅管理業の登録を受けることができない。

**❶** 1つ
**❷** 2つ
**❸** 3つ
**❹** 4つ

全問◎を
目指そう！

| | 1回目 | 2回目 | 3回目 |
|---|---|---|---|
| 学習日 | / | / | / |
| 手応え | | | |

◎：完全に分かってきた
○：だいたい分かってきた
△：少し分かってきた
×：全く分からなかった

ここがポイント

**賃貸住宅管理業の登録拒否事由を整理しておきましょう。**

**ア** 正　国土交通大臣は、賃貸住宅管理業の登録を受けようとする者が賃貸住宅管理業を遂行するために必要と認められる国土交通省令で定める基準に適合する財産的基礎を有しない者であるときはその登録を拒否しなければならない（賃貸住宅管理業法6条1項10号）。

**イ** 誤　賃貸住宅管理業の登録の更新を受けようとする者は、その者が現に受けている登録の有効期間の満了の日の90日前から30日前までの間に登録申請書を国土交通大臣に提出しなければならない（賃貸住宅管理業法施行規則4条）。

**ウ** 誤　賃貸住宅管理業者は、賃貸住宅管理業法で定める業務管理者を営業所又は事務所ごとに、1名以上置く必要があり、この業務管理者は他の営業所又は事務所の業務管理者を兼務することはできない（賃貸住宅管理業法12条1項、3項）。

**エ** 誤　国土交通大臣は、賃貸住宅管理業の登録を受けようとする者が禁錮以上の刑に処せられ、又は賃貸住宅管理業法の規定により罰金の刑に処せられ、その執行を終わり、又は執行を受けることがなくなった日から起算して5年を経過しない者であるときはその登録を拒否しなければならない（賃貸住宅管理業法6条1項4号）。

以上より、正しいものはアの1つであり、本問の正解肢は❶となる。

| | |
|---|---|
| ❶ | 53% |
| ❷ | 39% |
| ❸ | 7% |
| ❹ | 1% |

正解 ❶
正解率 53%

難易度 普

重要度 A **管理業法（管理受託部分）** 2019年度 問6出題

問題 22 賃貸住宅管理業法において、賃貸住宅管理業者が遵守すべき事項に関する次の記述のうち、正しいものの組合せはどれか。（改題）

**ア** 賃貸住宅管理業者は、管理受託契約において定めがあれば管理事務の再委託を行うことができるが、管理業務については一括して再委託することはできない。

**イ** 賃貸住宅管理業者は、管理受託契約を締結しようとするときは、賃貸人に対し、報酬の額並びにその支払の時期及び方法について説明しなければならないが、報酬に含まれていない管理業務に関する費用であって、賃貸住宅管理業者が通常必要とするものについては説明する必要はない。

**ウ** 賃貸住宅管理業者は、国土交通省令で定めるところにより、その営業所又は事務所ごとに、その業務に関する帳簿を備え付け、委託者ごとに管理受託契約について契約年月日その他の国土交通省令で定める事項を記載し、これを保存しなければならない。

**エ** 賃貸住宅管理業者の代理人、使用人その他の従業者は、正当な理由がある場合でなければ、賃貸住宅管理業の業務を補助したことについて知り得た秘密を他に漏らしてはならないが、賃貸住宅管理業者の代理人、使用人その他の従業者でなくなった後においては、秘密を他に漏らしてもかまわない。

❶ ア、イ
❷ ア、ウ
❸ イ、エ
❹ ウ、エ

全問◎を
目指そう！

| | 1回目 | 2回目 | 3回目 | |
|---|---|---|---|---|
| 学習日 | / | / | / | ◎：完全に分かってきた |
| 手応え | | | | ○：だいたい分かってきた |

△：少し分かってきた
×：全く分からなかった

| | 管理受託 |
|---|---|

ここがポイント

## 管理受託契約の重要事項を確認しておきましょう。

**ア 正** 賃貸住宅管理業者は、委託者から委託を受けた管理業務の全部を他の者に対し、再委託してはならない（賃貸住宅管理業法15条）。

**イ 誤** 賃貸住宅管理業者は、管理受託契約を締結しようとするときは、賃貸人に対し、報酬の額並びにその支払の時期及び方法について説明しなければならず、また報酬に含まれていない管理業務に関する費用であって、賃貸住宅管理業者が通常必要とするものについても説明する必要がある（賃貸住宅管理業法13条1項、同法施行規則31条4号、5号）。

**ウ 正** 賃貸住宅管理業者は、国土交通省令で定めるところにより、その営業所又は事務所ごとに、その業務に関する帳簿を備え付け、委託者ごとに管理受託契約について契約年月日その他の国土交通省令で定める事項を記載し、これを保存しなければならない（賃貸住宅管理業法18条）。

**エ 誤** 賃貸住宅管理業者の代理人、使用人その他の従業者は、正当な理由がある場合でなければ、賃貸住宅管理業の業務を補助したことについて知り得た秘密を他に漏らしてはならない。賃貸住宅管理業者の代理人、使用人その他の従業者でなくなった後においても、同様とする（賃貸住宅管理業法21条2項）。

以上より、正しいものはアウであり、本問の正解肢は②となる。

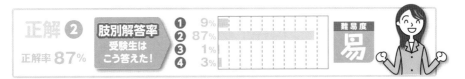

正解 ② 正解率 87%

肢別解答率 受験生はこう答えた！

❶ 9%
❷ 87%
❸ 1%
❹ 3%

難易度 易

LEC東京リーガルマインド　2024年版 賃貸不動産経営管理士 合格のトリセツ 過去問題集　221

# 管理業法（管理受託部分）

2019 年度
問 7 出題

重要度 **A**

> **問題 23** 賃貸住宅管理業法第 20 条に基づく賃貸住宅管理業者から委託者への報告に関する次の記述のうち、正しいものはいくつあるか。（改題）

**ア** 賃貸住宅管理業者から委託者への報告については、一定の要件を満たせば、書面によらず、メール等の電磁的方法によることもできる。

**イ** 賃貸住宅管理業者から委託者への報告は、管理受託契約を締結した日から 1 年を超えない期間ごとに、及び管理受託契約の期間の満了後遅滞なく行わなければならない。

**ウ** 賃貸住宅管理業者は、賃貸住宅の入居者からの問い合わせについても委託者に報告する必要がある。

**エ** 賃貸住宅管理業者は、委託者と賃貸住宅管理業者が締結する管理受託契約における委託業務の全てについて報告することが望ましいとされている。

**❶** 1つ

**❷** 2つ

**❸** 3つ

**❹** 4つ

全問◎を
目指そう！

| | 1回目 | 2回目 | 3回目 | ◎：完全に分かってきた |
|---|---|---|---|---|
| 学習日 | / | / | / | ○：だいたい分かってきた |
| 手応え | | | | △：少し分かってきた<br>×：全く分からなかった |

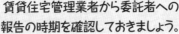

賃貸住宅管理業者から委託者への
報告の時期を確認しておきましょう。

**ア** 正　賃貸住宅管理業者は、管理業務報告書の交付に代えて、当該管理業務報告書を交付すべき委託者の承諾を得て、記載事項を電子情報処理組織を使用する方法その他の情報通信の技術を利用する方法により提供することができる（賃貸住宅管理業法施行規則40条2項）。

**イ** 正　賃貸住宅管理業者は、委託者への報告を行うときは、管理受託契約を締結した日から1年を超えない期間ごとに、及び管理受託契約の期間の満了後遅滞なく、当該期間における管理受託契約に係る管理業務の状況について所定の事項を記載した管理業務報告書を作成し、これを委託者に交付して説明しなければならない（賃貸住宅管理業法施行規則40条1項柱書）。

**ウ** 誤　賃貸住宅管理業者は、委託者への報告を行うときは、管理受託契約を締結した日から1年を超えない期間ごとに、及び管理受託契約の期間の満了後遅滞なく、当該期間における管理受託契約に係る管理業務の状況について、①報告の対象となる期間、②管理業務の実施状況、③管理業務の対象となる賃貸住宅の入居者からの苦情の発生状況及び対応状況を記載した管理業務報告書を作成し、これを委託者に交付して説明しなければならない（賃貸住宅管理業法施行規則40条1項）。また、③については、苦情を伴う問合せについては、記録し、対処状況も含めて報告する必要があるが、単純な問い合わせについて、記録及び報告の義務はない（賃貸住宅管理業法の解釈・運用の考え方20条関係1(2)）。

**エ** 正　賃貸住宅管理業者が報告すべき「管理業務の実施状況」の「管理業務」については、賃貸住宅管理業法が定義する管理業務に限らず、賃貸人（委託者）と賃貸住宅管理業者が締結する管理受託契約における委託業務の全てについて報告することが望ましい（賃貸住宅管理業法の解釈・運用の考え方20条関係1(1)）。

　以上より、正しいものはアイエの3つであり、本問の正解肢は③となる。

| 肢別解答率 受験生はこう答えた！ | |
| --- | --- |
| ❶ | 3% |
| ❷ | 13% |
| ❸ | 70% |
| ❹ | 14% |

正解 ❸　正解率 70%

難易度　普

2019年度
問8出題

# 管理業法（管理受託部分）

重要度 **A**

**問題 24**　賃貸住宅管理業法における賃貸住宅管理業者による賃貸人に対する管理受託契約の締結時の書面の交付に関する次の記述のうち、誤っているものはどれか。（改題）

❶　管理受託契約の締結時の書面と管理受託契約に係る重要事項説明書は一体で交付することはできない。

❷　賃貸住宅管理業者は、管理受託契約の締結時の書面の交付に代えて、管理業務を委託しようとする賃貸住宅の賃貸人の承諾を得ていなくても、メール等の電磁的方法により提供することができる。

❸　管理受託契約の締結時の書面には、報酬の額並びにその支払時期及び方法を記載する必要がある。

❹　管理受託契約の締結時の書面には、管理業務の内容及び実施方法を記載する必要がある。

全問◎を
目指そう！

| | 1回目 | 2回目 | 3回目 |
|---|---|---|---|
| 学習日 | / | / | / |
| 手応え | | | |

◎：完全に分かってきた
○：だいたい分かってきた
△：少し分かってきた
×：全く分からなかった

ここがポイント

### 管理受託契約締結時の
### 書面の記載事項をおさえておきましょう。

**❶ 正** 管理受託契約の重要事項説明書は、契約締結に先立って交付する書面であり、管理受託契約の締結時の書面は交付するタイミングが異なる書面であることから、両書面を一体で交付することはできない（賃貸住宅管理業法 FAQ3(2)3）。

**❷ 誤** 賃貸住宅管理業者は、管理受託契約の締結時の書面の交付に代えて、管理業務を委託しようとする賃貸住宅の賃貸人の承諾を得て、メール等の電磁的方法により提供することができる（賃貸住宅管理業法 14 条 2 項、13 条 2 項）。

**❸ 正** 賃貸住宅管理業者は、管理受託契約を締結したときは、管理業務を委託する賃貸住宅の賃貸人に対し、遅滞なく、報酬に関する事項（報酬の額並びにその支払時期及び方法を含む）を記載した書面を交付しなければならない（賃貸住宅管理業法 14 条 1 項 4 号、同法施行規則 35 条 1 項）。

**❹ 正** 賃貸住宅管理業者は、管理受託契約を締結したときは、管理業務を委託する賃貸住宅の賃貸人に対し、遅滞なく、管理業務の内容及び実施方法を記載した書面を交付しなければならない（賃貸住宅管理業法 14 条 1 項 2 号、同法施行規則 35 条 2 項 2 号）。

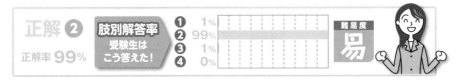

正解 ❷
正解率 99%

肢別解答率
受験生は
こう答えた！

| ❶ | 1% |
| ❷ | 99% |
| ❸ | 1% |
| ❹ | 0% |

難易度 易

重要度 A

# 管理業法（管理受託部分）

2020年度
問7出題

**問題 25** 賃貸住宅管理業法第7条に基づき、変更があった場合に国土交通大臣に届け出る必要がある事項として、誤っているものはどれか。（改題）

❶ 商号、名称又は氏名及び住所

❷ 営業所又は事務所の名称及び所在地

❸ 未成年者である場合においては、その法定代理人の氏名及び住所

❹ 法人である場合においては、その役員及び従事従業者の氏名

全問◎を
目指そう！

|  | 1回目 | 2回目 | 3回目 |
|---|---|---|---|
| 学習日 | ／ | ／ | ／ |
| 手応え |  |  |  |

◎：完全に分かってきた
○：だいたい分かってきた
△：少し分かってきた
×：全く分からなかった

変更の届出を理解しておきましょう。

**❶ 正**　賃貸住宅管理業者は、登録事項に変更があったときは、その日から30日以内に、その旨を国土交通大臣に届け出なければならない（賃貸住宅管理業法7条1項、4条1項各号）。この事項として、商号、名称又は氏名及び住所がある（同法4条1項1号）。

**❷ 正**　肢1の解説で述べた届出の事項として、営業所又は事務所の名称及び所在地がある（賃貸住宅管理業法4条1項4号）。

**❸ 正**　肢1の解説で述べた届出の事項として、賃貸住宅管理業法の登録を受けた者が未成年者である場合においては、その法定代理人の氏名及び住所がある（賃貸住宅管理業法4条1項3号）。

**❹ 誤**　肢1の解説で述べた届出の事項として、賃貸住宅管理業法の登録を受けた者が法人である場合においては、その役員の氏名がある（賃貸住宅管理業法4条1項2号）。しかし、従事従業者の氏名は、当該事項となっていない。

正解 ❹　正解率 41%

肢別解答率　受験生はこう答えた！
❶ 1%
❷ 2%
❸ 56%
❹ 41%

難易度 難

## 管理業法（管理受託部分）

重要度 **B**

2020年度
問8出題

問題
**26**
賃貸住宅管理業法第23条に基づき、国土交通大臣が、賃貸住宅管理業者に対して、登録の取消し・業務停止命令を行うことができる場合として、誤っているものはどれか。（改題）

❶　破産手続開始の決定を受けて復権を得た者がその復権を得てから5年を経過していないとき。

❷　不正の手段により賃貸住宅管理業者の登録を受けたとき。

❸　その営む賃貸住宅管理業に関し法令又は業務改善命令若しくは業務停止命令に違反したとき。

❹　禁錮以上の刑に処せられ、その執行を終わり、又は執行を受けることがなくなった日から起算して5年を経過しないとき。

全問◎を
目指そう！

|  | 1回目 | 2回目 | 3回目 |
|---|---|---|---|
| 学習日 | ／ | ／ | ／ |
| 手応え |  |  |  |

◎：完全に分かってきた
○：だいたい分かってきた
△：少し分かってきた
×：全く分からなかった

賃貸住宅管理業者の監督制度について
確認しておきましょう。

　国土交通大臣は、賃貸住宅管理業者が、①登録拒否事由（登録を取り消され、その取消しの日から5年を経過しない者であることを除く）のいずれかに該当することとなったとき、②不正の手段により賃貸住宅管理業者の登録を受けたとき、③その営む賃貸住宅管理業に関し法令又は業務改善命令若しくは業務停止命令に違反したときに該当するときは、その登録を取り消し、又は1年以内の期間を定めてその業務の全部若しくは一部の停止を命ずることができる（賃貸住宅管理業法23条1項各号）。

❶　誤　　上記①の登録拒否事由に、破産手続開始の決定を受けて復権を得ない者であることは該当するが、破産手続開始の決定を受けて復権を得た者であれば、その復権を得てから5年を経過していなくても登録拒否事由に該当しない。したがって、国土交通大臣は、賃貸住宅管理業者が破産手続開始の決定を受けて復権を得たがその復権を得てから5年を経過していないことをもって、その登録を取り消し、又は1年以内の期間を定めてその業務の全部若しくは一部の停止を命ずることはできない。

❷　正　　本肢は、上記②に当たる。

❸　正　　本肢は、上記③に当たる。

❹　正　　上記①の登録拒否事由に、禁錮以上の刑に処せられ、その執行を終わり、又は執行を受けることがなくなった日から起算して5年を経過しない者であることは該当する。したがって、禁錮以上の刑に処せられ、その執行を終わり、又は執行を受けることがなくなった日から起算して5年を経過しないときは、その登録を取り消し、又は1年以内の期間を定めてその業務の全部若しくは一部の停止を命ずることができる。

正解 ❶　正解率 8%

肢別解答率　受験生はこう答えた！

❶ 8%
❷ 16%
❸ 47%
❹ 30%

難易度　難

# 管理業法（管理受託部分）

重要度 A

2020年度 問9出題

**問題 27**　次の記述のうち、賃貸住宅管理業法第20条に基づく賃貸住宅管理業者から委託者への定期報告の対象事項とされていないものはどれか。（改題）

**❶**　報告の対象となる期間

**❷**　管理業務の対象となる賃貸住宅の入居者からの苦情を伴わない単純な問い合わせの発生状況

**❸**　管理業務の実施状況

**❹**　管理業務の対象となる賃貸住宅の入居者からの苦情の対応状況

全問◎を
目指そう！

| | 1回目 | 2回目 | 3回目 |
|---|---|---|---|
| 学習日 | / | / | / |
| 手応え | | | |

◎：完全に分かってきた
○：だいたい分かってきた
△：少し分かってきた
×：全く分からなかった

賃貸住宅管理業者から委託者への
定期報告の対象事項を確認しておきましょう。

❶ **されている**　賃貸住宅管理業者は、管理業務の実施状況その他の国土交通省令で定める事項について、国土交通省令で定めるところにより、定期的に、委託者に報告しなければならない（賃貸住宅管理業法20条）。そして、賃貸住宅管理業者は、賃貸住宅管理業法20条の規定により委託者への報告を行うときは、管理受託契約を締結した日から1年を超えない期間ごとに、及び管理受託契約の期間の満了後遅滞なく、当該期間における管理受託契約に係る管理業務の状況について、①報告の対象となる期間、②管理業務の実施状況、③管理業務の対象となる賃貸住宅の入居者からの苦情の発生状況及び対応状況を記載した管理業務報告書を作成し、これを委託者に交付して説明しなければならない（同法施行規則40条1項）。したがって、「報告の対象となる期間」は、定期報告の対象事項とされている。

❷ **されていない**　上記肢1の解説の③の事項について、苦情を伴う問い合わせについては、記録し、対処状況も含めて報告する必要があるが、単純な問い合わせについて、記録及び報告の義務はない（賃貸住宅管理業法の解釈・運用の考え方20条関係1（2））。したがって、「管理業務の対象となる賃貸住宅の入居者からの苦情を伴わない単純な問い合わせの発生状況」は、定期報告の対象事項とされていない。

❸ **されている**　本肢は、上記肢1の解説の②に該当する。したがって、「管理業務の実施状況」は、定期報告の対象事項とされている（賃貸住宅管理業法施行規則40条1項2号）。

❹ **されている**　本肢は、上記肢1の解説の③に該当する。したがって、「管理業務の対象となる賃貸住宅の入居者からの苦情の対応状況」は、定期報告の対象事項とされている（賃貸住宅管理業法施行規則40条1項3号）。

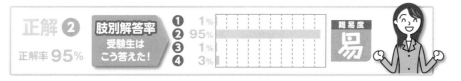

正解 ❷
正解率 95%

| 肢別解答率 受験生はこう答えた！ | | |
|---|---|---|
| ❶ | 1% | |
| ❷ | 95% | |
| ❸ | 1% | |
| ❹ | 3% | |

難易度 **易**

# 管理業法（管理受託部分）

2021年度
問1出題

問題 28
賃貸住宅の管理業務等の適正化に関する法律（以下、各問において「管理業法」という。）に定める賃貸住宅管理業者が管理受託契約締結前に行う重要事項の説明（以下、各問において「管理受託契約重要事項説明」という。）に関する次の記述のうち、適切なものはどれか。

❶ 管理受託契約重要事項説明は、管理受託契約の締結とできるだけ近接した時期に行うことが望ましい。

❷ 管理受託契約重要事項説明は、業務管理者が行わなければならない。

❸ 賃貸住宅管理業者は、賃貸人が管理受託契約重要事項説明の対象となる場合は、その者が管理受託契約について一定の知識や経験があったとしても、書面にて十分な説明をしなければならない。

❹ 管理受託契約に定める報酬額を契約期間中に変更する場合は、事前説明をせずに変更契約を締結することができる。

|  | 1回目 | 2回目 | 3回目 |
|---|---|---|---|
| 学習日 | / | / | / |
| 手応え |  |  |  |

◎：完全に分かってきた
○：だいたい分かってきた
△：少し分かってきた
×：全く分からなかった

全問◎を目指そう！

**ここがポイント**

重要事項説明の対象となる場合は、賃貸人に一定の知識や
経験があったとしても説明が必要です。

❶ **不適切** 賃貸住宅管理業者は、管理受託契約を締結しようとするときは、管理業務を委託しようとする賃貸住宅の賃貸人に対し、当該管理受託契約を締結するまでに、管理受託契約の内容及びその履行に関する事項であって国土交通省令で定めるものについて、書面を交付して説明（管理受託契約重要事項説明）しなければならない（賃貸住宅管理業法 13 条 1 項）。この説明については、賃貸人が契約内容を十分に理解した上で契約を締結できるよう、説明から契約締結までに 1 週間程度の期間をおくことが望ましい（同法の解釈・運用の考え方 13 条関係 1）。したがって、管理受託契約の締結とできるだけ近接した時期に行うことが望ましいのではない。

❷ **不適切** 管理受託契約重要事項説明は、業務管理者によって行われることは必ずしも必要ない（賃貸住宅管理業法の解釈・運用の考え方 13 条関係 1）。なお、この説明は、業務管理者又は一定の実務経験を有する者など専門的な知識及び経験を有する者によって行われることが望ましい（同法の解釈・運用の考え方 13 条関係 1）。

❸ **適切** 賃貸住宅管理業者は、賃貸人が管理受託契約重要事項説明の対象となる場合は、その者が管理受託契約について一定の知識や経験があったとしても、重要事項を書面に記載し、十分な説明をすることが必要である（賃貸住宅管理業法の解釈・運用の考え方 13 条関係 1）。

❹ **不適切** 賃貸住宅管理業者は、管理受託契約を締結しようとするときは、管理業務を委託しようとする賃貸住宅の賃貸人に対し、当該管理受託契約を締結するまでに、重要事項について、書面を交付して説明しなければならない（賃貸住宅管理業法 13 条 1 項）。「管理受託契約を締結しようとするとき」とは、新たに管理受託契約を締結しようとする場合のみでなく、管理受託契約変更契約を締結しようとする場合もこれに該当するが、管理受託契約変更契約を締結しようとする場合には、変更のあった事項について、賃貸人に対して書面の交付等を行った上で説明すれば足りるものとする（同法の解釈・運用の考え方 13 条関係 1）。報酬の額並びにその支払の時期及び方法は、当該管理受託契約重要事項説明の内容に当たる（同法施行規則 31 条 4 号）。したがって、報酬額を契約期間中に変更する場合は、事前説明をせずに変更契約を締結することができない。

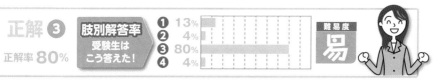

正解 ❸　正解率 80%

**肢別解答率**
受験生はこう答えた！

❶ 13%
❷ 4%
❸ 80%
❹ 4%

難易度 易

# 管理業法（管理受託部分）

2021年度
問2出題

重要度 A

問題 29　次の記述のうち、賃貸住宅管理業者が管理受託契約重要事項説明において説明しなければならない事項として適切なものはいくつあるか。

ア　管理業務の内容及び実施方法

イ　報酬並びにその支払の時期及び方法

ウ　管理業務の一部の再委託に関する事項

エ　管理受託契約の更新及び解除に関する事項

❶　1つ
❷　2つ
❸　3つ
❹　4つ

全問◎を
目指そう！

| | 1回目 | 2回目 | 3回目 |
|---|---|---|---|
| 学習日 | / | / | / |
| 手応え | | | |

◎：完全に分かってきた
○：だいたい分かってきた
△：少し分かってきた
×：全く分からなかった

管理業者が契約締結前に説明しなければならない
重要事項をおさえましょう。

　賃貸住宅管理業者が管理受託契約重要事項説明において説明しなければならない事項は、①管理受託契約を締結する賃貸住宅管理業者の商号、名称又は氏名並びに登録年月日及び登録番号、②管理業務の対象となる賃貸住宅、③管理業務の内容及び実施方法、④報酬の額並びにその支払の時期及び方法、⑤前記④に掲げる報酬に含まれていない管理業務に関する費用であって、賃貸住宅管理業者が通常必要とするもの、⑥管理業務の一部の再委託に関する事項、⑦責任及び免責に関する事項、⑧委託者への報告に関する事項、⑨契約期間に関する事項、⑩賃貸住宅の入居者に対する前記③に掲げる事項の周知に関する事項、⑪管理受託契約の更新及び解除に関する事項である（賃貸住宅管理業法施行規則31条各号）。

**ア** 適 切 　本肢の事項は、上記③に当たる。したがって、その説明をしなければならない事項である。

**イ** 適 切 　本肢の事項は、上記④に当たる。したがって、その説明をしなければならない事項である。

**ウ** 適 切 　本肢の事項は、上記⑥に当たる。したがって、その説明をしなければならない事項である。

**エ** 適 切 　本肢の事項は、上記⑪に当たる。したがって、その説明をしなければならない事項である。

　以上より、適切なものはアイウエの4つであり、本問の正解肢は④となる。

| 肢別解答率 受験生はこう答えた! | ❶ | 0% | |
|---|---|---|---|
| | ❷ | 4% | |
| | ❸ | 10% | |
| | ❹ | 86% | |

正解 ❹　正解率86%

難易度 易

# 管理業法（管理受託部分）

重要度 A

問題
30

管理受託契約重要事項説明における IT の活用に関する次の記述のうち、誤っているものはどれか。（改題）

❶ 管理受託契約重要事項説明に係る書面（以下、本問において「管理受託契約重要事項説明書」という。）に記載すべき事項を電磁的方法により提供する場合、賃貸住宅の賃貸人の承諾が必要である。

❷ 管理受託契約重要事項説明書を電磁的方法で提供する場合、出力して書面を作成できる方法でなければならない。

❸ 管理受託契約重要事項説明をテレビ会議等の IT を活用して行う場合、管理受託契約重要事項説明書の送付から一定期間後に説明を実施することが望ましい。

❹ 管理受託契約重要事項説明は、新規契約の場合であっても、賃貸住宅の賃貸人の承諾があれば、音声のみによる通信の方法で行うことができる。

全問◎を
目指そう！

| | 1回目 | 2回目 | 3回目 |
|---|---|---|---|
| 学習日 | / | / | / |
| 手応え | | | |

◎：完全に分かってきた
○：だいたい分かってきた
△：少し分かってきた
×：全く分からなかった

ここがポイント

重要事項説明にITを活用する場合の注意事項を確認しましょう。

**❶ 正** 賃貸住宅管理業者は、管理受託契約重要事項説明書の交付に代えて、管理業務を委託しようとする賃貸住宅の賃貸人の承諾を得て、当該書面に記載すべき事項を電磁的方法により提供することができる（賃貸住宅管理業法13条2項前段）。したがって、この方法による提供には、賃貸住宅の賃貸人の承諾が必要である。

**❷ 正** 管理受託契約重要事項説明書を電磁的方法で提供する場合、出力して書面を作成でき、改変が行われていないか確認できることが必要である（賃貸住宅管理業法施行規則32条2項1号、賃貸住宅管理業法の解釈・運用の考え方13条関係4(1)）。

**❸ 正** 管理受託契約重要事項説明にテレビ会議等のITを活用するに当たっては、説明の相手方に事前に管理受託契約重要事項説明書等を読んでおくことを推奨するとともに、管理受託契約重要事項説明書等の送付から一定期間後に、ITを活用した管理受託契約重要事項説明を実施することが望ましい（賃貸住宅管理業法の解釈・運用の考え方13条関係4(2)）。

**❹ 誤** 管理受託契約重要事項説明にテレビ会議等のITを活用するに当たっては、説明者及び重要事項の説明を受けようとする者が、図面等の書類及び説明の内容について十分に理解できる程度に映像が視認でき、かつ、双方が発する音声を十分に聞き取ることができるとともに、双方向でやりとりできる環境において実施していることが必要である（賃貸住宅管理業法の解釈・運用の考え方13条関係4(2)）。したがって、新規契約の場合、賃貸住宅の賃貸人の承諾があっても、音声のみによる通信の方法で行うことはできない。なお、管理受託契約変更契約の重要事項説明については、所定の事項を満たしている場合に限り、電話による説明もできる（同条関係4(3)）。

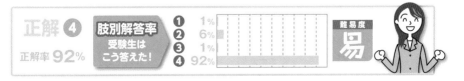

正解 ❹

正解率 92%

肢別解答率
受験生は
こう答えた！

❶ 1%
❷ 6%
❸ 1%
❹ 92%

難易度 易

# 管理業法（管理受託部分）

2021年度
問31 出題

**問題 31** 管理業法における賃貸住宅管理業者の業務に関する次の記述のうち、誤っているものはどれか。

❶ 賃貸住宅管理業者は、使用人その他の従業者に、その従業者であることを証する証明書を携帯させなければならない。

❷ 賃貸住宅管理業者は、管理受託契約に基づく管理業務において受領する家賃、敷金、共益費その他の金銭を、自己の固有財産及び他の管理受託契約に基づく管理業務において受領する家賃、敷金、共益費その他の金銭と分別して管理しなければならない。

❸ 賃貸住宅管理業者は、営業所又は事務所ごとに、業務に関する帳簿を備え付け、委託者ごとに管理受託契約について契約年月日等の事項を記載して保存しなければならない。

❹ 賃貸住宅管理業者は、再委託先が賃貸住宅管理業者であれば、管理業務の全部を複数の者に分割して再委託することができる。

全問◎を
目指そう！

| | 1回目 | 2回目 | 3回目 |
|---|---|---|---|
| 学習日 | / | / | / |
| 手応え | | | |

◎：完全に分かってきた
○：だいたい分かってきた
△：少し分かってきた
×：全く分からなかった

ここがポイント

**賃貸住宅管理業者の業務については
さまざまな義務の定めがあります。**

❶ 正　賃貸住宅管理業者は、国土交通省令で定めるところにより、その業務に従事する使用人その他の従業者に、その従業者であることを証する証明書を携帯させなければ、その者をその業務に従事させてはならない（賃貸住宅管理業法17条1項）。

❷ 正　賃貸住宅管理業者は、管理受託契約に基づく管理業務において受領する家賃、敷金、共益費その他の金銭を、整然と管理する方法として国土交通省令で定める方法により、自己の固有財産及び他の管理受託契約に基づく管理業務において受領する家賃、敷金、共益費その他の金銭と分別して管理しなければならない（賃貸住宅管理業法16条）。

❸ 正　賃貸住宅管理業者は、国土交通省令で定めるところにより、その営業所又は事務所ごとに、その業務に関する帳簿を備え付け、委託者ごとに管理受託契約について契約年月日その他の国土交通省令で定める事項を記載し、これを保存しなければならない（賃貸住宅管理業法18条）。

❹ 誤　賃貸住宅管理業者は、委託者から委託を受けた管理業務の全部を他の者に対し、再委託してはならない（賃貸住宅管理業法15条）。管理業務を複数の者に分割して再委託して自ら管理業務を一切行わないことは、上記規定に違反する（同法の解釈・運用の考え方15条関係1）。

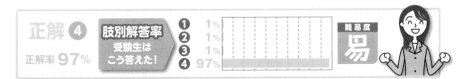

正解 ❹　正解率97%　肢別解答率 受験生はこう答えた！　❶1%　❷1%　❸1%　❹97%　難易度 易

## 管理業法（管理受託部分）

重要度 B

2021年度
問32 出題

問題
32

管理業法における登録及び業務に関する次の記述のうち、正しいものはどれか。

❶ 賃貸住宅管理業者である個人が死亡したときは、その相続人は、死亡日から30日以内に国土交通大臣に届け出なければならない。

❷ 賃貸住宅管理業者である法人が合併により消滅したときは、その法人の代表役員であった者が国土交通大臣に届け出なくても、賃貸住宅管理業の登録は効力を失う。

❸ 破産手続開始の決定を受けて復権を得ない者は、賃貸住宅管理業者の役員となることはできないが、業務管理者となることができる。

❹ 賃貸住宅管理業者は、営業所又は事務所ごとに掲示しなければならない標識について公衆の見やすい場所を確保できない場合、インターネットのホームページに掲示することができる。

全問◎を
目指そう！

| | 1回目 | 2回目 | 3回目 |
|---|---|---|---|
| 学習日 | / | / | / |
| 手応え | | | |

◎：完全に分かってきた
○：だいたい分かってきた
△：少し分かってきた
×：全く分からなかった

賃貸住宅管理業者が廃業等をしたときは、
その旨を届け出なくても、登録は効力を失います。

❶ 誤　賃貸住宅管理業者である個人が死亡したときは、その相続人は、その事実を
知った日から30日以内に、その旨を国土交通大臣に届け出なければならない
（賃貸住宅管理業法9条1項1号）。したがって、死亡した日からではない。

❷ 正　賃貸住宅管理業者である法人が合併により消滅したときは、賃貸住宅管理業
の登録は、その効力を失う（賃貸住宅管理業法9条2項、1項2号）。したがっ
て、合併による消滅を届け出なくても、賃貸住宅管理業の登録は、その効力を
失う。

❸ 誤　破産手続開始の決定を受けて復権を得ない者は、業務管理者となることがで
きない（賃貸住宅管理業法12条4項、6条1項2号）。

❹ 誤　賃貸住宅管理業者は、その営業所又は事務所ごとに、公衆の見やすい場所に、
国土交通省令で定める様式の標識を掲げなければならない（賃貸住宅管理業法
19条）。このとき、標識について公衆の見やすい場所を確保できない場合、イ
ンターネットのホームページに掲示することができる旨の規定はない。

正解 ❷

正解率 38%

| 肢別解答率 受験生は こう答えた！ | | |
|---|---|---|
| ❶ | 20% | |
| ❷ | 38% | |
| ❸ | 24% | |
| ❹ | 19% | |

難易度　難

# 管理業法（管理受託部分）

**問題33** 賃貸住宅の管理業務等の適正化に関する法律（以下、各問において「管理業法」という。）に定める賃貸住宅管理業者が管理受託契約締結前に行う重要事項の説明（以下、各問において「管理受託契約重要事項説明」という。）の内容に関する次の記述のうち、適切なものはいくつあるか。

**ア** 管理業務の内容について、回数や頻度を明示して具体的に記載し、説明しなければならない。

**イ** 管理業務の実施に伴い必要となる水道光熱費や、空室管理費等の費用について説明しなければならない。

**ウ** 管理業務の一部を第三者に再委託する際には、再委託する業務の内容、再委託予定者を説明しなければならない。

**エ** 賃貸住宅管理業者が行う管理業務の内容、実施方法に関して、賃貸住宅の入居者に周知する方法を説明しなければならない。

❶ 1つ
❷ 2つ
❸ 3つ
❹ 4つ

全問◎を
目指そう！

| | 1回目 | 2回目 | 3回目 |
|---|---|---|---|
| 学習日 | / | / | / |
| 手応え | | | |

◎：完全に分かってきた
○：だいたい分かってきた
△：少し分かってきた
×：全く分からなかった

## 管理受託契約重要事項説明について、どのような重要事項があるか確認しておきましょう。

　賃貸住宅管理業者は、管理受託契約を締結しようとするときは、管理業務を委託しようとする賃貸住宅の賃貸人に対し、当該管理受託契約を締結するまでに、管理受託契約重要事項について、書面を交付して説明しなければならない（賃貸住宅管理業法13条1項）。

**ア** 適切　管理業務の内容及び実施方法は、管理受託契約重要事項にあたり（賃貸住宅管理業法施行規則31条3号）、賃貸住宅管理業者は、これについて説明しなければならない。この管理業務の内容については、回数や頻度を明示して可能な限り具体的に記載し、説明する（賃貸住宅管理業法の解釈・運用の考え方13条関係2（3））。

**イ** 適切　報酬に含まれていない管理業務に関する費用であって、賃貸住宅管理業者が通常必要とするものは、管理受託契約重要事項にあたり（賃貸住宅管理業法施行規則31条5号）、賃貸住宅管理業者は、これについて説明しなければならない。この費用としては、賃貸住宅管理業者が管理業務を実施するのに伴い必要となる水道光熱費や、空室管理費等が考えられる（賃貸住宅管理業法の解釈・運用の考え方13条関係2（5））。

**ウ** 適切　管理業務の一部の再委託に関する事項は、管理受託契約重要事項にあたり（賃貸住宅管理業法施行規則31条6号）、賃貸住宅管理業者は、これについて説明しなければならない。これを説明する場合、賃貸住宅管理業者は、管理業務の一部を第三者に再委託することができることを事前に説明するとともに、再委託することとなる業務の内容、再委託予定者を事前に明らかにする（賃貸住宅管理業法の解釈・運用の考え方13条関係2（6））。

**エ** 適切　賃貸住宅の入居者に対する管理業務の内容及び実施方法の周知に関する事項は、管理受託契約重要事項にあたり（賃貸住宅管理業法施行規則31条10号）、賃貸住宅管理業者は、これについて説明しなければならない。これを説明する場合、管理業務の内容及び実施方法について、どのような方法（対面での説明、書類の郵送、メール送付等）で入居者に対して周知するかについて記載し、説明する（賃貸住宅管理業法の解釈・運用の考え方13条関係2（10））。

　以上より、適切なものはアイウエの4つであり、本問の正解肢は④となる。

正解 ④　正解率 85%

肢別解答率 受験生はこう答えた！

① 1%
② 2%
③ 12%
④ 85%

難易度 易

# 管理業法（管理受託部分）

重要度 A

2022年度
問2出題

問題 34

管理受託契約重要事項説明に係る書面（以下、各問において「管理受託契約重要事項説明書」という。）に記載すべき事項の電磁的方法による提供に関する次の記述のうち、最も不適切なものはどれか。

❶　賃貸住宅管理業者は、賃貸人の承諾を得た場合に限り、管理受託契約重要事項説明書について書面の交付に代え、書面に記載すべき事項を電磁的記録により提供することができる。

❷　管理受託契約重要事項説明書を電磁的方法で提供する場合、その提供方法や使用するソフトウェアの形式等、いかなる方法で提供するかは賃貸住宅管理業者の裁量に委ねられている。

❸　管理受託契約重要事項説明書を電磁的方法で提供する場合、出力して書面を作成することができ、改変が行われていないか確認できることが必要である。

❹　賃貸住宅管理業者は、賃貸人から電磁的方法による提供を受けない旨の申出があったときであっても、その後改めて承諾を得れば、その後は電磁的方法により提供してもよい。

全問◎を
目指そう！

| | 1回目 | 2回目 | 3回目 |
|---|---|---|---|
| 学習日 | / | / | / |
| 手応え | | | |

◎：完全に分かってきた
○：だいたい分かってきた
△：少し分かってきた
×：全く分からなかった

管理受託契約重要事項説明書を電磁的方法で提供する場合、
提供方法などが定められています。

❶ **適切** 賃貸住宅管理業者は、管理受託契約重要事項説明書の交付に代えて、管理業務を委託しようとする賃貸住宅の賃貸人の承諾を得て、当該書面に記載すべき事項を電磁的方法により提供することができる（賃貸住宅管理業法 13 条 2 項前段）。

❷ **不適切** 肢 1 の解説で述べた電磁的方法は、電子情報処理組織を使用する方法のうち所定のものや、磁気ディスク等をもって調製するファイルに記載事項を記録したものを交付する方法によるものと定められている（賃貸住宅管理業法施行規則 32 条 1 項各号）。したがって、いかなる方法で提供するかは賃貸住宅管理業者の裁量に委ねられているのではない。

❸ **適切** 管理受託契約重要事項説明書を電磁的方法で提供する場合、出力して書面を作成でき、改変が行われていないか確認できることが必要である（賃貸住宅管理業法施行規則 32 条 2 項 1 号、賃貸住宅管理業法の解釈・運用の考え方 13 条関係 4（1））。

❹ **適切** 賃貸住宅管理業者は、電磁的方法による提供の承諾を得た場合であっても、当該承諾に係る賃貸住宅の賃貸人から書面等により電磁的方法による提供を受けない旨の申出があったときは、当該電磁的方法による提供をしてはならない。しかし、当該申出の後に当該賃貸住宅の賃貸人から再びその承諾を得た場合は、電磁的方法による提供をすることができる（賃貸住宅管理業法施行令 2 条 2 項）。

正解 ❷

正解率 92%

**肢別解答率**
受験生は
こう答えた！

| | |
|---|---|
| ❶ | 2% |
| ❷ | 92% |
| ❸ | 1% |
| ❹ | 5% |

難易度 **易**

# 管理業法（管理受託部分）

重要度 A

2022年度
問4出題

問題 35 管理受託契約の締結時に交付する書面に関する次の記述のうち、正しいものはどれか。

❶ 管理受託契約を、契約の同一性を保ったまま契約期間のみ延長する内容で更新する場合には、更新時に管理受託契約の書面の交付は不要である。

❷ 管理受託契約重要事項説明書と管理受託契約の締結時に交付する書面は、一体の書面とすることができる。

❸ 管理受託契約は、標準管理受託契約書を用いて締結しなければならず、内容の加除や修正をしてはならない。

❹ 管理受託契約締結時の交付書面は、電磁的方法により提供することはできない。

全問◎を
目指そう！

| | 1回目 | 2回目 | 3回目 |
|---|---|---|---|
| 学習日 | / | / | / |
| 手応え | | | |

◎：完全に分かってきた
○：だいたい分かってきた
△：少し分かってきた
×：全く分からなかった

**標準管理受託契約書は、
賃貸住宅の管理を委託する場合の契約書のひな型です。**

❶ **正** 賃貸住宅管理業者は、管理受託契約を締結したときは、管理業務を委託する賃貸住宅の賃貸人（委託者）に対し、遅滞なく、管理受託契約の締結時の書面を交付しなければならない（賃貸住宅管理業法14条1項）。もっとも、契約の同一性を保ったままで契約期間のみを延長することや、組織運営に変更のない商号又は名称等の変更等、形式的な変更と認められる場合は、管理受託契約締結時書面の交付は行わないこととして差し支えない（賃貸住宅管理業の解釈・運用の考え方14条1項関係2）。

❷ **誤** 管理受託契約の重要事項説明書は、契約締結に先立って交付する書面であり、管理受託契約の締結時の書面は交付するタイミングが異なる書面であることから、両書面を一体で交付することはできない（賃貸住宅管理業法 FAQ 3(2)3）。

❸ **誤** 標準管理受託契約書が想定している賃貸住宅受託管理受託契約とは、賃貸住宅管理業法2条1項に規定する「賃貸住宅」において同条2項に規定する管理業務を賃貸住宅管理業者が賃貸住宅の所有者から受託する場合の管理受託契約書である（受託契約書コメント全般関係①）。この契約書は、賃貸住宅に共通する管理事務に関する標準的な契約内容を定めたものであり、実際の契約書作成にあたっては、個々の状況や必要性に応じて内容の加除、修正を行い活用されるべきものである（同コメント全般関係②）。

❹ **誤** 賃貸住宅管理業者は、管理受託契約の締結時の書面の交付に代えて、管理業務を委託した賃貸住宅の賃貸人の承諾を得て、当該書面に記載すべき事項を電磁的方法により提供することができる（賃貸住宅管理業法14条2項、13条2項）。

正解 ❶
正解率 89%

肢別解答率
受験生は
こう答えた！

❶ 89%
❷ 4%
❸ 2%
❹ 5%

難易度 易

## 管理業法（管理受託部分）

重要度 A

2022年度
問6出題

**問題 36**
次の記述のうち、管理業法上、賃貸住宅管理業者が、委託者の承諾を得て行うことが可能な管理業務報告の方法として正しいものはいくつあるか。（改題）

**ア** 賃貸住宅管理業者から委託者に管理業務報告書をメールで送信する方法

**イ** 賃貸住宅管理業者から委託者へ管理業務報告書をCD-ROMに記録して郵送する方法

**ウ** 賃貸住宅管理業者が設置する委託者専用のインターネット上のページで、委託者が管理業務報告書を閲覧できるようにする方法

**エ** 賃貸住宅管理業者から委託者に管理業務報告書の交付に代えて、その内容を電話で伝える方法

**❶** 1つ
**❷** 2つ
**❸** 3つ
**❹** 4つ

全問◎を
目指そう！

| | 1回目 | 2回目 | 3回目 |
|---|---|---|---|
| 学習日 | ／ | ／ | ／ |
| 手応え | | | |

◎：完全に分かってきた
○：だいたい分かってきた
△：少し分かってきた
×：全く分からなかった

ここがポイント

管理業務報告書を電磁的方法により提供する場合、
どのような提供方法があるか確認しましょう。

　賃貸住宅管理業者は、委託者へ管理業務報告を行うときは、管理業務報告書を作成し、これを委託者に交付して説明しなければならない（賃貸住宅管理業法20条、同法施行規則40条1項）。賃貸住宅管理業者は、管理業務報告書の交付に代えて、当該管理業務報告書を交付すべき委託者の承諾を得て、電磁的方法により提供することができる（同法施行規則同条2項）。そして、当該方法には、電子メールの送信、WEBでのダウンロード、CD-ROMの交付等がある（賃貸住宅管理業法の解釈・運用の考え方20条関係3、13条関係4（1））。

**ア** 正　上記から、管理業務報告書をメールで送信する方法によることができる。

**イ** 正　上記から、管理業務報告の方法にはCD-ROMの交付があるため、管理業務報告書をCD-ROMに記録して郵送する方法によることができる。

**ウ** 正　上記から、管理業務報告の方法にはWEBでのダウンロードがあるため、委託者専用のインターネット上のページで、委託者が管理業務報告書を閲覧できる方法によることができる。

**エ** 誤　上記から、委託者に管理業務報告書の交付に代えて、その内容を電話で伝える方法によることはできない。

　以上より、正しいものはアイウの3つであり、本問の正解肢は❸となる。

正解 ❸

正解率 74%

肢別解答率　受験生はこう答えた！

| | |
|---|---|
| ❶ | 1% |
| ❷ | 9% |
| ❸ | 74% |
| ❹ | 16% |

難易度　易

# 管理業法（管理受託部分）

2022年度
問8出題

問題 37 管理業法に規定する秘密を守る義務に関する次の記述のうち、正しいものの組合せはどれか。

**ア** 秘密を守る義務は、管理受託契約が終了した後は賃貸住宅管理業を廃業するまで存続する。

**イ** 賃貸住宅管理業者の従業者として秘密を守る義務を負う者には、アルバイトも含まれる。

**ウ** 賃貸住宅管理業者の従業者として秘密を守る義務を負う者には、再委託を受けた者も含まれる。

**エ** 株式会社たる賃貸住宅管理業者の従業者が会社の命令により秘密を漏らしたときは、会社のみが30万円以下の罰金に処せられる。

❶　ア、イ
❷　イ、ウ
❸　ウ、エ
❹　ア、エ

全問◎を
目指そう！

| | 1回目 | 2回目 | 3回目 |
|---|---|---|---|
| 学習日 | / | / | / |
| 手応え | | | |

◎：完全に分かってきた
○：だいたい分かってきた
△：少し分かってきた
×：全く分からなかった

**ここがポイント**

アルバイトや再委託を受けた者も秘密を守る義務を負います。

**ア** 誤　賃貸住宅管理業者は、正当な理由がある場合でなければ、その業務上取り扱ったことについて知り得た秘密を他に漏らしてはならない。また、賃貸住宅管理業を営まなくなった後においても、同様である（賃貸住宅管理業法21条1項）。したがって、秘密を守る義務は、賃貸住宅管理業を廃業した後も存続する。

**イ** 正　賃貸住宅管理業者の代理人、使用人その他の従業者は、正当な理由がある場合でなければ、賃貸住宅管理業の業務を補助したことについて知り得た秘密を他に漏らしてはならない（賃貸住宅管理業法21条2項前段）。この「従業者」とは、賃貸住宅管理業者の指揮命令に服しその業務に従事する者をいい、再委託契約に基づき管理業務の一部の再委託を受ける者等、賃貸住宅管理業者と直接の雇用関係にない者であっても含まれる（賃貸住宅管理業法の解釈・運用の考え方21条2項関係）。したがって、アルバイトであっても、賃貸住宅管理業者の指揮命令に服しその業務に従事するから、「従業者」にあたり、秘密を守る義務を負うものに含まれる。

**ウ** 正　肢イの解説で述べた通り、再委託契約に基づき管理業務の一部の再委託を受ける者等も、「従業者」に含まれる。

**エ** 誤　賃貸住宅管理業者の代理人、使用人その他の従業者は、正当な理由がある場合でなければ、賃貸住宅管理業の業務を補助したことについて知り得た秘密を他に漏らしてはならない（賃貸住宅管理業法21条2項）。この規定に違反して、秘密を漏らしたときは、その違反行為をした者は、30万円以下の罰金に処する（同法44条7号）。したがって、株式会社たる賃貸住宅管理業者の従業者が秘密を漏らしたときは、その従業者も罰金に処せられる。

以上より、正しいものの組合せはイウであり、本問の正解肢は②となる。

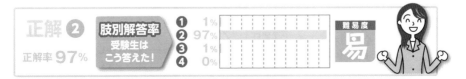

正解 ❷　正解率 97%　肢別解答率 受験生はこう答えた！　❶ 1%　❷ 97%　❸ 1%　❹ 0%　難易度 易

## 管理業法（管理受託部分）

重要度 B

2022年度
問21出題

問題 38

管理業法における管理受託契約に基づく管理業務で受領する家賃、敷金、共益費その他の金銭（以下、本問において「家賃等」という。）に関する次の記述のうち、不適切なものはどれか。

❶ 家賃等を管理する口座と賃貸住宅管理業者の固有財産を管理する口座の分別については、少なくとも、家賃等を管理する口座を同一口座として賃貸住宅管理業者の固有財産を管理する口座と分別すれば足りる。

❷ 家賃等を管理する帳簿と賃貸住宅管理業者の固有財産を管理する帳簿の分別については、少なくとも、家賃等を管理する帳簿を同一帳簿として賃貸住宅管理業者の固有財産を管理する帳簿と分別すれば足りる。

❸ 家賃等を管理する口座にその月分の家賃をいったん全額預入れし、当該口座から賃貸住宅管理業者の固有財産を管理する口座に管理報酬分の金額を移し替えることは差し支えない。

❹ 賃貸住宅管理業者の固有財産を管理するための口座にその月分の家賃をいったん全額預入れし、当該口座から家賃等を管理する口座に管理報酬分を控除した金額を移し替えることは差し支えない。

全問◎を
目指そう！

| | 1回目 | 2回目 | 3回目 |
|---|---|---|---|
| 学習日 | / | / | / |
| 手応え | | | |

◎：完全に分かってきた
○：だいたい分かってきた
△：少し分かってきた
×：全く分からなかった

ここがポイント

**管理受託契約ごとに別口座を作成する必要はありませんが、帳簿等で分別することは必要です。**

❶　適切　　賃貸住宅管理業者は、管理受託契約に基づく管理業務において受領する家賃、敷金、共益費その他の金銭を、整然と管理する方法として国土交通省令で定める方法により、自己の固有財産及び他の管理受託契約に基づく管理業務において受領する家賃、敷金、共益費その他の金銭と分別して管理しなければならない（賃貸住宅管理業法16条）。「国土交通省令で定める方法」とは、管理受託契約に基づく管理業務において受領する家賃、敷金、共益費その他の金銭を管理するための口座を自己の固有財産を管理するための口座と明確に区分し、かつ、当該金銭がいずれの管理受託契約に基づく管理業務に係るものであるかが自己の帳簿により直ちに判別できる状態で管理する方法であり（同法施行規則36条）、少なくとも、家賃等を管理する口座を同一口座として賃貸住宅管理業者の固有財産を管理する口座と分別すれば足りる（賃貸住宅管理業法の解釈・運用の考え方16条関係）。

❷　不適切　　肢1の解説で述べた通り、管理受託契約に基づく管理業務において受領する家賃、敷金、共益費その他の金銭を管理する場合、当該金銭がいずれの管理受託契約に基づく管理業務に係るものであるかが自己の帳簿により直ちに判別できる状態で管理する必要があり、管理受託契約毎に金銭の出入を区別した帳簿を作成する等により勘定上も分別管理する必要がある（賃貸住宅管理業法の解釈・運用の考え方16条関係）。したがって、家賃等を管理する帳簿を同一帳簿として賃貸住宅管理業者の固有財産を管理する帳簿と分別すれば足りるのではない。

❸　適切　　家賃等を管理する口座にその月分の家賃をいったん全額預入し、当該口座から賃貸住宅管理業者の固有財産を管理する口座に管理報酬分の金額を移し替える等、家賃等を管理する口座と賃貸住宅管理業者の固有財産を管理する口座のいずれか一方に家賃等及び賃貸住宅管理業者の固有財産が同時に預入されている状態が一時的に生ずることは差し支えない（賃貸住宅管理業法の解釈・運用の考え方16条関係）。

❹　適切　　肢3の解説で述べた通り、家賃等を管理する口座と賃貸住宅管理業者の固有財産を管理する口座のいずれか一方に家賃等及び賃貸住宅管理業者の固有財産が同時に預入されている状態が一時的に生ずることは差し支えない（賃貸住宅管理業法の解釈・運用の考え方16条関係）。したがって、賃貸住宅管理業者の固有財産を管理する口座にその月分の家賃をいったん全額預入し、当該口座から家賃等を管理する口座に管理報酬分を控除した金額を移し替えることは差し支えない。

**正解 ❷**　正解率 36%

肢別解答率　受験生はこう答えた！

| | |
|---|---|
| ❶ | 19% |
| ❷ | 36% |
| ❸ | 4% |
| ❹ | 42% |

難易度　難

# 管理業法（管理受託部分）

2022年度
問30出題

重要度 A

**問題 39** 管理業法における業務管理者に関する次の記述のうち、正しいものはいくつあるか。

**ア** 禁錮以上の刑に処せられ、又は管理業法の規定により罰金の刑に処せられ、その執行を終わり、又は執行を受けることがなくなった日から起算して5年を経過しない者は、業務管理者になることができない。

**イ** 賃貸住宅管理業者は、従業者証明書の携帯に関し、業務管理者に管理及び監督に関する事務を行わせなければならない。

**ウ** 賃貸住宅管理業者は、その業務上取り扱ったことについて知り得た秘密の保持に関し、業務管理者に管理及び監督に関する事務を行わせなければならない。

**エ** 賃貸住宅管理業者は、その営業所又は事務所の業務管理者として選任した者のすべてが欠けるに至ったときは、新たに業務管理者を選任するまでの間は、その営業所又は事務所において賃貸住宅管理業を行ってはならない。

❶ 1つ
❷ 2つ
❸ 3つ
❹ 4つ

全問◎を
目指そう！

| | 1回目 | 2回目 | 3回目 |
|---|---|---|---|
| 学習日 | / | / | / |
| 手応え | | | |

◎：完全に分かってきた
○：だいたい分かってきた
△：少し分かってきた
×：全く分からなかった

ここがポイント

## 業務管理者の登録拒否事由を確認しましょう。

**ア** 正 禁錮以上の刑に処せられ、又は賃貸住宅管理業法の規定により罰金の刑に処せられ、その執行を終わり、又は執行を受けることがなくなった日から起算して5年を経過しない者は、業務管理者になることができない（賃貸住宅管理業法12条4項、6条1項4号）。

**イ** 誤 賃貸住宅管理業者が、従業者証明書の携帯に関し、業務管理者に管理及び監督に関する事務を行わせなければならない旨の規定はない（賃貸住宅管理業法12条1項、同法施行規則13条各号参照）。

**ウ** 正 賃貸住宅管理業者は、その業務上取り扱ったことについて知り得た秘密の保持に関し、業務管理者に管理及び監督に関する事務を行わせなければならない（賃貸住宅管理業法12条1項、同法施行規則13条6号）。

**エ** 誤 賃貸住宅管理業者は、その営業所又は事務所の業務管理者として選任した者の全てが欠けるに至ったときは、新たに業務管理者を選任するまでの間は、その営業所又は事務所において管理受託契約を締結してはならない（賃貸住宅管理業法12条2項）。しかし、賃貸住宅管理業を行ってはならないわけではない。

以上より、正しいものはアウの2つであり、本問の正解肢は②となる。

正解 ② 正解率 28%　肢別解答率 受験生はこう答えた！　❶ 5% ❷ 28% ❸ 38% ❹ 29%　難易度 難

## 管理業法（管理受託部分）

重要度 B

**問題 40** 令和3年6月15日時点で既に賃貸住宅管理業を営み、管理戸数が200戸以上である管理業者Aに対する管理業法の規制に関する次の記述のうち、正しいものの組合せはどれか。

**ア** Aは、賃貸住宅管理業登録をしなくとも、令和4年6月15日以降、それ以前に締結した管理受託契約の履行に必要な限度で、賃貸住宅の維持保全を内容とする管理業務を行うことができる。

**イ** Aは、賃貸住宅管理業登録をしなければ、令和4年6月15日以降、賃貸人との間で新たに賃貸住宅の維持保全を内容とする管理受託契約を締結し、管理業務を行うことができない。

**ウ** Aは、賃貸住宅管理業登録をしなければ、令和4年6月15日以降、建物所有者との間で特定賃貸借契約を締結することはできない。

**エ** Aは、賃貸住宅管理業登録をしなくとも、令和4年6月15日以降、それ以前に締結した特定賃貸借契約に基づき、入居者との間で新たに転貸借契約を締結することができる。

❶ ア、イ
❷ ア、ウ
❸ イ、エ
❹ ウ、エ

全問◎を
目指そう！

| | 1回目 | 2回目 | 3回目 |
|---|---|---|---|
| 学習日 | / | / | / |
| 手応え | | | |

◎：完全に分かってきた
○：だいたい分かってきた
△：少し分かってきた
×：全く分からなかった

> 管理戸数が 200 戸以上である管理業者は
> 登録をしなければ管理業務を行うことができません。

**ア 誤** 賃貸住宅管理業を営もうとする者は、当該賃貸住宅管理業に係る賃貸住宅の戸数が 200 戸以上であるときは、賃貸住宅管理業の登録を受けなければならない（賃貸住宅管理業法 3 条 1 項、同法施行規則 3 条）。もっとも、賃貸住宅管理業法の施行の際現に賃貸住宅管理業を営んでいる者は、賃貸住宅管理業法の施行の日（令和 3 年 6 月 15 日）から起算して 1 年間は、賃貸住宅管理業の登録をしなくても、当該賃貸住宅管理業を営むことができる（同法附則 2 条 1 項前段）。しかし、令和 4 年 6 月 15 日以降、Aは、賃貸住宅管理業登録をしなければ、それ以前に締結した管理受託契約の履行に必要な限度であっても、賃貸住宅の維持保全を内容とする管理業務を行うことができない。

**イ 正** 肢アの解説で述べた通り、令和 4 年 6 月 15 日以降、Aは、賃貸住宅管理業登録をしなければ、賃貸人との間で新たに賃貸住宅の維持保全を内容とする管理受託契約を締結し、管理業務を行うことができない。

**ウ 誤** 肢アの解説で述べた通り、令和 4 年 6 月 15 日以降、Aは、賃貸住宅管理業登録をしなければ、賃貸住宅管理業を行うことができない。しかし、特定賃貸借契約を締結することは、賃貸住宅管理業にあたらない（賃貸住宅管理業法 2 条 2 項各号）。したがって、Aは、賃貸住宅管理業の登録をしなくても、建物所有者との間で特定賃貸借契約を締結することができる。

**エ 正** 特定賃貸借契約に基づいて転貸借契約を締結することは、賃貸住宅管理業にあたらない。したがって、Aは、賃貸住宅管理業登録をしなくても、特定賃貸借契約に基づき、入居者との間で新たに転貸借契約を締結することができる。

以上より、正しいものの組合せはイエであり、本問の正解肢は❸である。

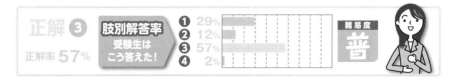

正解 ❸　正解率 57%

肢別解答率　受験生はこう答えた！

| 選択肢 | 解答率 |
| --- | --- |
| ❶ | 29% |
| ❷ | 12% |
| ❸ | 57% |
| ❹ | 2% |

難易度 普

# 管理業法（管理受託部分）

2022年度
問34出題

**問題 41** 賃貸住宅管理業の登録に関する次の記述のうち、誤っているものの組合せはどれか。

**ア**　現に賃貸住宅管理業を営んでいなくても登録を行うことはできるが、登録を受けてから1年以内に業務を開始しないときは、登録の取消しの対象となる。

**イ**　賃貸住宅管理業者が法人の場合、登録は法人単位でなされ、支社・支店ごとに登録を受けることはできない。

**ウ**　負債の合計額が資産の合計額を超えている場合には、直前2年の各事業年度において当期純利益が生じている場合であっても、「財産的基礎を有しない者」として登録は拒否される。

**エ**　賃貸住宅管理業者である法人は、役員に変更があったときは、その日から3か月以内に、その旨を国土交通大臣に届け出なければならない。

**❶**　ア、イ
**❷**　ア、ウ
**❸**　イ、エ
**❹**　ウ、エ

全問◎を
目指そう！

| | 1回目 | 2回目 | 3回目 |
|---|---|---|---|
| 学習日 | ／ | ／ | ／ |
| 手応え | | | |

◎：完全に分かってきた
○：だいたい分かってきた
△：少し分かってきた
×：全く分からなかった

**ここがポイント**

登録事項に変更が生じたときは、
その日から 30 日以内に国土交通大臣に届け出る必要があります。

**ア** 正 賃貸住宅管理業を営もうとする者は、賃貸住宅管理業の登録を受けなければ
ならない（賃貸住宅管理業法 3 条 1 項本文）。「賃貸住宅管理業を営もうとす
る者」との規定であるから、登録拒否要件等に該当しない限りは、現に賃貸住
宅管理業を営んでいない者も登録を受けることは可能である（賃貸住宅管理業
法 FAQ 2(3) 2）。もっとも、賃貸住宅管理業者が登録を受けてから 1 年以内
に業務を開始せず、又は引き続き 1 年以上業務を行っていないと認めるときは、
登録の取消しの対象となる（同法 23 条 2 項）。

**イ** 正 賃貸住宅管理業は、法人の場合は法人単位で登録を行うため、支社・支店ご
とに登録を受けることはできない（賃貸住宅管理業法 FAQ 2(3)3）。

**ウ** 誤 賃貸住宅管理業を遂行するために必要と認められる国土交通省令で定める基
準に適合する財産的基礎を有しない者は、賃貸住宅管理業の登録を受けること
ができない（賃貸住宅管理業法 6 条 1 項 10 号）。上記基準とは、財産及び損
益の状況が良好であることとされ（同法施行規則 10 条）、登録申請日を含む
事業年度の前事業年度において、負債の合計額が資産の合計額を超えておらず、
かつ、支払不能に陥っていない状態をいう。ただし、負債の合計額が資産の合
計額を超えている場合であっても、例えば、登録申請日を含む事業年度の直前
2 年の各事業年度において当期純利益が生じている場合など、上記の「負債の
合計額が資産の合計額を超えて」いないことと同等又は同等となることが相応
に見込まれる場合には、「財産及び損益の状況が良好である」と認めて差し支
えない（賃貸住宅管理業法の解釈・運用の考え方 6 条 10 号関係）。

**エ** 誤 賃貸住宅管理業者は、賃貸住宅管理業の登録の登録事項に変更があったとき
は、その日から 30 日以内に、その旨を国土交通大臣に届け出なければならな
い（賃貸住宅管理業法 7 条 1 項）。ここで、賃貸住宅管理業者が法人である場
合において、その役員の氏名は、賃貸住宅管理業の登録の登録事項である（同
法 4 条 1 項 2 号）。したがって、本肢の賃貸住宅管理業者は、役員に変更があっ
た日から 30 日以内に、その旨を国土交通大臣に届け出なければならない。

以上より、誤っているものの組合せはウエであり、本問の正解肢は④となる。

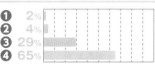

**正解 ④**

正解率 65%

肢別解答率 受験生はこう答えた！

① 2%
② 4%
③ 29%
④ 65%

難易度 普

# 管理業法（管理受託部分）

2023年度
問1出題

**問題42** 賃貸住宅の管理業務等の適正化に関する法律（以下、各問において「賃貸住宅管理業法」という。）に定める賃貸住宅管理業者が管理受託契約締結前に行う重要事項の説明（以下、各問において「管理受託契約重要事項説明」という。）に関する次の記述のうち、誤っているものはいくつあるか。

**ア** 業務管理者ではない管理業務の実務経験者が、業務管理者による管理、監督の下で説明することができる。

**イ** 賃貸人の勤務先が独立行政法人都市再生機構であることを確認の上、重要事項説明をせずに管理受託契約を締結することができる。

**ウ** 賃貸人本人の申出により、賃貸人から委任状を提出してもらった上で賃貸人本人ではなくその配偶者に説明することができる。

**エ** 賃貸人が満18歳である場合、誰も立ち会わせずに説明することができる。

**❶** なし
**❷** 1つ
**❸** 2つ
**❹** 3つ

全問◎を
目指そう！

| | 1回目 | 2回目 | 3回目 |
|---|---|---|---|
| 学習日 | / | / | / |
| 手応え | | | |

◎：完全に分かってきた
○：だいたい分かってきた
△：少し分かってきた
×：全く分からなかった

ここがポイント

管理受託契約の相手方が独立行政法人都市再生機構などの場合、
重要事項説明は不要です。

　賃貸住宅管理業者は、管理受託契約を締結しようとするときは、管理業務を委託しようとする賃貸住宅の賃貸人（賃貸住宅管理業者である者その他の管理業務に係る専門的知識及び経験を有すると認められる者として国土交通省令で定めるものを除く。）に対し、当該管理受託契約を締結するまでに、管理受託契約重要事項について、書面を交付して説明（管理受託契約重要事項説明）しなければならない（賃貸住宅管理業法13条1項）。

**ア** 正　　管理受託契約重要事項説明は、業務管理者によって行われることは必ずしも必要ないが、業務管理者の管理及び監督の下に行われる必要があり、また、業務管理者又は一定の実務経験を有する者など専門的な知識及び経験を有する者によって行われることが望ましい（賃貸住宅管理業法の解釈・運用の考え方13条関係1）。したがって、業務管理者ではない管理業務の実務経験者が、業務管理者による管理、監督の下で説明することができる。

**イ** 誤　　上記で述べた通り、管理受託契約重要事項説明は、賃貸住宅管理業者である者その他の管理業務に係る専門的知識及び経験を有すると認められる者として国土交通省令で定めるものには不要である。これには、独立行政法人都市再生機構が含まれる（賃貸住宅管理業法施行規則30条7号）。しかし、説明の相手方の勤務先が独立行政法人都市再生機構であるにすぎないときには、その説明が必要である。

**ウ** 正　　管理受託契約重要事項説明は、原則的には、管理受託契約の相手方本人に対して行う必要がある。しかし、契約の相手方本人の意思により、委任状等をもって代理権を付与された者に対し、重要事項説明を行った場合は当該説明をしたものと認められる（賃貸住宅管理業法FAQ集3(2)8）。したがって、賃貸人本人の申出により、賃貸人から委任状を提出してもらった上で、賃貸人本人ではなくその配偶者に説明することができる。

**エ** 正　　年齢が18歳である者は、成年者である（民法4条）。したがって、誰も立ち会わせずに管理受託契約重要事項説明をすることができる。なお、説明の相手方の知識、経験、財産の状況、賃貸住宅経営の目的やリスク管理判断能力等に応じた説明を行うことが望ましい（賃貸住宅管理業法の解釈・運用の考え方13条関係1）。

　以上より、誤っているものはイの1つであり、本問の正解肢は❷となる。

正解 ❷
正解率 54%

肢別解答率
受験生は
こう答えた！

| ❶ | 30% |
| ❷ | 54% |
| ❸ | 10% |
| ❹ | 5% |

難易度
普

# 管理業法（管理受託部分）

問題 43 管理受託契約重要事項説明に関する次の記述のうち、正しいものはどれか。（改題）

❶ 管理業務の実施方法に関し、回数や頻度の説明は不要である。

❷ 入居者からの苦情や問い合わせへの対応を行う場合、その対応業務の内容についての説明は不要である。

❸ 管理業務を実施するのに必要な水道光熱費が報酬に含まれる場合、賃貸住宅管理業法施行規則第31条第5号の費用としての水道光熱費の説明は不要である。

❹ 賃貸人に賠償責任保険への加入を求める場合や、当該保険によって補償される損害について賃貸住宅管理業者が責任を負わないこととする場合、その旨の説明は不要である。

| | 1回目 | 2回目 | 3回目 |
|---|---|---|---|
| 学習日 | / | / | / |
| 手応え | | | |

全問◎を目指そう！

◎：完全に分かってきた
○：だいたい分かってきた
△：少し分かってきた
×：全く分からなかった

ここがポイント

## 説明が必要な重要事項については、細かな内容まで問われますので正確に覚えましょう。

❶ 誤 管理業務の内容及び実施方法は、管理受託契約重要事項であり（賃貸住宅管理業法 13 条 1 項、同法施行規則 31 条 3 号）、賃貸住宅管理業者は、管理業務の内容について、回数や頻度を明示して可能な限り具体的に記載し、説明する必要がある（賃貸住宅管理業法の解釈・運用の考え方 13 条関係 2(3)）。

❷ 誤 肢 1 の解説で述べた通り、管理業務の内容及び実施方法は、管理受託契約重要事項であり、賃貸住宅管理業者は、管理業務と併せて、入居者からの苦情や問い合わせへの対応を行う場合は、その内容についても可能な限り具体的に記載し、説明する必要がある（賃貸住宅管理業法の解釈・運用の考え方 13 条関係 2(3)）。

❸ 正 報酬に含まれていない管理業務に関する費用であって、賃貸住宅管理業者が通常必要とするものは、管理受託契約重要事項であり（賃貸住宅管理業法 13 条 1 項、同法施行規則 31 条 5 号）、賃貸住宅管理業者が管理業務を実施するのに伴い必要となる水道光熱費や、空室管理費等が考えられる（賃貸住宅管理業法の解釈・運用の考え方 13 条関係 2(5)）。しかし、当該水道光熱費が報酬に含まれる場合には、その説明は不要である。

❹ 誤 責任及び免責に関する事項は、管理受託契約重要事項であり（賃貸住宅管理業法 13 条 1 項、同法施行規則 31 条 7 号）、賃貸住宅管理業者は、管理受託契約の締結にあたり、賃貸人に賠償責任保険等への加入を求める場合や、当該保険によって保障される損害については賃貸住宅管理業者が責任を負わないこととする場合は、その旨を記載し、説明する必要がある（賃貸住宅管理業法の解釈・運用の考え方 13 条関係 2(7)）。

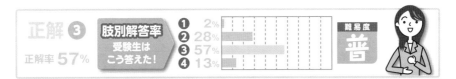

正解 ❸　正解率 57%　肢別解答率 受験生はこう答えた！　❶ 2%　❷ 28%　❸ 57%　❹ 13%　難易度 普

重要度 A

# 管理業法（管理受託部分）

2023年度
問3出題

**問題 44**　管理受託契約変更契約の重要事項説明を電話で行う場合に関する次の記述のうち、正しいものはいくつあるか。

**ア**　賃貸人から賃貸住宅管理業者に対し、電話による方法で管理受託契約変更契約の重要事項説明を行ってほしいとの依頼がなければ行うことはできない。

**イ**　賃貸人から電話による方法で重要事項説明を行ってほしいとの依頼があった場合でも、後から対面による説明を希望する旨の申出があった場合は、対面で行わなければならない。

**ウ**　賃貸人が、管理受託契約変更契約の重要事項説明書を確認しながら説明を受けることができる状態にあることについて、重要事項説明を開始する前に賃貸住宅管理業者が確認することが必要である。

**エ**　賃貸人が、電話による説明をもって管理受託契約変更契約の重要事項説明の内容を理解したことについて、賃貸住宅管理業者が重要事項説明を行った後に確認することが必要である。

**❶**　1つ
**❷**　2つ
**❸**　3つ
**❹**　4つ

全問◎を
目指そう！

| | 1回目 | 2回目 | 3回目 |
|---|---|---|---|
| 学習日 | / | / | / |
| 手応え | | | |

◎：完全に分かってきた
○：だいたい分かってきた
△：少し分かってきた
×：全く分からなかった

変更契約の場合、4つの要件を満たせば電話による
重要事項説明が可能です。

　管理受託契約重要事項説明は、原則として、対面又はITの活用による説明が望ましいが、管理受託契約変更契約の重要事項説明については、次に掲げるすべての事項を満たしている場合に限り、電話による説明をもって対面による説明と同様に取扱うものとする。

　①　事前に管理受託契約変更契約の重要事項説明書等を送付し、その送付から一定期間後に説明を実施するなどして、賃貸人が変更契約締結の判断を行うまでに十分な時間をとること。

　②　賃貸人から賃貸住宅管理業者に対し、電話により管理受託契約変更契約の重要事項説明を行ってほしいとの依頼があること。

　③　賃貸人が、管理受託契約変更契約の重要事項説明書等を確認しながら説明を受けることができる状態にあることについて、賃貸住宅管理業者が重要事項説明を開始する前に確認していること。

　④　賃貸人が、電話による説明をもって当該管理受託契約変更契約の重要事項説明の内容を理解したことについて、賃貸住宅管理業者が重要事項説明を行った後に確認していること。

　なお、賃貸人から賃貸住宅管理業者に対し、電話により管理受託契約変更契約の重要事項説明を行ってほしいとの依頼があった場合であっても、賃貸人から、対面又はITの活用による説明を希望する旨の申出があったときは、当該方法により説明しなければならない（賃貸住宅管理業法の解釈・運用の考え方13条関係4（3））。

**ア**　正　上記②から、賃貸住宅管理業者は、本肢の依頼がなければ、電話による説明を行うことはできない。

**イ**　正　上記なお書きから、賃貸住宅管理業者は、対面で説明を行わなければならない。

**ウ**　正　上記③から、賃貸住宅管理業者は、本肢の確認を行わなければならない。

**エ**　正　上記④から、賃貸住宅管理業者は、本肢の確認を行わなければならない。

　以上より、正しいものは4つであり、本問の正解肢は④となる。

正解 ④　正解率 91%　**肢別解答率**　受験生はこう答えた！　❶ 1%　❷ 1%　❸ 7%　❹ 91%　難易度 易

# 管理業法（管理受託部分）

2023年度
問4出題

**問題 45** 管理受託契約の契約期間中に変更が生じた場合の賃貸住宅管理業者の対応に関する次の記述のうち、最も適切なものはどれか。

❶ 契約期間中に再委託先を変更したが、賃貸人に変更を通知しなかった。

❷ 管理受託契約が締結されている賃貸住宅が売却されて賃貸人が変更されたが、当該管理受託契約には変更後の賃貸人に地位が承継される旨の特約があったため、変更後の賃貸人に、管理受託契約の内容を記載した書面を交付しなかった。

❸ 契約期間中に賃貸住宅管理業者が商号を変更したが、組織運営に変更のない商号変更だったので、賃貸人に対し、その旨を通知しただけで、賃貸人に管理受託契約の締結時に交付する書面を再び交付することはしなかった。

❹ 賃貸住宅管理業法施行前に締結された管理受託契約であったため、それまで契約の事項を記載した書面を交付していなかったが、管理業務の報酬額を変更するにあたり、賃貸人に変更後の報酬額のみを記載した書面を交付した。

全問◎を
目指そう！

|  | 1回目 | 2回目 | 3回目 |
|---|---|---|---|
| 学習日 | / | / | / |
| 手応え |  |  |  |

◎：完全に分かってきた
○：だいたい分かってきた
△：少し分かってきた
✕：全く分からなかった

## どのような変更が生じ、その場合に賃貸人に対して どのような対応をすべきか、を順に考えましょう。

　賃貸住宅管理業者は、管理受託契約を締結したときは、管理業務を委託する賃貸住宅の賃貸人（委託者）に対し、遅滞なく、管理受託契約締結時書面を交付しなければならない（賃貸住宅管理業法 14 条 1 項）。この「管理受託契約を締結したとき」とは、新たに管理受託契約を締結する場合のみでなく、管理受託契約変更契約を締結する場合もこれに該当する（賃貸住宅管理業法の解釈・運用の考え方 14 条関係 2）。

**❶ 不適切**　再委託先の変更は形式的な変更と考えられるため、当該変更が生じた場合に改めて重要事項説明を実施する必要はないが、再委託先が変更する度ごとに書面又は電磁的方法により賃貸人に知らせる必要がある（賃貸住宅管理業法 FAQ 集 3（2）15）。したがって、再委託先を変更したが、賃貸人に当該変更を通知しなかったのは、適切とはいえない。

**❷ 不適切**　管理受託契約が締結されている賃貸住宅が、契約期間中に現賃貸人から売却等されることにより、賃貸人たる地位が新たな賃貸人に移転し、従前と同一内容によって当該管理受託契約が承継される場合、賃貸住宅管理業者は、賃貸人たる地位が移転することを認識した後、遅滞なく、新たな賃貸人に当該管理受託契約の内容が分かる書類を交付することが望ましい（賃貸住宅管理業法の解釈・運用の考え方 13 条関係 3）。したがって、変更後の賃貸人に、管理受託契約の内容を記載した書面を交付しなかったことは、適切とはいえない。

**❸ 適　切**　管理受託契約変更契約を締結する場合、管理受託契約締結時書面を交付しなければならないが、契約の同一性を保ったままで契約期間のみを延長することや、組織運営に変更のない商号又は名称等の変更等、形式的な変更と認められる場合は、管理受託契約締結時書面の交付は行わないこととして差し支えない（賃貸住宅管理業法の解釈・運用の考え方 14 条関係 2）。したがって、賃貸人に対し、賃貸住宅管理業者の商号を変更した旨を通知しただけで、管理受託契約の締結時に交付する書面を再交付しなかったのは、適切といえる。

**❹ 不適切**　管理受託契約変更契約を締結する場合には、変更のあった事項について、賃貸人に対して管理受託契約締結時書面を交付すれば足りる。しかし、賃貸住宅管理業法施行前に締結された管理受託契約で、管理受託契約締結時書面に記載する全ての事項について、管理受託契約締結時書面の交付を行っていない場合は、管理受託契約変更契約を締結したときに、その全ての事項について、管理受託契約締結時書面の交付を行わなければならない（賃貸住宅管理業法の解釈・運用の考え方 14 条関係 2、賃貸住宅管理業法 FAQ 集 3（2）13）。本肢の管理受託契約は、賃貸住宅管理業法施行前に締結されたものであって、契約の事項を記載した書面を交付していないものであるから、管理業務の報酬額（賃貸住宅管理業法 14 条 1 項 4 号）を変更するにあたり、賃貸人に変更後の報酬額のみを記載した書面を交付したのは、適切とはいえない。

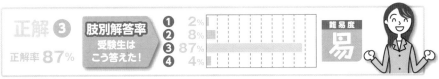

正解 ❸　正解率 87%　肢別解答率　受験生はこう答えた！　❶ 2%　❷ 8%　❸ 87%　❹ 4%　難易度 易

# 管理業法（管理受託部分）

重要度 **B**

**2023年度**
**問8出題**

問題 **46**　管理受託契約における委託者への賃貸住宅管理業法に基づく定期報告に関する次の記述のうち、誤っているものはどれか。

**❶**　賃貸住宅管理業法施行前に締結された管理受託契約を同法施行後に更新した場合は、期間の延長のみの形式的な更新であっても、更新後の契約においては報告を行うべきである。

**❷**　賃貸住宅管理業法施行前に締結された管理受託契約が更新される前に、契約期間中に当該管理受託契約の形式的な変更とは認められない変更を同法施行後に行った場合は、変更後の契約においては報告義務が生じる。

**❸**　賃貸住宅管理業法上、書面による定期報告が義務付けられている事項は、「管理業務の実施状況」、「入居者からの苦情の発生状況」、「家賃等金銭の収受状況」の3つである。

**❹**　管理業務報告書の交付方法は書面だけではなく、メール等の電磁的方法によることも可能だが、賃貸人が報告書の内容を理解したことを確認する必要がある。

全問◎を
目指そう！

| | 1回目 | 2回目 | 3回目 |
|---|---|---|---|
| 学習日 | ／ | ／ | ／ |
| 手応え | | | |

◎：完全に分かってきた
○：だいたい分かってきた
△：少し分かってきた
×：全く分からなかった

報告書に係る説明方法は問いませんが、
賃貸人が報告書の内容を理解したことを確認する必要があります。

賃貸住宅管理業者は、管理業務の実施状況その他の国土交通省令で定める事項について、国土交通省令で定めるところにより、定期的に、委託者に報告（定期報告）しなければならない（賃貸住宅管理業法20条）。

❶ 正　賃貸住宅管理業法施行前に締結された管理受託契約については、法施行後に当該管理受託契約が更新された場合、形式的な変更と認められる場合であっても、更新された後においては、賃貸人に対して定期報告を行うべきである（賃貸住宅管理業法の解釈・運用の考え方20条関係1）。

❷ 正　賃貸住宅管理業法施行前に締結された管理受託契約については、法施行後に当該管理受託契約が更新された場合、形式的な変更と認められる場合であっても、更新された後においては、賃貸人に対して定期報告を行うべきである（賃貸住宅管理業法の解釈・運用の考え方20条関係1）。また、管理受託契約について形式的な変更を行った場合は更新時同様の取扱いとなるが、形式的な変更とは認められない変更を行った場合は、通常の契約と同様に定期報告を行う必要がある（賃貸住宅管理業法FAQ集3(3)15）。

❸ 誤　賃貸住宅管理業者は、委託者への定期報告を行うときは、①報告の対象となる期間、②管理業務の実施状況、③管理業務の対象となる賃貸住宅の入居者からの苦情の発生状況及び対応状況を記載した管理業務報告書を作成し、これを委託者に交付して説明しなければならない（賃貸住宅管理業法施行規則40条1項）。「家賃等金銭の収受状況」は、上記のいずれにもあたらないため、定期報告が義務づけられていない。

❹ 正　管理業務報告書の交付方法については書面によらず、メール等の電磁的方法によることも可能であるが、賃貸人とのトラブルを未然に防止する観点からも、当該提供を行う賃貸住宅管理業者において、管理業務報告書のデータを適切に保存するよう努めるものとしている。また、管理業務報告書に係る説明方法は問わないが、賃貸人と説明方法について協議の上、双方向でやりとりできる環境を整え、賃貸人が管理業務報告書の内容を理解したことを確認する必要がある（賃貸住宅管理業法FAQ集3(3)13）。

正解 ❸

正解率 50%

肢別解答率
受験生は
こう答えた！

❶ 25%
❷ 10%
❸ 50%
❹ 15%

難易度

普

## 重要度 A　管理業法（管理受託部分）

2023年度
問18出題

**問題 47**　賃貸住宅管理業法における登録を受けた賃貸住宅管理業者の財産の分別管理に関する次の記述のうち、正しいものはどれか。なお、管理受託契約に基づいて受領する家賃等を管理する口座を「家賃等管理口座」、賃貸住宅管理業者の固有の財産を管理する口座を「固有財産管理口座」とする。

**❶** 賃借人から受領した家賃等から管理報酬分を支払うものとしている場合には、あらかじめ賃貸人に引き渡す家賃等と管理報酬相当額とを分けて、前者のみを家賃等管理口座に入金させなければならない。

**❷** 管理戸数が20戸以下の賃貸住宅管理業者は、家賃等管理口座と固有財産管理口座を一つの口座とし、家賃等と自己の固有の財産とを、帳簿により勘定上直ちに判別できる状態で管理することができる。

**❸** 家賃等管理口座に預入された金銭は、その全額を直ちに賃貸人に交付しなければならず、賃貸住宅管理業者の固有財産に属する金銭のうちの一定額を、家賃等管理口座に残したままにしておくことはできない。

**❹** 家賃等管理口座に預入された金銭は、現金預金や管理手数料収入、修繕費などの勘定科目に、物件名や顧客名を入れた補助科目を付して仕分けを行うことにより、他の管理受託契約に基づく管理業務において受領する家賃等との分別管理とすることができる。

全問◎を
目指そう！

| | 1回目 | 2回目 | 3回目 |
|---|---|---|---|
| 学習日 | / | / | / |
| 手応え | | | |

◎：完全に分かってきた
◯：だいたい分かってきた
△：少し分かってきた
✕：全く分からなかった

受領する家賃等がいずれの管理受託契約に基づくものかを
帳簿により判別できる必要があります。

　賃貸住宅管理業者は、管理受託契約に基づく管理業務において受領する家賃、敷金、共益費その他の金銭を、整然と管理する方法として国土交通省令で定める方法により、自己の固有財産及び他の管理受託契約に基づく管理業務において受領する家賃、敷金、共益費その他の金銭と分別して管理しなければならない（賃貸住宅管理業法16条）。「国土交通省令で定める方法」とは、管理受託契約に基づく管理業務において受領する家賃、敷金、共益費その他の金銭（家賃等）を管理するための口座を自己の固有財産を管理するための口座と明確に区分し、かつ、当該金銭がいずれの管理受託契約に基づく管理業務に係るものであるかが自己の帳簿により直ちに判別できる状態で管理する方法である（同法施行規則36条）。

❶ 誤　家賃等を管理する口座にその月分の家賃をいったん全額預入し、当該口座から賃貸住宅管理業者の固有財産を管理する口座に管理報酬分の金額を移し替える等、家賃等を管理する口座と賃貸住宅管理業者の固有財産を管理する口座のいずれか一方に家賃等及び賃貸住宅管理業者の固有財産が同時に預入されている状態が生じることは差し支えない（賃貸住宅管理業法の解釈・運用の考え方16条関係）。

❷ 誤　家賃等を管理するための口座と自己の固有財産を管理するための口座とは、明確に区分しなければならない。したがって、管理戸数が20戸以下の賃貸住宅管理業者であっても、家賃等管理口座と固有財産管理口座を一つの口座とすることはできない。

❸ 誤　家賃等を管理する口座と賃貸住宅管理業者の固有財産を管理する口座のいずれか一方に家賃等及び賃貸住宅管理業者の固有財産が同時に預入されている状態が生じることは差し支えないが、この場合においては、家賃等又は賃貸住宅管理業者の固有財産を速やかに家賃等を管理する口座又は賃貸住宅管理業者の固有財産を管理する口座に移し替えることとする。ただし、賃貸人に家賃等を確実に引き渡すことを目的として、適切な範囲において、管理業者の固有財産のうちの一定額を家賃等を管理する口座に残しておくことは差し支えない（賃貸住宅管理業法の解釈・運用の考え方16条関係）。

❹ 正　上記で述べた通り、賃貸住宅管理業者が管理受託契約に基づく管理業務において受領する家賃、敷金、共益費その他の金銭を管理する場合、受領する金銭等がいずれの管理受託契約に基づく管理業務に係るものであるかが自己の帳簿により直ちに判別できる状態で管理する必要がある。現金預金や管理手数料収入、修繕費などの勘定科目に、物件名や顧客名を入れた補助科目を付して仕訳を行うことにより、上記を達成することができる。

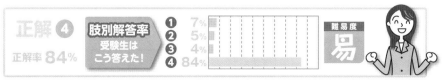

正解 ❹
正解率 84%

肢別解答率
受験生は
こう答えた！

❶ 7%
❷ 5%
❸ 4%
❹ 84%

難易度 易

## 管理業法（管理受託部分）

重要度 A

2023年度
問27出題

**問題 48**　賃貸住宅管理業者及び業務管理者に関する次の記述のうち、正しいものはいくつあるか。

**ア**　A営業所の業務管理者は、B営業所の業務管理者がやむを得ない事情で業務を遂行することができなくなった場合には、B営業所の業務管理者を兼務することができる。

**イ**　賃貸住宅管理業者は、管理受託契約の締結、維持保全の手配、又は金銭の管理の業務が行われ、継続的に賃貸住宅管理業の営業の拠点となる実態を有する施設には、本店、支店、営業所等の名称を問わず、業務管理者を選任する必要がある。

**ウ**　業務管理者は、宅地建物取引士としての業務を兼務することはできるが、賃貸住宅管理業者の従業員が行う管理業務について必要な指導、管理及び監督の業務に従事できる必要がある。

**エ**　賃貸住宅管理業者は、業務上知り得た秘密を守る義務があるが、管理業務の一部の再委託を受ける者など、賃貸住宅管理業者と直接の雇用関係にない者にも同様の義務が課せられる。

**❶**　1つ
**❷**　2つ
**❸**　3つ
**❹**　4つ

全問◎を
目指そう！

| | 1回目 | 2回目 | 3回目 | ◎：完全に分かってきた |
|---|---|---|---|---|
| 学習日 | / | / | / | ○：だいたい分かってきた |
| 手応え | | | | △：少し分かってきた<br>×：全く分からなかった |

ここがポイント

業務管理者は宅建士を兼務できますが、
他の営業所又は事務所の業務管理者にはなれません。

第2編　管理受託

管理業法（管理受託部分）

**ア** 誤　業務管理者は、他の営業所又は事務所の業務管理者となることができない（賃貸住宅管理業法 12 条 3 項）。したがって、A 営業所の業務管理者は、B 営業所の業務管理者を兼務することはできない。

**イ** 正　賃貸住宅管理業者は、その営業所又は事務所ごとに、1 人以上の業務管理者を選任しなければならない（賃貸住宅管理業法 12 条 1 項）。この「営業所又は事務所」とは、管理受託契約の締結、維持保全の手配、又は家賃、敷金、共益費その他の金銭の管理の業務（同法 2 条 2 項 2 号に規定する業務を行う場合に限る。）が行われ、継続的に賃貸住宅管理業の営業の拠点となる施設として実態を有するものが該当する（賃貸住宅管理業法の解釈・運用の考え方 4 条 1 項関係 2）。したがって、これに該当すれば、本店、支店、営業所等の名称を問わず、業務管理者を選任する必要がある。

**ウ** 正　業務管理者が宅地建物取引士も兼務する等他の業務を兼務することが法違反となるものではないが、入居者の居住の安定の確保等の観点から賃貸住宅管理業者の従業員が行う管理業務等について必要な指導、管理、及び監督の業務に従事できる必要がある（賃貸住宅管理業法の解釈・運用の考え方 12 条関係 2）。

**エ** 正　賃貸住宅管理業者は、正当な理由がある場合でなければ、その業務上取り扱ったことについて知り得た秘密を他に漏らしてはならない（賃貸住宅管理業法 21 条 1 項）。また、賃貸住宅管理業者の代理人、使用人その他の従業者は、正当な理由がある場合でなければ、賃貸住宅管理業の業務を補助したことについて知り得た秘密を他に漏らしてはならない（同条 2 項）。この「従業者」とは賃貸住宅管理業者の指揮命令に服しその業務に従事する者をいい、再委託契約に基づき管理業務の一部の再委託を受ける者等賃貸住宅管理業者と直接の雇用関係にない者であっても含まれる（賃貸住宅管理業法の解釈・運用の考え方 21 条 2 項関係）。

以上より、正しいものはイ、ウ、エの 3 つであり、本問の正解肢は❸となる。

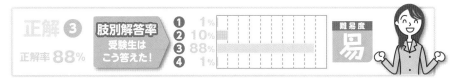

正解 ❸
正解率 88%

肢別解答率
受験生は
こう答えた！

| ❶ | 1% |
| ❷ | 10% |
| ❸ | 88% |
| ❹ | 1% |

難易度
易

## 重要度 A 管理業法（管理受託部分）

**問題 49** 賃貸住宅管理業者の業務に関する次の記述のうち、誤っているものはどれか。

❶　賃貸住宅管理業者は、常に賃貸住宅の建物所有者や入居者等の視点に立ち、信義を旨とし、業務に誠実に従事することで、紛争等を防止する必要がある。

❷　賃貸住宅管理業者は、自己の名義をもって、他人に賃貸住宅管理業を営ませてはならず、それに違反した場合は、その他人が賃貸住宅管理業者の登録を受けているか否かにかかわらず罰則の対象となる。

❸　従業者証明書を携帯させるべき者には、正規及び非正規を問わず賃貸住宅管理業者と直接の雇用関係にあり、賃貸住宅管理業に従事する者が該当し、賃貸住宅管理業者と直接の雇用関係にある者であっても、内部管理事務に限って従事する者は該当しない。

❹　賃貸住宅管理業者は、管理業務の一部を再委託することができるが、管理業務の適正性を確保するため、再委託先は賃貸住宅管理業者としなければならない。

全問◎を
目指そう！

| | 1回目 | 2回目 | 3回目 |
|---|---|---|---|
| 学習日 | ／ | ／ | ／ |
| 手応え | | | |

◎：完全に分かってきた
○：だいたい分かってきた
△：少し分かってきた
×：全く分からなかった

ここがポイント

## 内部管理事務に限って従事する者は、従業者証明書の携帯義務はありません。

❶ 正　賃貸住宅管理業者は、信義を旨とし、誠実にその業務を行わなければならない（賃貸住宅管理業法 10 条）。これにより、賃貸住宅管理業者は、常に賃貸住宅のオーナーや入居者等の視点に立ち、業務に誠実に従事することで、紛争等を防止する必要がある（賃貸住宅管理業法の解釈・運用の考え方 10 条関係）。

❷ 正　賃貸住宅管理業者は、自己の名義をもって、他人に賃貸住宅管理業を営ませてはならない（賃貸住宅管理業法 11 条）。この規定に違反して、他人に賃貸住宅管理業を営ませたときは、その違反行為をした者は、1 年以下の懲役若しくは 100 万円以下の罰金に処し、又はこれを併科する（同法 41 条 3 号）。

❸ 正　賃貸住宅管理業者は、国土交通省令で定めるところにより、その業務に従事する使用人その他の従業者に、その従業者であることを証する証明書を携帯させなければ、その者をその業務に従事させてはならない（賃貸住宅管理業法 17 条 1 項）。この従業者証明書を携帯させるべき者の範囲は、賃貸住宅管理業者の責任の下に、当該賃貸住宅管理業者が営む賃貸住宅管理業に従事する者である。もっとも、賃貸住宅管理業者と直接の雇用関係にある者であっても、内部管理事務に限って従事する者は、従業者証明書の携帯の義務はない（賃貸住宅管理業法の解釈・運用の考え方 17 条関係）。

❹ 誤　賃貸住宅管理業者は、委託者から委託を受けた管理業務の全部を他の者に対し、再委託してはならない（賃貸住宅管理業法 15 条）。したがって、管理受託契約に管理業務の一部の再委託に関する定めがあるときは、自らで再委託先の指導監督を行うことにより、一部の再委託を行うことができる（賃貸住宅管理業法の解釈・運用の考え方 15 条関係 1）。この場合、再委託先は賃貸住宅管理業者である必要はない（同条関係 2）。

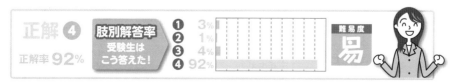

正解 ❹　正解率 92%

肢別解答率　受験生はこう答えた！

❶ 3%　❷ 1%　❸ 4%　❹ 92%

難易度　易

# 管理業法（管理受託部分）

2023年度
問29出題

重要度 A

問題 50

賃貸住宅管理業者の登録に関する次の記述のうち、誤っているものはどれか。

❶ 賃貸住宅管理業を営もうとする者が、賃貸住宅管理業者の登録に際し、営業所で行う管理業務の質を担保するため、1つの営業所に3人の業務管理者を配置することは、賃貸住宅管理業法に定める業務管理者の選任に係る規定に反するものではない。

❷ 賃貸住宅管理業を営もうとする者は、その業に係る賃貸住宅の戸数が200戸未満の者であっても、賃貸住宅管理業者の登録を受けることが可能であり、登録後に賃貸住宅管理業法の違反行為があった場合は、業務停止等の監督処分や罰則の対象となる。

❸ 賃貸住宅管理業者の登録を受けている法人が合併により消滅したとき、法人を代表する役員であった者は、消滅した日から30日以内に、廃業等届出書を国土交通大臣に届け出なければならない。

❹ 賃貸住宅管理業者の登録の有効期間は5年であり、登録の更新を受けようとする者は、現に受けている登録の有効期間の満了の日の90日前までに更新の申請を行う必要がある。

全問◎を
目指そう！

| | 1回目 | 2回目 | 3回目 |
|---|---|---|---|
| 学習日 | / | / | / |
| 手応え | | | |

◎：完全に分かってきた
○：だいたい分かってきた
△：少し分かってきた
✕：全く分からなかった

> **ここがポイント**
> 管理戸数 200 戸未満の賃貸住宅管理業者も登録できますが、
> 賃貸住宅管理業法の規制に服することになります。

**❶ 正**　賃貸住宅管理業者は、その営業所又は事務所ごとに、1人以上の業務管理者を選任しなければならない（賃貸住宅管理業法 12 条 1 項）。もっとも、賃貸住宅管理に係る賃貸住宅の戸数、賃貸住宅管理を遂行する従業員の数は営業所又は事務所ごとに異なるため、賃貸住宅管理業者は、入居者の居住の安定の確保等の観点から、当該営業所又は事務所においてその従業員が行う管理業務等の質を担保するために必要な指導、管理、及び監督をし得るだけの数の業務管理者を配置することが推奨されている（賃貸住宅管理業法 FAQ 集 3(1)4）。したがって、1つの営業所に 3 人の業務管理者を配置することは、賃貸住宅管理業法に定める業務管理者の選任に係る規定に反するものではない。

**❷ 正**　賃貸住宅管理業を営もうとする者は、当該賃貸住宅管理業に係る賃貸住宅の戸数が 200 戸以上であるときは、賃貸住宅管理業の登録を受けなければならない（賃貸住宅管理業法 3 条 1 項、同法施行規則 3 条）。もっとも、管理戸数が 200 戸を超えない小規模な賃貸住宅管理業者であっても、法に沿ったルールを遵守することが、管理業者とオーナーとの間のトラブルの未然防止に繋がるため、賃貸住宅管理業の登録を受けることが推奨されている。そして、この登録を受けた場合は、他の登録業者と同様に、賃貸住宅管理業に関する規制に服することとなり、これに違反した場合、業務停止等の監督処分や罰則の対象になる（賃貸住宅管理業法の解釈・運用の考え方 3 条 1 項関係 1）。

**❸ 正**　賃貸住宅管理業者である法人が合併により消滅したときは、その法人を代表する役員であった者は、消滅した日から 30 日以内に、その旨を国土交通大臣に届け出なければならない（賃貸住宅管理業法 9 条 1 項 2 号）。

**❹ 誤**　登録の更新を受けようとする者は、その者が現に受けている登録の有効期間の満了の日の 90 日前から 30 日前までの間に登録申請書を国土交通大臣に提出しなければならない（賃貸住宅管理業法 3 条 2 項、同法施行規則 4 条）。

正解 ❹　正解率 96%　　**肢別解答率** 受験生はこう答えた！　❶ 1%　❷ 1%　❸ 2%　❹ 96%　　難易度 易

# 管理業法（管理受託部分）

**問題 51** 賃貸住宅管理業者の登録に関する次の記述のうち、誤っているものはどれか。

❶ 賃貸人から委託を受けて無償で管理業務を行っている場合、その事業全体において営利性があると認められるときであっても、賃貸住宅管理業者の登録が必要となることはない。

❷ 特定転貸事業者は、200戸以上の特定賃貸借契約を締結している場合であっても、賃貸住宅の維持保全を200戸以上行っていなければ、賃貸住宅管理業者の登録をする義務はない。

❸ 事業者が100室の事務所及び100戸の賃貸住宅について維持保全を行っている場合、賃貸住宅管理業者の登録をする義務はない。

❹ 負債の合計額が資産の合計額を超えている場合であっても、直前2年の各事業年度において当期純利益が生じている場合には、賃貸住宅管理業者の登録拒否事由に該当しない。

全問◎を
目指そう！

|  | 1回目 | 2回目 | 3回目 |
|---|---|---|---|
| 学習日 | ／ | ／ | ／ |
| 手応え |  |  |  |

◎：完全に分かってきた
○：だいたい分かってきた
△：少し分かってきた
×：全く分からなかった

## 営利の意思の有無については客観的に判断されます。

❶ **誤** 　賃貸住宅管理業を営もうとする者は、国土交通大臣の登録を受けなければならない（賃貸住宅管理業法3条1項本文）。「賃貸住宅管理業を営む」とは、営利の意思を持って反復継続的に賃貸住宅管理業を行うことをいい、営利の意思の有無については、客観的に判断されることとなる（賃貸住宅管理業法の解釈・運用の考え方2条3項関係(1)）。事業全体において営利性があると認められる場合、委託された管理業務を無償で引き受けていたとしても、その点のみをもって直ちに営利性がないと判断されるものではない（賃貸住宅管理業法FAQ集2(3)8）。本肢の場合、営利性があると判断される場合があり、その場合、賃貸住宅管理業の登録が必要となる。

❷ **正** 　賃貸住宅管理業を営もうとする者は、当該賃貸住宅管理業に係る賃貸住宅の戸数が200戸以上であるときは、賃貸住宅管理業の登録を受けなければならない（賃貸住宅管理業法3条1項、同法施行規則3条）。ここで、賃貸住宅管理業とは、賃貸住宅の賃貸人から委託を受けて、少なくとも、当該委託に係る賃貸住宅の維持保全を行う業務をいう（同法2条2項）から、賃貸住宅の維持保全を200戸以上行っていない場合、賃貸住宅管理業に係る賃貸住宅の戸数が200戸以上であるとはいえない。したがって、本肢の場合には、賃貸住宅管理業の登録をする義務はない。

❸ **正** 　賃貸住宅管理業を営もうとする者は、当該賃貸住宅管理業に係る賃貸住宅の戸数が200戸以上であるときは、賃貸住宅管理業の登録を受けなければならない（賃貸住宅管理業法3条1項、同法施行規則3条）。ここで、賃貸住宅とは、賃貸の用に供する住宅をいい（同法2条1項）、事務所はこれにあたらない。そうだとすると、100室の事務所及び100戸の賃貸住宅について維持保全を行っていたとしても、賃貸住宅管理業に係る賃貸住宅の戸数が200戸以上であるとはいえない。したがって、本肢の場合には、賃貸住宅管理業の登録をする義務はない。

❹ **正** 　賃貸住宅管理業を遂行するために必要と認められる国土交通省令で定める基準に適合する財産的基礎を有しない者は、賃貸住宅管理業の登録を受けることができない（賃貸住宅管理業法6条1項10号）。上記の「国土交通省令で定める基準」とは、財産及び損益の状況が良好であることとされ（同法施行規則10条）、登録申請日を含む事業年度の前事業年度において、負債の合計額が資産の合計額を超えておらず、かつ、支払不能に陥っていない状態をいう。ただし、負債の合計額が資産の合計額を超えている場合であっても、例えば、登録申請日を含む事業年度の直前2年の各事業年度において当期純利益が生じている場合など、上記の「負債の合計額が資産の合計額を超えて」いないことと同等又は同等となることが相応に見込まれる場合には、「財産及び損益の状況が良好である」と認めて差し支えない（賃貸住宅管理業法の解釈・運用の考え方6条10号関係）。本肢の場合、財産及び損益の状況が良好であると認められるので、国土交通省令で定める基準に適合する財産的基礎を有するといえ、賃貸住宅管理業者の登録拒否事由に該当しない。

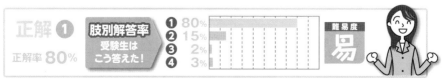

正解 ❶　正解率 80%

肢別解答率　受験生はこう答えた！

❶ 80%
❷ 15%
❸ 2%
❹ 3%

難易度 易

## 賃貸住宅標準管理受託契約書

重要度 A

2020年度 問15出題

問題 52

賃貸住宅標準管理受託契約書（以下、本問において「標準管理受託契約書」という。）に関する次の記述のうち、誤っているものはどれか。（改題）

❶ 標準管理受託契約書では、同契約が終了したときには、賃貸住宅管理業者が保管している金員や関係書類を、新たに賃貸物件の管理を行うこととなる者に引き渡すこととされている。

❷ 標準管理受託契約書では、管理業務の内容及び実施方法のほか、第三者への再委託項目も記入することとされている。

❸ 標準管理受託契約書では、賃貸住宅管理業者が管理業務を行うために必要な情報を提供することは、委託者の義務とされている。

❹ 標準管理受託契約書では、契約で定めた管理業務を賃貸住宅管理業者が第三者に再委託することが認められているが、再委託した業務の処理について、賃貸住宅管理業者は、委託者に対して、自らなしたと同等の責任を負うものとされている。

全問◎を
目指そう！

| | 1回目 | 2回目 | 3回目 |
|---|---|---|---|
| 学習日 | / | / | / |
| 手応え | | | |

◎：完全に分かってきた
○：だいたい分かってきた
△：少し分かってきた
×：全く分からなかった

賃貸住宅標準管理受託契約書の対策としては、
頭書を含めて一度素読することをオススメします。

**❶ 誤** 受託契約書では、管理受託契約が終了したときは、賃貸住宅管理業者は、委託者に対し、目的物件に関する書類及びこの契約に関して賃貸住宅管理業者が保管する金員を引き渡すとともに、家賃等の滞納状況を報告しなければならないとされている（受託契約書22条）。新たに賃貸物件の管理を行うこととなる者に引き渡すこととされているのではない。

**❷ 正** 受託契約書では、賃貸住宅管理業者は、頭書(3)に記載する内容及び方法により管理業務を行わなければならないとされ（受託契約書9条）、頭書(3)には、管理業務の内容及び実施方法のほか、第三者への再委託項目も記入することとされている（同頭書(3)）。

**❸ 正** 受託契約書では、委託者は、賃貸住宅管理業者が管理業務を行うために必要な情報を提供しなければならないとされている（受託契約書16条1項）。

**❹ 正** 受託契約書において、賃貸住宅管理業者は、頭書(3)に記載する業務の一部を、頭書(3)に従って、他の者に再委託することができる（受託契約書13条1項）。この場合、賃貸住宅管理業者は、再委託した業務の処理について、委託者に対して、自らなしたと同等の責任を負うものとされている（同条3項）。

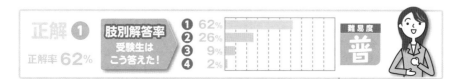

正解 ❶　正解率 62%　肢別解答率　受験生はこう答えた！

| | |
|---|---|
| ❶ | 62% |
| ❷ | 26% |
| ❸ | 9% |
| ❹ | 2% |

難易度 普

LEC東京リーガルマインド 2024年版 賃貸不動産経営管理士 合格のトリセツ 過去問題集　281

# 賃貸住宅標準管理受託契約書

重要度 B

2021年度
問5出題

問題 53

次の記述のうち、賃貸住宅標準管理受託契約書（国土交通省不動産・建設経済局令和3年4月23日公表。以下「標準管理受託契約書」という。）にて賃貸住宅管理業者に代理権が授与されている事項に含まれないものはどれか。

❶ 未収金回収の紛争対応

❷ 賃貸借契約の更新

❸ 修繕の費用負担についての入居者との協議

❹ 原状回復についての入居者との協議

全問◎を
目指そう！

| | 1回目 | 2回目 | 3回目 |
|---|---|---|---|
| 学習日 | / | / | / |
| 手応え | | | |

◎：完全に分かってきた
○：だいたい分かってきた
△：少し分かってきた
×：全く分からなかった

ここがポイント

標準管理受託契約書で代理権が授与されている事項について
確認しましょう。

委託者から賃貸住宅管理業者に代理権を授与されている事項は、次のものである（受託契約書 14 条各号）。

①敷金、その他一時金、家賃、共益費（管理費）及び附属施設使用料の徴収

②未収金の督促

③賃貸借契約に基づいて行われる入居者から委託者への通知の受領

④賃貸借契約の更新

⑤修繕の費用負担についての入居者との協議

⑥賃貸借契約の終了に伴う原状回復についての入居者との協議

❶ 含まれない 本肢の事項は、上記のいずれにも当たらない。

❷ 含まれる 本肢の事項は、上記④に当たる。

❸ 含まれる 本肢の事項は、上記⑤に当たる。

❹ 含まれる 本肢の事項は、上記⑥に当たる。

正解 ❶ 正解率 77%

肢別解答率 受験生はこう答えた！
❶ 77%
❷ 20%
❸ 2%
❹ 1%

難易度 易

# 賃貸住宅標準管理受託契約書

**問題 54** 賃貸住宅標準管理受託契約書（国土交通省不動産・建設経済局令和3年4月23日公表。以下、各問において「標準管理受託契約書」という。）に関する次の記述のうち、最も不適切なものはどれか。

❶ 鍵の管理（保管・設置、交換及びその費用負担）に関する事項は、賃貸住宅管理業者が行うこととされている。

❷ 入居者から代理受領した敷金等は、速やかに賃貸人に引き渡すこととされている。

❸ 賃貸住宅管理業者は、あらかじめ入居者に通知し、承諾を得なければ住戸に立ち入ることができないものとされている。

❹ 賃貸住宅管理業者は、賃貸人との間で管理受託契約を締結したときは、入居者に対し、遅滞なく連絡先等を通知しなければならず、同契約が終了したときにも、管理業務が終了したことを通知しなければならないものとされている。

全問◎を
目指そう！

| | 1回目 | 2回目 | 3回目 |
|---|---|---|---|
| 学習日 | / | / | / |
| 手応え | | | |

◎：完全に分かってきた
○：だいたい分かってきた
△：少し分かってきた
×：全く分からなかった

**ここがポイント**

管理業者は、契約締結時も終了時も
入居者に通知しなければならないとされています。

**①** **不適切**　鍵の管理（保管・設置、交換及び費用負担含む）に関する事項は、賃貸人（委託者）が行う（受託契約書12条1項）。賃貸住宅管理業者が行うこととはされていない。

**②** **適切**　賃貸住宅管理業者は、入居者から代理受領した敷金等を、定められた振込先に振り込むことにより、速やかに、賃貸人（委託者）に引き渡さなければならない（受託契約書7条1項）。

**③** **適切**　賃貸住宅管理業者は、管理業務を行うため必要があるときは、住戸に立ち入ることができる（受託契約書17条1項）。この場合において、賃貸住宅管理業者は、あらかじめその旨を賃貸住宅の入居者に通知し、その承諾を得なければならない（同条2項）。

**④** **適切**　賃貸住宅管理業者は、賃貸住宅について管理受託契約を締結したときは、入居者に対し、遅滞なく、管理業務の内容・実施方法及び賃貸住宅管理業者の連絡先を記載した書面又は電磁的方法により通知する（受託契約書23条1項）。そして、管理受託契約が終了したときは、賃貸人（委託者）及び賃貸住宅管理業者は、入居者に対し、遅滞なく、賃貸住宅管理業者による賃貸住宅の管理業務が終了したことを通知しなければならない（同条2項）。

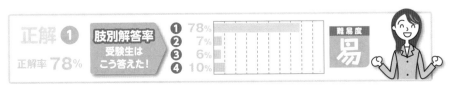

正解 **①**　正解率 78%

**肢別解答率**
受験生はこう答えた！

① 78%
② 7%
③ 6%
④ 10%

難易度　**易**

## その他

重要度 B

**問題 55** 管理受託契約の性質に関する次の記述のうち、適切なものはどれか。

❶ 管理受託契約は、民法上の委任と雇用の性質を併有することが想定されている。

❷ 民法上の請負は、法律行為又は事実行為をすることを目的とする。

❸ 建物設備の維持保全業務は、民法上の準委任に当たる。

❹ 民法上の委任契約は、書面で契約を締結することが義務付けられている。

全問◎を
目指そう！

| | 1回目 | 2回目 | 3回目 |
|---|---|---|---|
| 学習日 | / | / | / |
| 手応え | | | |

◎：完全に分かってきた
○：だいたい分かってきた
△：少し分かってきた
×：全く分からなかった

**管理受託契約は委任と請負の両方の性質を有しています。**

❶ **不適切** 賃貸住宅管理業法では、賃貸住宅の賃貸人から委託を受けて行う賃貸住宅の維持保全（住宅の居室及びその他の部分について、点検、清掃その他の維持を行い、及び必要な修繕を行うこと）を行う業務は、管理業務とされている（賃貸住宅管理業法2条2項1号）。ここで、管理受託契約は委任の性質だけを有するのではなく、請負の性質を併有することが想定されている。雇用の性質を併有することが想定されているのではない。

❷ **不適切** 民法上の請負は、仕事の完成を目的としている（民法632条）。なお、法律行為又は事実行為をすることを目的としているのは委任である（同法643条、656条）。

❸ **適切** 準委任とは、法律行為でない事務を委託することをいう（民法656条）。建物設備の維持保全業務は、法律行為でない事務であるから、管理受託契約により、これを委託することは、民法上の準委任に当たる。

❹ **不適切** 委任は、当事者の一方が法律行為をすることを相手方に委託し、相手方がこれを承諾することによって、その効力を生ずる（民法643条）。つまり、委任契約は、賃貸人と管理業者の合意のみで成立する諾成契約であり、民法上、書面での締結が義務づけられているわけではない。

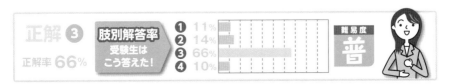

正解 ❸
正解率 66%

**肢別解答率**
受験生はこう答えた！

❶ 11%
❷ 14%
❸ 66%
❹ 10%

難易度 普

# 第 **3** 編

# サブリース

- 管理業法（サブリース部分）
- 特定賃貸借標準契約書
- 総合

法改正（2021 年6月施行）により新しい制度になりました。3年連続で多くの出題があり、今後も出題が予想されます。細かい知識までしっかり学習しておきましょう。

# 管理業法（サブリース部分）

2020年度
問6出題

問題
1

特定転貸事業者が特定賃貸借契約を締結しようとする場合に関する次の記述のうち、賃貸住宅の管理業務等の適正化に関する法律（令和2年6月19日法律第60号。以下、各問において「賃貸住宅管理業法」という。）の規定に照らし、特定転貸事業者が特定賃貸借契約の相手方になろうとする者に対して賃貸不動産経営管理士等に管理・監督または実施させなければならない重要事項説明の事項として、正しいものはいくつあるか。（改題）

ア　特定転貸事業者が行う賃貸住宅の維持保全の実施方法

イ　転借人の資格その他の転貸の条件に関する事項

ウ　特定賃貸借契約の相手方に支払う家賃の額、支払期日及び支払方法等の賃貸の条件並びにその変更に関する事項

エ　特定賃貸借契約が終了した場合における特定転貸事業者の権利義務の承継に関する事項

❶　1つ
❷　2つ
❸　3つ
❹　4つ

全問◎を
目指そう！

| | 1回目 | 2回目 | 3回目 |
|---|---|---|---|
| 学習日 | / | / | / |
| 手応え | | | |

◎：完全に分かってきた
◯：だいたい分かってきた
△：少し分かってきた
×：全く分からなかった

ここがポイント
**特定賃貸借契約の場合の重要事項を整理しておきましょう。**

第３編　サブリース　管理業法（サブリース部分）

**ア** 正 　特定転貸事業者は、特定賃貸借契約を締結しようとするときは、特定賃貸借契約の相手方となろうとする者（特定転貸事業者である者その他の特定賃貸借契約に係る専門的知識及び経験を有すると認められる者として国土交通省令で定めるものを除く）に対し、当該特定賃貸借契約を締結するまでに、特定賃貸借契約の内容及びその履行に関する事項であって国土交通省令で定めるものについて、書面を交付して説明しなければならない（賃貸住宅管理業法30条1項）。そして、特定転貸事業者が行う賃貸住宅の維持保全の実施方法は、重要事項である（同法施行規則46条4号）。

**イ** 正 　転借人の資格その他の転貸の条件に関する事項は、重要事項である（賃貸住宅管理業法施行規則46条10号）。

**ウ** 正 　特定賃貸借契約の相手方に支払う家賃の額、支払期日及び支払方法等の賃貸の条件並びにその変更に関する事項は、重要事項である（賃貸住宅管理業法施行規則46条3号）。

**エ** 正 　特定賃貸借契約が終了した場合における特定転貸事業者の権利義務の承継に関する事項は、重要事項である（賃貸住宅管理業法施行規則46条13号）。

　以上より、正しいものはアイウエの4つであり、本問の正解肢は❹となる。

正解 ❹
正解率 64%

肢別解答率
受験生はこう答えた！

❶ 2%
❷ 8%
❸ 26%
❹ 64%

難易度 普

## 管理業法（サブリース部分）

2021年度
問36 出題

**問題 2** 特定転貸事業者が特定賃貸借契約を締結したときに賃貸人に対して交付しなければならない書面（以下、「特定賃貸借契約締結時書面」という。）に関する次の記述のうち、誤っているものはどれか。

**❶** 特定賃貸借契約締結時書面は、特定賃貸借契約書と同時に賃貸人に交付する必要はない。

**❷** 特定転貸事業者が特定賃貸借契約を更新する際、賃貸人に支払う家賃を減額するのみでその他の条件に変更がなければ、特定賃貸借契約締結時書面の交付は不要である。

**❸** 特定賃貸借契約締結時書面に記載すべき事項を電磁的方法により提供する場合、あらかじめ相手方の承諾を得なければならない。

**❹** 特定転貸事業者が特定賃貸借契約締結時書面の交付を怠った場合、50万円以下の罰金に処される場合がある。

全問◎を
目指そう！

|  | 1回目 | 2回目 | 3回目 |
|---|---|---|---|
| 学習日 | / | / | / |
| 手応え |  |  |  |

◎：完全に分かってきた
○：だいたい分かってきた
△：少し分かってきた
×：全く分からなかった

当初契約と異なる契約内容で更新するときは、
契約締結時書面を交付しなければなりません。

**❶** 正　特定転貸事業者は、特定賃貸借契約を締結したときは、当該特定賃貸借契約の相手方に対し、遅滞なく、所定の事項を記載した書面（特定賃貸借契約締結時書面）を交付しなければならない（賃貸住宅管理業法 31 条 1 項）。しかし、この書面と、特定賃貸借契約書を同時に賃貸人に交付しなければならない旨の規定はない。したがって、特定賃貸借契約締結時書面は、特定賃貸借契約書と同時に賃貸人に交付する必要はない。

**❷** 誤　特定転貸事業者は、特定賃貸借契約を締結したときは、当該特定賃貸借契約の相手方に対し、遅滞なく、所定の事項を記載した書面を交付しなければならない（賃貸住宅管理業法 31 条 1 項）。「特定賃貸借契約を締結したとき」とは、新たに特定賃貸借契約を締結する場合のみでなく、特定賃貸借契約変更契約を締結する場合もこれに該当するが、特定賃貸借契約変更契約を締結する場合には、変更のあった事項について、賃貸人に対して書面を交付すれば足りるものとする。特定賃貸借契約の相手方に支払う家賃その他賃貸の条件に関する事項は、特定賃貸借契約締結時書面に記載されるものである（同法 31 条 1 項 2 号）から、特定賃貸借契約更新時に賃貸人に支払う家賃を減額することは、特定賃貸借契約変更契約を締結した場合に当たる。したがって、特定賃貸借契約締結時書面の交付が必要である。

**❸** 正　特定転貸事業者は、特定賃貸借契約締結時書面の交付に代えて、政令で定めるところにより、当該特定賃貸借契約の相手方の承諾を得て、当該書面に記載すべき事項を電磁的方法により提供することができる（賃貸住宅管理業法 31 条 2 項、30 条 2 項）。したがって、電磁的方法により提供する場合、あらかじめ相手方の承諾を得なければならない。

**❹** 正　特定転貸事業者は、特定賃貸借契約を締結したときは、当該特定賃貸借契約の相手方に対し、遅滞なく、特定賃貸借契約締結時書面を交付しなければならない（賃貸住宅管理業法 31 条 1 項）。この規定に違反して、特定賃貸借契約締結時書面の交付をしなかったときは、その違反行為をした者は、50 万円以下の罰金に処せられる（賃貸住宅管理業法 43 条）。

正解 ❷
正解率 87%

肢別解答率
受験生は
こう答えた！

| | | |
|---|---|---|
| ❶ | 7% | |
| ❷ | 87% | |
| ❸ | 1% | |
| ❹ | 5% | |

難易度 易

# 管理業法（サブリース部分） 2021年度 問37出題

 **問題 3** 特定転貸事業者が特定賃貸借契約を締結しようとするときに契約の相手方となろうとする者に説明しなければならない事項に関する次の記述のうち、正しいものはいくつあるか。

ア 特定賃貸借契約の対象となる賃貸住宅の面積

イ 特定賃貸借契約の相手方に支払う家賃の設定根拠

ウ 特定賃貸借契約の相手方に支払う敷金がある場合はその額

エ 特定転貸事業者が賃貸住宅の維持保全を行う回数や頻度

❶ 1つ
❷ 2つ
❸ 3つ
❹ 4つ

| | 1回目 | 2回目 | 3回目 |
|---|---|---|---|
| 学習日 | / | / | / |
| 手応え | | | |

全問◎を目指そう！

◎：完全に分かってきた
○：だいたい分かってきた
△：少し分かってきた
×：全く分からなかった

特定転貸事業者が、契約締結までに書面を交付し
説明しなければならない事項を、確認しましょう。

　特定転貸事業者は、特定賃貸借契約を締結しようとするときは、特定賃貸借契約の相手方となろうとする者に対し、当該特定賃貸借契約を締結するまでに、特定賃貸借契約の内容及びその履行に関する事項であって国土交通省令で定めるものについて、書面を交付して説明しなければならない（賃貸住宅管理業法 30 条 1 項）。この「特定賃貸借契約の内容及びその履行に関する事項であって国土交通省令で定めるもの」とは、次の事項である（同法施行規則 46 条各号）。①特定賃貸借契約を締結する特定転貸事業者の商号、名称又は氏名及び住所、②特定賃貸借契約の対象となる賃貸住宅、③特定賃貸借契約の相手方に支払う家賃の額、支払期日及び支払方法等の賃貸の条件並びにその変更に関する事項、④特定転貸事業者が行う賃貸住宅の維持保全の実施方法、⑤特定転貸事業者が行う賃貸住宅の維持保全に要する費用の分担に関する事項、⑥特定賃貸借契約の相手方に対する維持保全の実施状況の報告に関する事項、⑦損害賠償額の予定又は違約金に関する事項、⑧責任及び免責に関する事項、⑨契約期間に関する事項、⑩転借人の資格その他の転貸の条件に関する事項、⑪転借人に対する上記④に掲げる事項の周知に関する事項、⑫特定賃貸借契約の更新及び解除に関する事項、⑬特定賃貸借契約が終了した場合における特定転貸事業者の権利義務の承継に関する事項、⑭借地借家法その他特定賃貸借契約に係る法令に関する事項の概要。

**ア** 正　　特定賃貸借契約の対象となる賃貸住宅の面積は、上記②に含まれる（賃貸住宅管理業法の解釈・運用の考え方 30 条関係 2(2)）。したがって、本肢の事項は、説明しなければならない事項である。

**イ** 正　　特定賃貸借契約の相手方に支払う家賃の設定根拠は、上記③に含まれる（賃貸住宅管理業法の解釈・運用の考え方 30 条関係 2(3)）。したがって、本肢の事項は、説明しなければならない事項である。

**ウ** 正　　特定賃貸借契約の相手方に支払う敷金がある場合はその額は、上記③に含まれる（賃貸住宅管理業法の解釈・運用の考え方 30 条関係 2(3)）。したがって、本肢の事項は、説明しなければならない事項である。

**エ** 正　　特定転貸事業者が賃貸住宅の維持保全を行う回数や頻度は、上記④に含まれる（賃貸住宅管理業法の解釈・運用の考え方 30 条関係 2(4)）。したがって、本肢の事項は、説明しなければならない事項である。

　以上より、正しいものはアイウエの 4 つであり、本問の正解肢は④となる。

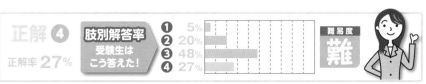

正解 ④
正解率 27%

肢別解答率
受験生は
こう答えた！

❶ 5%
❷ 20%
❸ 48%
❹ 27%

難易度
難

# 管理業法（サブリース部分）

重要度 A

2021年度
問38 出題

**問題 4** 特定転貸事業者が、特定賃貸借契約を締結しようとする際に行う相手方への説明に関する次の記述のうち、最も不適切なものはどれか。

❶ 説明の前に管理業法第30条に規定する書面（以下、本問において「特定賃貸借契約重要事項説明書」という。）等を送付しておき、送付から一定期間後に説明を実施した上で速やかに契約書を取り交わした。

❷ 相手方とは、既に別の賃貸住宅について特定賃貸借契約を締結していたため、その契約と同じ内容については特定賃貸借契約重要事項説明書への記載を省略した。

❸ 相手方への説明を、賃貸不動産経営管理士の資格を有しない従業者に行わせた。

❹ 賃貸住宅の修繕は、特定転貸事業者が指定した業者に施工させなければならないという条件を契約に盛り込むこととし、その旨説明した。

全問◎を
目指そう！

|  | 1回目 | 2回目 | 3回目 |
|---|---|---|---|
| 学習日 | ／ | ／ | ／ |
| 手応え |  |  |  |

◎：完全に分かってきた
○：だいたい分かってきた
△：少し分かってきた
×：全く分からなかった

特定賃貸借契約重要事項説明について、
注意事項を整理しておきましょう。

特定転貸事業者は、特定賃貸借契約を締結しようとするときは、特定賃貸借契約の相手方となろうとする者に対し、当該特定賃貸借契約を締結するまでに、重要事項について、書面を交付して説明しなければならない（賃貸住宅管理業法 30 条 1 項）。

❶ **適切** 特定賃貸借契約の重要事項の説明については、特定賃貸借契約の相手方となろうとする者が契約内容とリスク事項を十分に理解した上で契約を締結できるよう、説明から契約締結までに 1 週間程度の期間をおくことが望ましい（賃貸住宅管理業法の解釈・運用の考え方 30 条関係 1）。

❷ **不適切** 特定賃貸借契約の重要事項の説明をすべき場合、契約の相手方となろうとする者が特定賃貸借契約について一定の知識や経験があったとしても、特定賃貸借契約重要事項説明書に必要な事項を記載し、十分な説明をすることが必要である（賃貸住宅管理業法の解釈・運用の考え方 30 条関係 1）。したがって、既に別の賃貸住宅について特定賃貸借契約を締結していたとしても、その契約と同じ内容について特定賃貸借契約重要事項説明書への記載を省略することはできない。

❸ **適切** 特定賃貸借契約の重要事項の説明は、特定転貸事業者自らが行う必要がある。もっとも、説明する者の資格に関する規定はない。したがって、当該説明を、賃貸不動産経営管理士の資格を有しない従業者に行わせることができる。なお、当該説明は、一定の実務経験を有する者や賃貸不動産経営管理士など、専門的な知識及び経験を有する者によって行われることが望ましいとされている（賃貸住宅管理業法の解釈・運用の考え方 30 条関係 1）。

❹ **適切** 特定転貸事業者が行う賃貸住宅の維持保全に要する費用の分担に関する事項は、特定賃貸借契約の重要事項の説明で説明すべき事項である（賃貸住宅管理業法施行規則 46 条 5 号）。これに関し、修繕等の際に、特定転貸事業者が指定する業者が施工するといった条件を定める場合は、必ずその旨を記載し、説明しなければならない（賃貸住宅管理業法の解釈・運用の考え方 30 条関係 2 (5)）。

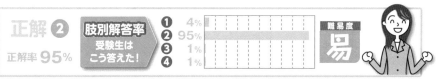

正解 ❷　正解率 95%

肢別解答率 受験生はこう答えた！

| | |
|---|---|
| ❶ | 4% |
| ❷ | 95% |
| ❸ | 1% |
| ❹ | 1% |

難易度 易

# 管理業法（サブリース部分）

**問題 5** 特定転貸事業者が特定賃貸借契約の条件について広告をする際に禁止される行為に当たるものに関する次の記述のうち、正しいものはいくつあるか。

**ア** 実際の周辺相場について調査していなかったが、「周辺相場より高い家賃で借り上げ」と表示した。

**イ** 大規模修繕積立金として月々の家賃から一定額を差し引く一方、日常修繕の費用負担は賃貸人に求めない予定であったため、「修繕費負担なし」と表示した。

**ウ** 契約を解除する場合には、月額家賃の数か月を支払う必要があるにもかかわらず、その旨を記載せずに、「いつでも借り上げ契約は解除できます」と表示した。

**エ** 借地借家法上の賃料減額請求が可能であるにもかかわらず、その旨を表示せず、「10年家賃保証」と表示した。

**❶** 1つ
**❷** 2つ
**❸** 3つ
**❹** 4つ

| | 1回目 | 2回目 | 3回目 |
|---|---|---|---|
| 学習日 | / | / | / |
| 手応え | | | |

◎：完全に分かってきた
○：だいたい分かってきた
△：少し分かってきた
×：全く分からなかった

全問◎を目指そう！

ここがポイント

不当な勧誘等の禁止、誇大広告等の禁止について、
具体例をおさえましょう。

**ア** 正　特定転貸事業者等は、特定賃貸借契約の締結の勧誘をするに際し、又はその解除を妨げるため、特定賃貸借契約の相手方又は相手方となろうとする者に対し、当該特定賃貸借契約に関する事項であって特定賃貸借契約の相手方又は相手方となろうとする者の判断に影響を及ぼすこととなる重要なものにつき、故意に事実を告げず、又は不実のことを告げる行為をしてはならない（賃貸住宅管理業法29条1号）。故意に不実のことを告げる行為の具体例として、近傍同種の家賃よりも明らかに高い家賃設定で、持続的にサブリース事業を行うことができないにもかかわらず、「周辺相場よりも当社は高く借り上げることができる」といったことを伝える行為を挙げることができる（サブリース事業ガイドライン5(6)②）。

**イ** 正　特定転貸事業者等は、賃貸住宅を第三者に転貸する事業に係る特定賃貸借契約の条件について広告をするときは、特定賃貸借契約に基づき特定転貸事業者が支払うべき家賃、賃貸住宅の維持保全の実施方法、特定賃貸借契約の解除に関する事項その他の国土交通省令で定める事項について、著しく事実に相違する表示をし、又は実際のものよりも著しく優良であり、若しくは有利であると人を誤認させるような表示をしてはならない（賃貸住宅管理業法28条）。具体例として、実際には、大規模修繕など一部の修繕費はオーナーが負担するにもかかわらず、「修繕費負担なし」といった表示をしていることを挙げることができる（サブリース事業ガイドライン4(7)③）。

**ウ** 正　肢イの解説で述べた通り、特定転貸事業者等は、誇大広告をしてはならない。具体例として、実際には、契約を解除する場合は、月額家賃の数か月を支払う必要があるにもかかわらずその旨を記載せずに、「いつでも借り上げ契約は解除できます」と表示をしていることを挙げることができる（サブリース事業ガイドライン4(7)④）。

**エ** 正　肢イの解説で述べた通り、特定転貸事業者等は、誇大広告をしてはならない。具体例として、契約期間内に定期的な家賃の見直しや借地借家法に基づきサブリース業者からの減額請求が可能であるにもかかわらず、その旨を表示せず、「○年家賃保証！」「支払い家賃は契約期間内確実に保証！一切収入が下がりません！」といった表示をして、当該期間家賃収入が保証されているかのように誤解されるような表示をしていることを挙げることができる（サブリース事業ガイドライン4(7)①）。

以上より、正しいものはアイウエの4つであり、本問の正解肢は④となる。

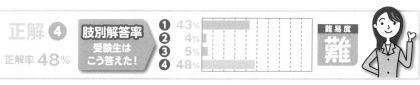

正解 ④　正解率48%

肢別解答率 受験生はこう答えた！
❶ 43%
❷ 4%
❸ 5%
❹ 48%

難易度 難

# 管理業法（サブリース部分）

重要度 **A**

2021年度
問40出題

問題 **6**　特定賃貸借契約の締結について不当な勧誘を禁止される「勧誘者」に関する次の記述のうち、正しいものの組合せはどれか。

**ア**　勧誘者は、特定転貸事業者から委託料を受け取って勧誘の委託を受けた者に限られない。

**イ**　勧誘者が勧誘行為を第三者に再委託した場合、再委託を受けた第三者も勧誘者に該当する。

**ウ**　特定転貸事業者である親会社との間で特定賃貸借契約を結ぶよう勧める場合の子会社は、勧誘者にあたらない。

**エ**　勧誘者には不当な勧誘等が禁止されるが、誇大広告等の禁止は適用されない。

**❶**　ア、イ
**❷**　イ、ウ
**❸**　ウ、エ
**❹**　ア、エ

全問◎を
目指そう！

|  | 1回目 | 2回目 | 3回目 |
|---|---|---|---|
| 学習日 | / | / | / |
| 手応え |  |  |  |

◎：完全に分かってきた
○：だいたい分かってきた
△：少し分かってきた
×：全く分からなかった

どのような者が勧誘者にあたるのか、しっかりおさえましょう。

**ア** 正 特定転貸事業者又は勧誘者は、不当な勧誘等をしてはならない（賃貸住宅管理業法29条）。この勧誘者とは、サブリース業者（特定転貸事業者）がマスターリース契約（特定賃貸借契約）の締結についての勧誘を行わせる者であり、①特定のサブリース業者と特定の関係性を有する者であって、②当該サブリース業者のマスターリース契約の締結に向けた勧誘を行う者である。そして、上記①の者とは、サブリース業者から委託を受けて勧誘を行う者が該当するほか、明示的に勧誘を委託されてはいないが、サブリース業者から勧誘を行うよう依頼をされている者や、勧誘を任されている者は該当し、依頼の形式は問わず、資本関係も問わない（サブリース事業ガイドライン3(2)）。したがって、勧誘者は、特定転貸事業者から委託料を受け取って勧誘の委託を受けた者に限られない。

**イ** 正 勧誘者が勧誘行為を第三者に再委託した場合は、当該第三者も勧誘者に該当する（サブリース事業ガイドライン3(2)）。

**ウ** 誤 親会社、子会社、関連会社のサブリース業者のマスターリース契約について勧誘を行う者も、肢アの解説①の特定の関係性を有する者に当たり、本肢の子会社は、勧誘者に当たる（サブリース事業ガイドライン3(2)）。

**エ** 誤 特定転貸事業者又は勧誘者は、賃貸住宅を第三者に転貸する事業に係る特定賃貸借契約の条件について広告をするときは、特定賃貸借契約に基づき特定転貸事業者が支払うべき家賃、賃貸住宅の維持保全の実施方法、特定賃貸借契約の解除に関する事項その他の国土交通省令で定める事項について、著しく事実に相違する表示をし、又は実際のものよりも著しく優良であり、若しくは有利であると人を誤認させるような表示をしてはならない（誇大広告等の禁止賃貸住宅管理業法28条）。また、特定転貸事業者又は勧誘者は、不当な勧誘等をしてはならない（同法29条）。したがって、勧誘者には、誇大広告等の禁止及び不当な勧誘等の禁止の規定が適用される。

以上より、正しいものはアイであり、本問の正解肢は❶となる。

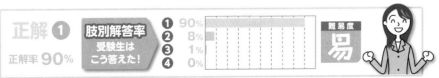

正解 ❶ 　正解率 90%

肢別解答率 受験生はこう答えた！

❶ 90%
❷ 8%
❸ 1%
❹ 0%

難易度 易

## 管理業法（サブリース部分）

**問題 7** 特定賃貸借契約の適正化のための国土交通大臣の監督に関する次の記述のうち、誤っているものはどれか。

❶ 国土交通大臣は、特定転貸事業者が国土交通大臣の指示に従わない場合でも、特定賃貸借契約に関する業務の全部の停止を命じることはできない。

❷ 勧誘者が不当な勧誘等の禁止に違反した場合、特定転貸事業者が監督処分を受けることがある。

❸ 国土交通大臣は、特定転貸事業者が誇大広告等の禁止に違反した場合、違反の是正のための措置をとるべきことを指示できることがある。

❹ 国土交通大臣は、特定転貸事業者に対し業務停止の命令をしたときは、その旨を公表しなければならない。

全問◎を
目指そう！

| | 1回目 | 2回目 | 3回目 |
|---|---|---|---|
| 学習日 | / | / | / |
| 手応え | | | |

◎：完全に分かってきた
○：だいたい分かってきた
△：少し分かってきた
×：全く分からなかった

**ここがポイント**

国土交通大臣は特定賃貸借契約に関する業務の全部の停止を
命ずることもできます。

❶ 誤　国土交通大臣は、特定転貸事業者又は勧誘者が賃貸住宅管理業法の所定の規定に違反した場合において特定賃貸借契約の適正化を図るため必要があると認めるときは、その特定転貸事業者に対し、当該違反の是正のための措置その他の必要な措置をとるべきことを指示することができる（賃貸住宅管理業法 33 条 1 項）。そして、この指示に従わないときは、国土交通大臣は、その特定転貸事業者に対し、1 年以内の期間を限り、特定賃貸借契約の締結について勧誘を行い若しくは勧誘者に勧誘を行わせることを停止し、又はその行う特定賃貸借契約に関する業務の全部若しくは一部を停止すべきことを命ずることができる（同法 34 条 1 項、33 条 1 項）。

❷ 正　特定転貸事業者又は勧誘者は、不当な勧誘等をしてはならない（賃貸住宅管理業法 29 条）。国土交通大臣は、勧誘者が上記規定に違反した場合において特定賃貸借契約の適正化を図るため必要があると認めるときは、その特定転貸事業者に対し、当該違反の是正のための措置その他の必要な措置をとるべきことを指示することができる（同法 33 条 1 項）。また、国土交通大臣は、勧誘者が上記規定に違反した場合において特定賃貸借契約の適正化を図るため特に必要があると認めるときは、その特定転貸事業者に対し、1 年以内の期間を限り、特定賃貸借契約の締結について勧誘を行い若しくは勧誘者に勧誘を行わせることを停止し、又はその行う特定賃貸借契約に関する業務の全部若しくは一部を停止すべきことを命ずることができる（同法 34 条 1 項）。したがって、勧誘者が不当な勧誘等の禁止に違反した場合、特定転貸事業者が監督処分を受けることがあるといえる。

❸ 正　特定転貸事業者は、誇大広告等が禁止されている（賃貸住宅管理業法 28 条）。国土交通大臣は、特定転貸事業者がこの規定に違反した場合において特定賃貸借契約の適正化を図るため必要があると認めるときは、その特定転貸事業者に対し、当該違反の是正のための措置その他の必要な措置をとるべきことを指示することができる（同法 33 条 1 項）。

❹ 正　国土交通大臣は、特定転貸事業者に業務の全部若しくは一部を停止すべきことを命じたときは、その旨を公表しなければならない（賃貸住宅管理業法 34 条 3 項、1 項）。

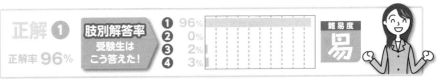

正解 ❶　正解率 96%

**肢別解答率**　受験生はこう答えた！

| 肢 | 解答率 |
| --- | --- |
| ❶ | 96% |
| ❷ | 0% |
| ❸ | 2% |
| ❹ | 3% |

難易度　易

**問題8** 特定賃貸借契約に関する次の記述のうち、正しいものはどれか。

❶ 特定転貸事業者と、再転貸を行うことを目的とする転借人との間で締結された転貸借契約は、特定賃貸借契約に該当する。

❷ 借主が、1年間の海外留学期間中、第三者に転貸することを可能とする条件でされた貸主と借主との間の賃貸借契約は、特定賃貸借契約に該当する。

❸ 借主が第三者に転貸する目的で賃貸借契約をする場合、転借人から受領する賃料と貸主に支払う賃料が同額であるときは、特定賃貸借契約に該当しない。

❹ 社宅として使用する目的で賃貸住宅を借り上げた会社が、その従業員との間で転貸借契約を締結し、転貸料を徴収して従業員を入居させる場合は、転貸料の多寡を問わず、貸主と当該会社との間の賃貸借契約は特定賃貸借契約に該当する。

全問◎を目指そう！

| | 1回目 | 2回目 | 3回目 |
|---|---|---|---|
| 学習日 | / | / | / |
| 手応え | | | |

◎：完全に分かってきた
○：だいたい分かってきた
△：少し分かってきた
×：全く分からなかった

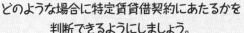

ここがポイント

どのような場合に特定賃貸借契約にあたるかを
判断できるようにしましょう。

❶ 正 「特定賃貸借契約」とは、賃貸住宅の賃貸借契約であって、賃借人が当該賃貸住宅を第三者に転貸する事業を営むことを目的として締結されるものをいう（賃貸住宅管理業法2条4項）。賃貸住宅の原賃貸人との間で、特定賃貸借契約を締結した特定転貸事業者から当該賃貸住宅を借り上げ、第三者への再転貸を行う場合、当該特定転貸事業者と当該再転貸を行う事業者との間の賃貸借契約についても、特定賃貸借契約に該当する（賃貸住宅管理業法FAQ1(3)2）。

❷ 誤 特定賃貸借契約においては、賃借人が賃貸住宅を第三者に転貸する事業を営むことを目的としている必要があり、「事業を営む」とは、営利の意思を持って反復継続的に転貸することを指す（賃貸住宅管理業法FAQ1(3)1）。そのため、個人が賃借した賃貸住宅について、事情により、一時的に第三者に転貸するような場合は、特定賃貸借契約に該当しない（同1(3)1）。したがって、借主が、1年間の海外留学期間中、第三者に転貸することを可能とする条件でされた貸主と借主との間の賃貸借契約は、特定賃貸借契約に該当しない。

❸ 誤 特定賃貸借契約を根源として運用等で利益が生み出されるような事業スキームである場合、仮にパススルー型（転貸人として受領する賃料を、そのまま賃借人として支払う賃料とする転貸借の方式）において賃料やその他手数料として控除しているものが無かったとしても、その点のみをもって直ちに、営利性がないと判断されるものではない（賃貸住宅管理業法FAQ1(3)4）。したがって、転借人から受領する賃料と貸主に支払う賃料が同額であるときでも、特定賃貸借契約に該当しないとは限らない。

❹ 誤 特定賃貸借契約においては、賃借人が賃貸住宅を第三者に転貸する事業を営むことを目的としている必要があり、「事業を営む」とは、営利の意思を持って反復継続的に転貸することを指す（賃貸住宅管理業法FAQ1(3)1）。ここで、社宅代行業者から賃貸住宅を賃借した企業と従業員等との間で当該賃貸住宅の賃貸借契約が締結されている場合であっても、当該企業が相場よりも低廉な金額を利用料として徴収する場合には、従業員等への転貸により利益を上げることを目的とするものではない（賃貸住宅管理業法の解釈・運用の考え方2条5項関係(2)）ことから、当該企業は営利の意思を持っているとはいえない。したがって、社宅として使用する目的で賃貸住宅を借り上げた会社が、その従業員との間で転貸借契約を締結し、転貸料を徴収して従業員を入居させる場合、相場よりも低廉な金額を利用料として徴収するのであれば、貸主と当該会社との間の賃貸借契約は特定賃貸借契約に該当しない。

正解 ❶

正解率 66%

肢別解答率
受験生は
こう答えた！

❶ 66%
❷ 10%
❸ 5%
❹ 19%

難易度 普

## 重要度 A 管理業法（サブリース部分）

2022年度
問36出題

**問題 9** 管理業法の定める誇大広告等の禁止に関する次の記述のうち、誤っているものはどれか。

❶ 広告の記載と事実との相違が大きくなくても、その相違を知っていれば通常その特定賃貸借契約に誘引されないと判断される程度であれば、虚偽広告に該当する。

❷ 一定期間一定の額の家賃を支払うことを約束する趣旨で広告に「家賃保証」と表示する場合には、その文言に隣接する箇所に借地借家法第32条の規定により家賃が減額されることがあることを表示しなければ、誇大広告に該当する。

❸ 広告に「○年間借上げ保証」と表示する場合には、その期間中であっても特定転貸事業者から解約をする可能性があることを表示しなければ、誇大広告に該当する。

❹ 良好な経営実績が確保されたとの体験談を用いる広告については、「個人の感想です。経営実績を保証するものではありません。」といった打消し表示を明瞭に記載すれば、誇大広告に該当しない。

全問◎を
目指そう！

| | 1回目 | 2回目 | 3回目 |
|---|---|---|---|
| 学習日 | / | / | / |
| 手応え | | | |

◎：完全に分かってきた
○：だいたい分かってきた
△：少し分かってきた
×：全く分からなかった

打消し表示をすれば誇大広告に該当しないというわけではありません。

　特定転貸事業者等は、賃貸住宅を第三者に転貸する事業に係る特定賃貸借契約の条件について広告をするときは、特定賃貸借契約に基づき特定転貸事業者が支払うべき家賃、賃貸住宅の維持保全の実施方法、特定賃貸借契約の解除に関する事項その他の国土交通省令で定める事項について、著しく事実に相違する表示をし、又は実際のものよりも著しく優良であり、若しくは有利であると人を誤認させるような表示をしてはならない（賃貸住宅管理業法28条）。

❶ 正　「著しく」につき、具体的に何が「著しく」に該当するかの判断は、個々の広告の表示に即してなされるべきであるが、オーナーとなろうとする者が、広告に記載されていることと事実との相違を知っていれば通常、そのマスターリース契約に誘引されないと判断される場合は「著しく」に該当する（サブリース事業ガイドライン4（5））。したがって、本肢のような場合、虚偽広告に該当する。

❷ 正　広告において「家賃保証」「空室保証」など、空室の状況にかかわらず一定期間、一定の家賃を支払うことを約束する旨等の表示を行う場合は、「家賃保証」等の文言に隣接する箇所に、定期的な家賃の見直しがある場合にはその旨及び借地借家法32条の規定により減額されることがあることを表示しなければならない（サブリース事業ガイドライン4（3）①）。したがって、当該表示をしなければ、誇大広告に該当する。

❸ 正　「○年間借り上げ保証」など、表示された期間に解約しないことを約束する旨の表示を行う場合は、当該期間中であっても、特定転貸事業者から解約をする可能性があることを表示しなければならない（サブリース事業ガイドライン4（3）④）。したがって、当該表示をしなければ、誇大広告に該当する。

❹ 誤　体験談を用いる場合、体験談とは異なる賃貸住宅経営の実績となっている事例が一定数存在するとき等には、「個人の感想です。経営実績を保証するものではありません」といった打消し表示が明瞭に記載されていたとしても、問題のある表示となるおそれがあるため、体験談を用いることは、賃貸住宅管理業法28条（誇大広告等の禁止）違反となる可能性がある（サブリース事業ガイドライン4（4））。したがって、本肢のような場合、誇大広告に該当しないわけではない。

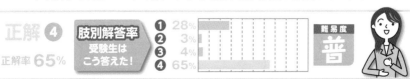

正解 ❹　　肢別解答率　受験生はこう答えた！

| | | |
|---|---|---|
| ❶ | 28% | |
| ❷ | 3% | |
| ❸ | 4% | |
| ❹ | 65% | |

難易度　普

正解率 65%

# 管理業法（サブリース部分）

2022年度
問37出題

問題
10

管理業法上の業務状況調書や貸借対照表、損益計算書又はこれらに代わる書面（以下、本問において「業務状況調書等」と総称する。）の閲覧に関する次の記述のうち、正しいものはどれか。

❶　特定賃貸借契約の勧誘者は、業務状況調書等の書類を作成・保存し、その勧誘によって特定賃貸借契約を結んだ賃貸人からの求めがあれば、これらを閲覧させなければならない。

❷　特定転貸事業者が、業務状況調書等を電磁的方法による記録で保存する場合には、電子計算機その他の機器を用いて明確に紙面に表示される状態に置かなければならない。

❸　特定転貸事業者は、業務状況調書等の書類を、事業年度ごとに、その事業年度経過後3か月以内に作成し、主たる事務所にまとめて備え置かなければならない。

❹　特定転貸事業者は、特定賃貸借契約の相手方及び入居者（転借人）からの求めがあれば、営業所又は事務所の営業時間中、業務状況調書等の書類を閲覧させなければならない。

| | 1回目 | 2回目 | 3回目 |
|---|---|---|---|
| 学習日 | / | / | / |
| 手応え | | | |

全問◎を
目指そう！

◎：完全に分かってきた
○：だいたい分かってきた
△：少し分かってきた
×：全く分からなかった